高职高专"十二五"规划

应用文写作项目化教程

主　编　陶德胜　李世明
副主编　何亚群　宋园园
编　委　（以姓氏笔画为序）
　　　　于　强　马　浩　孙　娴
　　　　许秀银　李　琳　沈建东
　　　　苏　畅　吴梅岭　吴佳芬
　　　　吴岐范　钱　溪　徐　超
主　审　王兆明　郭纯儒

南京大学出版社

图书在版编目(CIP)数据

应用文写作项目化教程 / 陶德胜,李世明主编. —南京:南京大学出版社,2013.8
ISBN 978 - 7 - 305 - 11876 - 0

高职高专"十二五"规划教材

Ⅰ. ①应… Ⅱ. ①陶… ②李… Ⅲ. ①汉语-应用文-写作-教材 Ⅳ. ①H152.3

中国版本图书馆 CIP 数据核字(2013)第 172073 号

出版发行　南京大学出版社
社　　址　南京市汉口路 22 号　　邮　编　210093
网　　址　http://www. NjupCo. com
出 版 人　左　健
丛 书 名　高职高专"十二五"规划教材
书　　名　应用文写作项目化教程
主　　编　陶德胜　李世明
责任编辑　王联容　王抗战　　　　　编辑热线　025 - 83596997
照　　排　南京紫藤制版印务中心
印　　刷　南京人文印务有限公司
开　　本　787×1092　1/16　印张 16.5　字数 386 千
版　　次　2013 年 8 月第 1 版　2013 年 8 月第 1 次印刷
ISBN　978 - 7 - 305 - 11876 - 0
定　　价　32.00 元

发行热线　025 - 83594756
电子邮箱　Press@NjupCo. com
　　　　　Sales@NjupCo. com(市场部)

目　　录

绪　　论

学习目的：

通过学习，让学生了解应用文产生的背景和学习应用文写作的意义，熟悉应用文的含义、特点，能够列举出应用文写作者的基本素养，通过学习让学生掌握应用文的语言特点和书写格式。

第一节　应用文写作概述

应用文是人类在社会生活中为处理日常公私事务而使用的文章的统称和惯用文体。

应用文写作古已有之，最早是诏、旨、策、谕之类的下行文，后来出现了书、疏、表、议、申、启、呈等上行文，同时出现咨、刺、照会等平行文。清人刘熙载在《艺概》一书中的"文概"卷有一段话："辞命体推之即可为一切应用之文。应用文有上行，有平行，有下行。重在其辞乃所以重其实也。"刘熙载虽然没有阐述应用文的概念，但他指出了应用文重实用、讲求实效的特点。后来，徐望之在《尺牍通论》中做了进一步的阐述："有用于周应人事者，若书札、公牍、杂记、序跋、箴铭、颂赞、哀祭等类，我名之曰'应用之文'。"徐望之对应用文包含的文种，做了界定。20世纪20年代以后，出版了不少应用文方面的著作，其中有代表性的要算陈子展的《应用文作法讲话》(1931年)。该书从社会上经常使用的文体中，选择出公牍文、电报文、书启文、庆吊文、联语文、契据文、广告文、规章文、题署文九种，"每论一体，于其类别、法式、得失、源流，莫不一一指陈"。这本著作，对后来的应用文写作教学和研究有较大的影响。

新中国成立以后，"应用文"这一概念被广泛使用。应用文的含义表述为：人们在日常生活、工作、学习和交往中，处理各种事务而形成和使用的具有规范体式、语言朴素的书面材料。

其特点主要有以下几个：

一、实用性

实用性是指应用文体无论是在处理公共事务还是私人事务中，都具有实际应用价值。为什么要写应用文？为了解决现实中的实际问题，为了办事，为了沟通人与人（包括个体与集体）之间的关系，一句话，为了工作和生活的实际需要。实用性是应用文最根本的特点，它是判别文章是否是应用文的标志，应用文的其他特点也是从它派生出来的。

二、真实性

真实性是指内容真实确凿，实事求是。真实性是由实用性决定的，文章要解决实际问题，有实用价值，绝不能离开真实确凿的现实状况。比如订一个计划，如果不从现实的人力、物力、财力和其他条件出发,仅凭某种愿望乱提指标,这计划能实现吗? 不能实现的计划有什么实际意义呢? 因此,文中所写的数据、材料,包括地名、人名、联系方式等,都务必真实准确,不允许艺术加工,不允许夸大其词、添油加醋,更不允许凭空杜撰、无中生有。

三、规范性

规范性是指写作有一定的规格化、范式,不能任意改变、随便"创造"。应用文因为使用的人多、范围广、频率高,为了提高办事效率,就需要规范化。这个特点也是和实用性相联系的,因为实际办事,就要讲究效率,特别在竞争激烈的现代社会里,效率低就意味着失败。

应用文书体式的规范性主要表现在两个方面:一是文种的规范,即需要解决什么问题就采用什么文种,文种有一定的规范,不能乱用;二是格式的规范,即每一种文种有大体的格式规范,不能用甲文种的体式规范代替乙文种。

四、简明性

简明性是指应用文在内容上、语言上应尽量简单、明确。这也是由实用性决定的。因为要办事,文章越简明,对方就越容易把握,就不容易出差错,就可以提高办事效率。古代有个笑话,说有个秀才替别人写一张卖牛的契约,写了三张纸,还没有出现"牛"字。试问,如果是这样办事,还有什么效率可言?

应用文分类繁多,可以从不同的角度划分成不同的类别。

按其处理事情的性质划分,可以分为公务类应用文和私务类应用文。公务类应用文是指处理国家和集体的事务而写作和使用的应用文,即通常所说的公文。私务类应用文指为处理个人的事务而写作和使用的应用文,即通常所说的个人日常应用文书。

按表达方式划分,有记叙文、说明文、议论文。记叙文是以记叙为主要表达方式的应用文;说明文是以说明为主要表达方式的应用文;议论文是以议论为主要表达方式的应用文。

按使用领域划分,有行政类应用文、专业工作应用文和日常生活应用文。

1. 行政类应用文包括国家行政机关公文和日常行政公文

(1) 国家行政机关公文

指国务院办公厅印发的《党政机关公文处理工作条件》中所规定的命令(令)、决议、决定、公报、公告、通告、通知、通报、议案、报告、请示、批复、意见、函、纪要等15种公文。党政机关公文是国家机关、社会团体或企事业单位处理事务的文件,主要用来传达和贯彻党和国家的政策法令,指导工作,提出要求,答复问题,通报情况,交流经验,传递信息。公文制作比较严格,具有一定的法律效力,在写作和使用时,要根据国家最新的党政机关公文处理办法,区分每类公文文种的行文要求和使用范围,确定适用的文种形式,确保其使用效率。

(2) 日常行政机关公文

指上述国家法定的行政机关公文以外的一些事务文件,是指简报、计划、总结、调查报告、规章制度、介绍信、证明信等用来处理单位内部日常事务,与具体部门进行工作联系的应用文。它们的行文格式不像公文那样严格,制作也比较自由。日常事务公文不具有法定的权威,一般不单独行文,如有必要,需另行备文,按法定公文处理,否则只作为参考材料。有些日常事务公文还可在报刊上发表。

2. 专业工作应用文

指在一定专业机关或专门的业务活动领域内,因特殊需要而专门形成和使用的应用文。

由于分工不同,社会各行各业经管的事务有很大的差异。这样,在长期的工作实践中便逐渐形成了一些与其专业相适应的应用文,称为专业工作应用文。专业应用文除了要遵守应用文的一般规则外,还有很强的专业特点,外行人是很难写好的,例如:财经部门常用的预决算报告、审计报告、市场调查报告、市场预测报告、项目可行性研究报告、外贸函电、经济合同等;司法部门常用的起诉书、判决书、证词、辩护词、立案报告、破案报告;文教部门常用的教学计划、教学大纲、教案、教学管理条例;医务工作常用的病历、处方、护理日志、诊断证明书、死亡报告;外事工作常用的照会、声明、国书、意向书、备忘录、国际公约、联合公报,等等。

在各类应用文中,专业工作应用文涉及的面最广,发展最快。随着社会经济的发展和科学技术的进步,社会分工会越来越细,为适应工作需要随事立体的应用写作新形式,也将会不断增多。

3. 日常生活应用文

日常生活应用文主要指个人用来处理日常生活事务和礼仪的应用文,如书信、电报、启事、请柬、讣告、日记、读书笔记等。日常生活应用文与个人的日常生活、人际交往活动关系密切,使用范围很广。日常生活应用文虽然也有一定的格式,但不十分严格,写作较灵活自由。

第二节　应用文写作者基本素养

应用文是帮助人类处理公私事务的工具,它涉及面广、使用频率高,实用价值大。可以说生活在错综复杂的社会关系网中的人,谁也离不开应用文。一个有文化的人,应当会使用应用文,会写一般应用文。一个大学生,为了毕业以后能更好地服务社会,应当熟悉常见的应用文,研究与所学专业有关的应用文,并通过写作训练,写好应用文。再者,写文章不是一项单纯的技能技巧,写作是一种综合性的脑力劳动,它涉及作者方方面面的能力和水平,诸如思想修养、政治水平、知识结构、分析概括能力、思维能力和表达能力等基本素养。因此,应用文写作者基本素养主要从以下方面来体现:

一、有较高的政策水平

写应用文是为了办事或解决问题,而办事或解决问题的准则、依据,不能是某个个人的意见或某个小集团的利益,只能是党的方针政策、国家的法律法规。就我们国家来说,宪法是国家的根本大法,办任何事都不能违背宪法。除了宪法,国家还制定了很多法律和法规,一些部门或地区还根据实际情况颁布了作为法律补充的规章制度。我们国家又是党领导的,在每个历史时期,党中央都会提出阶段性的方针政策,作为一切工作的指导思想。因此,作为一个应用文写作者,必须了解党在不同历史时期的方针政策,必须熟悉与自己工作有关的法律、法规、制度,否则,就办不了好事,甚至办了错事、坏事自己还意识不到。

二、知识面要广中有深

写文章,包括写应用文,涉及的知识面极广。写一篇文章也许不觉得,写多了就会深切感觉到这一点。知识包括一般知识和专业知识,掌握一般知识要广,掌握专业知识则应比较深。

写应用文需要的一般知识,主要指社会科学、自然科学、哲学的常识和国内外时事、科技发展的新动向。掌握这些知识,可以使写作时避免出现常识性错误。比如,小说中的人物和事是虚构的,报告文学中的人和事则是真实的,写作时如果把两者混为一谈,就会闹笑话。而专业知识和一般知识是相对而言的,自己在从事学习、研究范围内的知识是专业知识,范围外的就是一般知识。比如,文学知识对于从事经济工作的来说,属于一般知识,而对于专门从事文学研究的来说,就属于专业知识了。因此,一个应用文写作者的知识面要丰富,要广,还要掌握得比较透彻,才能在写作方面得心应手,如鱼得水。

三、要有较强的分析能力

一个应用文作者,面对的常常是一大堆杂乱的情况、材料和与之有关的若干个问题,他必须善于梳理,把事实归类,然后进行分析研究,通过思考,作出判断,找出解决问题的途径。比如为单位写年终总结,一个单位一年做的事很多,主要做了哪些方面的工作;所做的工作哪些做得好和做得不好甚至不好的原因是什么;有些什么主要的经验,等等。写作者如果没有较强的分析判断能力,面对着一大堆具体材料可能无从下手。

分析判断能力实际上就是办事能力,它涉及发现问题、分析问题、解决问题的全过程。分析判断能力不是一种单纯的能力,它和一个人的政治觉悟、理论水平、思想方法、实际工作有密切联系。要提高自己的分析判断能力,必须在这几个方面都做出努力,一方面要刻苦学习,另一方面要边学边干,多做工作,办事能力的提高只有在工作中才能真正实现。

四、写作基本功要扎实

写作应用文,离不开较高的政策水平、深广的知识和较强的分析判断能力,而这一切,最终要落实和体现在文字上。对一个应用文作者来说,具有扎实的写作基本功也是写作素养的一个重要体现。如果写作基本功不扎实,纵使有好的想法、意见,也会因表述不清或表述不准确而影响别人的正确理解,从而给工作带来损失。

提高写作能力,除了懂得写作知识外,主要靠多实践,即通过多写、多练,逐步提高,此外没有捷径。

第三节　应用文写作基本技巧

要掌握应用文写作基本技巧,首先要掌握和弄清楚应用文的表达方式和语言运用。

一、应用文常用的表达方式

1. 叙述

叙述是对人物、事件、环境作概括性的交代和表述的表达方式,主要用来为交代背景、介绍情况、综合事迹、概括规律、说明观点和指出办法等提供事实依据。应用文要求叙述要抓住重点的事实和关键的情况,主次分明,详略得当,要点突出,脉络清楚,意义显露。应用文常用的叙述方法有顺序、倒序、平序和插序等,其中顺序是最基本、最常用的叙述方法。

2. 说明

说明是用简明的文字把有关事物、事理的各种属性,如性质、状态、特征、构造、关系和功能等解说清楚、介绍明白的表达方式,以便使人们对客观世界的事物、事由有所了解、认识和知晓。应用文要求说明要准确、简明、客观、科学。常用的说明方法有定义说明、诠释说明、举例说明、分类说明、比较说明、数字说明和图表说明等。说明是应用文写作中用得最多的表达方式。

3. 议论

议论是用判断、推理的形式,结合有关材料对客观事物或问题进行分析、评论、阐明自己的观点和态度的表达方式。议论包括论点、论据和论证三个要素,但是在大多数应用文写作中,往往不要求三要素齐全,也不要周详的逻辑推理过程,而总是结合着叙述与说明进行。常见的议论方法有叙议结合、说议结合和叙说结合等,发表议论的方式常用陈述式、反诘式、提问式、感叹式和祈使式等。

4. 描写

描写是文学创作中重要的表达方式,但是在应用写作中有时也采用,常与叙述结合在一起,多用于新闻通讯和广告解说词等。应用文中的描写多是白描,抓住事物特征作粗线条勾勒,而不能精雕细琢。

5. 抒情

抒情也是文学创作中重要的表达方式,但是也适用于应用文写作。一些应用文为了使读者接受其思想内容,有时就不能只满足于客观的叙事和冷静的说理,往往要借助于感情的抒发。应用文中的抒情一般为间接抒情,寓情于叙事,寓情于说理。

二、语言运用

应用文的语言与文学创作的语言有较大的差别,其主要特点如下:

1. 程式化

应用文写作中使用的一些特定用语、惯用语、引用语和缩略语,是应用文文体特有的语言现象。应用文语意有较固定的表达语言。

2. 书面化

应用文的写作性质决定其语言风格表现为简明、规范、严肃,而书面语能较好达到这一语言要求,因而应用文语言大多采用书面语进行书写。

3. 常用数字

应用文写作常用数字来说明问题,因此经常大量使用数字。在分析问题、说明问题时,运用数字,可以比较明确地表达事物的状态,从而加深对该事物的认识。

应用文常用的数字有以下几种:

(1) 绝对数;

(2) 平均数;

(3) 百分数;

(4) 对比数。

4. 应用文语言运用的要求

(1) 叙述语言需简洁、概括;

(2) 语言表达要严谨、有分寸;

(3) 数据语言书写要规范、清晰、准确;

(4) 朴实、简洁。

项目一　行　政　公　文

项目学习目的：
　　理解行政公文的概念；认识行政公文的作用；熟练掌握通知、通报、公告、通告、请示、批复、报告、函的写作方法，了解会议纪要的写作格式。

第一节　行政公文概述

一、行政公文的概念

　　行政公文是指党政机关在行政管理过程中形成的具有法定效力和规范体式的公务文书。行政公文是传达国家各级行政机关方针政策、发布政令法规和指导商洽工作等方面的重要工具。它包括命令（令）、决议、决定、公告、公报、通告、通知、通报、议案、报告、请示、批复、意见、函和纪要，共15种。

二、行政公文的分类

1. 根据行文关系分，可分为以下几种

　　（1）上行文，即下级机关向上级机关呈送的公文。属于此类公文的有请示和报告。

　　（2）下行文，即上级机关向下级机关发送的公文。属于此类公文的有命令（令）、决议、决定、公报、公告、通告、通报、批复和会议纪要等。

　　（3）平行文，即同级机关或不相隶属机关之间往来的公文。主要有函和议案，也包括一部分公告、通知和纪要等，如需向国外发布的公告、向不相隶属机关发出的告知有关事项的通知等。

2. 根据公文的功能分，可分为以下几种

　　（1）指挥性公文，即向下级机关传达领导机关的方针政策，实施行政指挥的公文。主要有命令（令）、决议、决定、意见、通知和批复等。

　　（2）知照性公文，即向受文机关通报情况、知照事项、要求周知或遵守的公文，如公报、公告、通告、通报和通知等。

　　（3）报请性公文，分为两种：一是向上级机关汇报工作、请示问题、提出建议的公文，属于这类的有报告、请示和上行性意见；二是报请有关部门审判的公文，属于这类的有议案和请批函。

　　（4）联系性公文，即在机关之间商洽工作、询问和答复问题的公文，主要有函。

　　（5）记录性公文，指用于记载、归纳会议事项的公文，主要有纪要等。

3. 根据公文的传递、处理时限要求分，可分为以下几种

　　（1）平件，指按常规办理的公文。

（2）急件，指需要迅速传递和处理的公文。

（3）特急件，指需要急速传递和随到随办的公文。

三、行政公文的特点

1. 行政公文由法定的作者制作与发布

行政公文的法定作者是指依法成立并以其名义行使权利和承担义务的各级各类行政机关。

行政公文主要以行政机关的名义发布，有时也需要以国家领导人或机关首长的名义发布。

2. 行政公文具有法定权威性与行政约束力

行政公文是行政机关集体智慧与思想的集中体现，代表某个机关的意图与要求，受文单位必须认真学习、贯彻执行。在此意义上具有很强的权威性和约束力，有令必行、有法必依。

3. 行政公文有特定的读者与使用范围

行政公文的特定读者必须是具有法人资格的文件收受单位。标有密级程度的公文，要求读者严格遵守保密规定，不得泄露机密。

4. 行政公文有特定的格式与处理程序

行政公文均有特定格式，也称"公文体式"。例如，文件用纸的纸型、尺寸、编号、书写格式，以及文件的结构安排，有统一要求；公文的使用、行距大小，都有特定规格；公文的制作、发布、处理均有一定程序，等等。

5. 行政公文有很强的政策性与时效性

国家行政机关的公文，与国家的政治、经济发展紧密相连，具有很强的政治、政策性。依据实际，行政公文提出一系列与社会主义政治与法治要求相符合的措施、步骤、办法和规定等，并按部就班地予以实施。

行政公文的时效性是指有些公文明确规定了受理机关处理公务的时限与完成时间。

四、行政公文的作用

1. 指导作用

行政机关运用行政公文对下级单位实行领导和监督，对整个工作过程进行有效调控，不断适应客观环境变化，保证社会围绕既定决策目标运转。

2. 宣传作用

这体现在上级机关通过公文，讲清工作意义，使人们提高认识，规范和制约社会行为，把党和政府的意图变为干部群众的自觉行动。

3. 联系作用

公文是党和国家各级机关上下有序地开展工作所必不可少的文件。例如，下级机关向上级机关汇报工作、反映情况和请示问题，以便上级掌握基层工作进程和动向；上级批复请求事项,发出情况通报,让下级了解全局情况,等等。

4. 凭证作用

公文反映制发机关的意志,具有行政约束力,因而是下级机关部署和开展工作、处理和解决问题的依据。上级也可以根据下级公文来了解各方信息,作为决策和指导工作的依据,不相隶属机关来往的公文也是处理问题、商洽工作、查核事实的依据和凭证。

五、行政公文的语言要求

1. 公文采用记叙、说明、议论的表达方式

公文的记叙贵在平直。公文的说明要使用平实确切的文字准确阐述事物性质、特征、成因及事物之间的联系与区别。公文的议论贵在平正。

2. 公文用语的规范性

公文语言必须以实用为宗旨,避免使用方言土语,一律使用书面语言。另外,对专用名称的使用、公文数字的表达以及外来语的使用都要求规范,不得随意省略、滥用。同时,公文语言讲求庄重、确切、简约、质朴等。

3. 公文的专用语

专用语可分为事物性专用语、业务性专用语和介词专用语三部分。事务性专用语分两类,其中一类是起行文作用的专用语,包括开端用语、表态用语、称谓用语和结尾用语等;业务性专用语指不同的业务领域会形成各自的业务术语;介词专用语是指为了公文的固定语体特点需要,公文中会大量使用到介词短语,以形成较为固定的句式。

六、行政公文的格式

1. 版头部分

俗称文头部分,也称眉首部分,包括公文编号、机密等级、紧急程度、发文机关标识、发文字号、签发人姓名和间隔横线等项目。

2. 正文部分

正文部分是一篇公文的主体部分,由标题、主送机关(公文抬头)、正文、附件、发文机关署名与印章、成文日期和附注等组成。

3. 版记部分

版记部分即文尾部分,包括主题词、抄报、抄送机关和制发机关等。

其中,发文机关标识、发文字号、标题、主送机关、正文、附件、成文日期、印章和主题词为一般公文所必备,其他各项可根据具体需要按规定选用。

公文格式图示如下:

份数序号

秘密等级★保密期限
紧急程度

×× 市人民政府文件

×发〔200×〕第×号（发文字号）　　　　　签发人：×××（用于上行文）

公文标题

××××：（主送机关）

　　　××××···

××××·······················（正文）

　　　附件：1. ××××

　　　　　　2. ××

发文机关（印章）

20××年×月×日

主题词：××　　××　　××

抄报：　　　　　　　　　　　　　　　　　　　抄送：

制发机关：××××　　　　　　　　　　　　　印制日期：200×年×月×日

印刷份数：××份

七、行政公文的行文规则

（1）上下级机关不得越级行文。下级机关如遇特殊或紧急事项，必须越级请示报告时，应同时抄报其直接领导的上级机关。受双重领导的下级单位向上级机关请示时，应写明主送机关和抄报机关，主送机关应负责答复。上级机关如遇特殊情况或紧急事宜，必须越级传达时，应抄送其直属下级机关。上级机关向受双重领导的下级单位行文时，也要抄送另一上级机关。

（2）平行机关或没有隶属关系的机关相互行文，不得互发指令，请示性文件，可以通过公函，互相商洽工作。

（3）同级政府、同级政府各部门可以联合发文；上级政府与下一级政府也可以联合行文；政府与同级党委和军队机关可以联合发文；政府部门与同级人民团体可以联合行文。联合行文必须明确主办部门。

（4）坚持党与政府分开行文的原则。党组织与党的领导机关不应向国家行政机关、企事业单位发文作指示；同样，政府机关也不能向党的机关下发命令和通知。

（5）政府各部门依据部门职能向下一级政府的相关部门行文时，可以发函商洽工作、询问和答复问题、审批事项。

第二节　通知　通报

一、通知

(一) 通知的概念

通知是"适用于发布、传达要求下级机关执行和有关单位周知或者执行的事项,批转、批发公文"的公文。通知属于下行文。

(二) 通知的分类

1. 发布性通知

用来发布法规和规章。党政机关颁布法规、规定、条例和章程等,需要同时下发一个通知,说明颁发的权限、意义及注意事项和要求等,以便有效组织实施。

2. 指示性通知

有关部门根据形势的发展和方针政策的贯彻情况,对下级做出指示,部署一个时期的工作任务,或对需要知道和办理的事项提出意见和要求等。

3. 批转性通知

下级机关的来文,有必要下发所属各部门,上级机关凭借自身的职权范围,可以在批转下级机关的来文时,附加上一个通知,提出要求,做出指示。

4. 转发性通知

转发需要下级机关知晓的上级、同级或不相隶属机关的公文,或有关需要告知或转递的事情,需要用转发性通知加以转发。转发中,还可根据机关工作的需要,增加具体的要求和意见。

5. 知照性通知

向有关单位告知某件事情,交代有关部门事项,并不需要办理或执行。比起指示性通知和批转性通知,知照类通知体现告知的特点。

6. 会议通知

上级机关要求下属部门或有关部门人员参加某种较为重要的会议所写的通知,以便与会人员做好准备,按期参加会议。

(三) 通知的特点

1. 指导性

上级机关对下级机关部署工作任务,经常使用通知这一文种。在通知中阐述解决和处理问题的原则方法,拿出整改措施,提出中肯意见。因此,通知常常作为指导性的文件。

2. 晓谕性

告诉下属机关近期有哪些工作事项、决定和工作安排,要求遵照执行。也有必须让下属机关知晓的事宜,常用通知文种传达。

3. 广泛性

通知使用广泛,各级政府机关都可以使用通知的公文进行公务活动。指导、批转、转发和知照等情况都可以使用通知来下达,国家机关很多重要的政策法令都是通过通知来发布传达的。

四、通知的结构

1. 标题

各个分类通知的标题具有一致性,一般由发文机关、事由和文种三部分组成,例如“国务院办公厅关于坚决制止国内互赠挂历的通知”。还有的通知标题只由事由和文种两部分组成,例如“关于办理退休手续的通知”。

2. 主送机关

通知是上级机关下发的公文,主送机关一般比较多,排列次序按照从大到小、从主到次的次序排列,例如国务院下发通知的主送机关一般写为“各省、自治区、直辖市人民政府,国务院各部委、各直属机构”。

3. 正文

(1)发布性通知

一般发布性法规和规章的通知,大致可以分成颁布、发布和印发三种情况。比较重要的行政法规用颁发、发布的方式,一般规章用印发的方式。

发布性通知的正文较为简短,由制作原因、被发布文件名称和发布机关的要求等三部分组成。

(2)指示性通知

凡上级机关对下级机关某项工作有所指示、要求或安排,而又不必用“命令”或“指示”作为文件时,均可使用这种通知。这类通知的正文包括通知原因、通知事项和结语三部分。

(3)批转性通知

这类通知是对下级机关的公文加上批语批转给所属单位和部门,要求贯彻执行或参照执行。批转性通知的批语包括两部分:批转对象和批注意见。批转对象要写明被批转公文的名称及原发单位。批注意见要写明对所转发公文的态度、意见和执行要求。

(4)转发性通知

对上级机关、同级机关和不相隶属机关的公文加上按语,转发给所属部门,可以使用这类通知。正文要写出被转发公文的名称、发布单位和对受文单位的要求,有的转发性通知还要写出对被转发公文的评议及转发的目的,文字要求简短。

(5)知照性通知

这类通知是上级机关向有关部门告知需要知道或办理的事情。知照性通知要首先写清楚需要告知的具体事项;其次,说明怎样办理,达到何种目标。

(6)会议通知

会议通知首先要写明会议名称和会议内容;其次,要交代清楚主持单位、会议程序、起止时间和参加人员;第三,要告知与会者携带的材料及准备事宜;第四,要写清楚会议地点、行车路线和会议联系人等。

4. 落款和日期

通知的落款为发出通知的所在单位或部门;日期为通知的拟定日期。

(五)通知的写作要求

(1)发布性通知行文要简洁。

(2)指示性通知要写得具体、明确、具有可行性。

(3)批转和转发性通知要言明依据,阐明意义。

(4)知照性通知要强调晓谕性。

(5)会议通知的事项要交代完备。

【例文一】 批转或转发性通知

国务院办公厅关于金融支持经济结构
调整和转型升级的指导意见

国办发〔2013〕67 号

各省、自治区、直辖市人民政府,国务院各部委、各直属机构:

当前,我国经济运行总体平稳,但结构性矛盾依然突出。金融运行总体是稳健的,但资金分布不合理问题仍然存在,与经济结构调整和转型升级的要求不相适应。为深入贯彻党的十八大、中央经济工作会议和国务院常务会议精神,更好地发挥金融对经济结构调整和转型升级的支持作用,更好地发挥市场配置资源的基础性作用,更好地发挥金融政策、财政政策和产业政策的协同作用,优化社会融资结构,持续加强对重点领域和薄弱环节的金融支持,切实防范化解金融风险,经国务院同意,现提出以下指导意见。

一、继续执行稳健的货币政策,合理保持货币信贷总量

统筹兼顾稳增长、调结构、控通胀、防风险,合理保持货币总量。综合运用数量、价格等多种货币政策工具组合,充分发挥再贷款、再贴现和差别存款准备金动态调整机制的引导作用,盘活存量资金,用好增量资金,加快资金周转速度,提高资金使用效率。对中小金融机构继续实施较低的存款准备金率,增加"三农"、小微企业等薄弱环节的信贷资金来源。稳步推进利率市场化改革,更大程度发挥市场在资金配置中的基础性作用,促进企业根据自身条件选择融资渠道、优化融资结构,提高实体经济特别是小微企业的信贷可获得性,进一步加大金融对实体经济的支持力度。(人民银行牵头,发展改革委、工业和信息化部、财政部、银监会、证监会、保监会、外汇局等参加)

二、引导、推动重点领域与行业转型和调整

坚持有扶有控、有保有压原则,增强资金支持的针对性和有效性。大力支持实施创新驱动发展战略。加大对有市场发展前景的先进制造业、战略性新兴产业、现代信息技术产业和信息消费、劳动密集型产业、服务业、传统产业改造升级以及绿色环保等领域的资金支持力度。保证重点在建续建工程和项目的合理资金需求,积极支持铁路等重大基础设施、城市基础设施、保障性安居工程等民生工程建设,培育新的产业增长点。按照"消化一批、转移一批、整合一批、淘汰一批"的要求,对产能过剩行业区分不同情况实施差别化政策。对产品有竞争力、有市场、有效益的企业,要继续给予资金支持;对合理向境外转移产能的企业,要通过内保外贷、外汇及人民币贷款、债权融资、股权融资等方式,积极支持增强跨境投资经营能力;对实施产能整合的企业,要通过探索发行优先股、定向开展并购贷款、适当延长贷款期限等方式,支持企业兼并重组;对属于淘汰落后产能的企业,要通过保全资产和不良贷款转让、贷款损失核销等方式支持压产退市。严禁对产能严重过剩行业违规建设项目提供任何形式的新增授信和直接融资,防止盲目投资加剧产能过剩。(发展改革委、工业和信息化部、财政部、商务部、人民银行、国资委、银监会、证监会、保监会、外汇局等按职责分工负责)

三、整合金融资源支持小微企业发展

优化小微企业金融服务。支持金融机构向小微企业集中的区域延伸服务网点。根据小微企业不同发展阶段的金融需求特点,支持金融机构向小微企业提供融资、结算、理财、咨询等综合性金融服务。继续支持符合条件的银行发行小微企业专项金融债,所募集资金发放的小微企业贷款不纳入存贷比考核。逐步推进信贷资产证券化常规化发展,盘活资金支持小微企业发展和经济结构调整。适度放开小额外保内贷业务,扩大小微企业境内融资来源。适当提高对小微企业贷款的不良贷款容忍度。加强对科技型、创新型、创业型小微企业的金融支持力度。力争全年小微企业贷款增速不低于当年各项贷款平均增速,贷款增量不低于上年同期水平。鼓励地方人民政府建立小微企业信贷风险补偿基金,支持小微企业信息整合,加快推进中小企业信用体系建设。支持地方人民政府加强对小额贷款公司、融资性担保公司的监管,对非融资性担保公司进行清理规范。鼓励地方人民政府出资设立或参股融资性担保公司,以及通过奖励、风险补偿等多种方式引导融资性担保公司健康发展,帮助小微企业增信融资,降低小微企业融资成本,提高小微企业贷款覆盖面。推动金融机构完善服务定价管理机制,严格规范收费行为,严格执行不得以贷转存、不得存贷挂钩、不得以贷收费、不得浮利分费、不得借贷搭售、不得一浮到顶、不得转嫁成本,公开收费项目、服务质价、效用功能、优惠政策等规定,切实降低企业融资成本。(发展改革委、科技部、工业和信息化部、财政部、人民银行、工商总局、银监会、证监会、保监会、外汇局等按职责分工负责)

四、加大对"三农"领域的信贷支持力度

优化"三农"金融服务,统筹发挥政策性金融、商业性金融和合作性金融的协同作用,发挥直接融资优势,推动加快农业现代化步伐。鼓励涉农金融机构在金融服务空白乡镇设立服务网点,创新服务方式,努力实现农村基础金融服务全覆盖。支持金融机构开发符合农业农村新型经营主体和农产品批发商特点的金融产品和服务,加大信贷支持力度,力争全年"三农"贷款增速不低于当年各项贷款平均增速,贷款增量不低于上年同期水平。支持符合条件的银行发行"三农"专项金融债。鼓励银行业金融机构扩大林权抵押贷款,探索开展大中型农机具、农村土地承包经营权和宅基地使用权抵押贷款试点。支持农业银行在总结试点经验的基础上,逐步扩大县域"三农金融事业部"试点省份范围。支持经中央批准的农村金融改革试点地区创新农村金融产品和服务。(财政部、国土资源部、农业部、商务部、人民银行、林业局、法制办、银监会等按职责分工负责)

五、进一步发展消费金融促进消费升级

加快完善银行卡消费服务功能,优化刷卡消费环境,扩大城乡居民用卡范围。积极满足居民家庭首套自住购房、大宗耐用消费品、新型消费品以及教育、旅游等服务消费领域的合理信贷需求。逐步扩大消费金融公司的试点城市范围,培育和壮大新的消费增长点。加强个人信用管理。根据城镇化过程中进城务工人员等群体的消费特点,提高金融服务的匹配度和适应性,促进消费升级。(人民银行牵头,发展改革委、工业和信息化部、商务部、银监会等参加)

六、支持企业"走出去"

鼓励政策性银行、商业银行等金融机构大力支持企业"走出去"。以推进贸易投资便利化为重点,进一步推动人民币跨境使用,推进外汇管理简政放权,完善货物贸易和服务贸易外汇管理制度。逐步开展个人境外直接投资试点,进一步推动资本市场对外开放。改进外债管理方式,完善全口径外债管理制度。加强银行间外汇市场净额清算等基础设施建设。创新外汇储备运用,拓展外汇储备委托贷款平台和商业银行转贷款渠道,综合运用多种方式为用汇主体提供融资支持。(人民银行牵头,外交部、发展改革委、财政部、商务部、海关总署、银监会、证监会、保监会、外汇局等参加)

七、加快发展多层次资本市场

进一步优化主板、中小企业板、创业板市场的制度安排,完善发行、定价、并购重组等方面的各项制度。适当放宽创业板对创新型、成长型企业的财务准入标准。将中小企业股份转让系统试点扩大至全国。规范非上市公众公司管理。稳步扩大公司(企业)债、中期票据和中小企业私募债券发行,促进债券市场互联互通。规范发展各类机构投资者,探索发展并购投资基金,鼓励私募股权投资基金、风险投资基金产品创新,促进创新型、创业型中小企业融资发展。加快完善期货市场建设,稳步推进期货市场品种创新,进一步发挥期货市场的定价、分散风险、套期保值和推进经济转型升级的作用。(证监会牵头,发展改革委、科技部、工业和信息化部、财政部、人民银行、工商总局、法制办等参加)

八、进一步发挥保险的保障作用

扩大农业保险覆盖范围,推广菜篮子工程保险、渔业保险、农产品质量保证保险、农房保险等新型险种。建立完善财政支持的农业保险大灾风险分散机制。大力发展出口信用保险,鼓励为企业开展对外贸易和"走出去"提供投资、运营、劳动用工等方面的一揽子保险服务。深入推进科技保险工作。试点推广小额信贷保证保险,推动发展国内贸易信用保险。拓宽保险覆盖面和保险资金运用范围,进一步发挥保险对经济结构调整和转型升级的积极作用。(保监会牵头,发展改革委、科技部、工业和信息化部、财政部、农业部、商务部、人民银行、林业局、银监会、外汇局等参加)

九、扩大民间资本进入金融业

鼓励民间资本投资入股金融机构和参与金融机构重组改造。允许发展成熟、经营稳健的村镇银行在最低股比要求内,调整主发起行与其他股东持股比例。尝试由民间资本发起设立自担风险的民营银行、金融租赁公司和消费金融公司等金融机构。探索优化银行业分类监管机制,对不同类型银行业金融机构在经营地域和业务范围上实行差异化准入管理,建立相应的考核和评估体系,为实体经济发展提供广覆盖、差异化、高效率的金融服务。(银监会牵头,人民银行、工商总局、法制办等参加)

十、严密防范金融风险

深入排查各类金融风险隐患,适时开展压力测试,动态分析可能存在的风险触点,及时锁定、防控和化解风险,严守不发生系统性区域性金融风险的底线。继续按照总量控制、分类管理、区别对待、逐步化解的原则,防范化解地方政府融资平台贷款等风险。认真执行房地产调控政策,落实差别化住房信贷政策,加强名单制管理,严格防控房地产融资风险。按照理财与信贷业务分离、产品与项目逐一对应、单独建账管理、信息公开透明的原则,规范商业银行理财产品,加强行为监管,严格风险管控。密切关注并积极化解"两高一剩"(高耗能、高污染、产能过剩)行业结构调整时暴露的金融风险。防范跨市场、跨行业经营带来的交叉金融风险,防止民间融资、非法集资、国际资本流动等风险向金融系统传染渗透。支持银行开展不良贷款转让,扩大银行不良贷款自主核销权,及时主动消化吸收风险。稳妥有序处置风险,加强疏导,防止因处置不当等引发新的风险。加快信用立法和社会信用体系建设,培育社会诚信文化,为金融支持经济结构调整和转型升级营造良好环境。(人民银行牵头,发展改革委、工业和信息化部、财政部、住房城乡建设部、法制办、银监会、证监会、保监会、外汇局等参加)

国务院办公厅

2013 年 7 月 1 日

国务院关于促进光伏产业健康发展的若干意见

国发〔2013〕24 号

各省、自治区、直辖市人民政府,国务院各部委、各直属机构:

发展光伏产业对调整能源结构、推进能源生产和消费革命、促进生态文明建设具有重要意义。为规范和促进光伏产业健康发展,现提出以下意见:

一、充分认识促进光伏产业健康发展的重要性

近年来,我国光伏产业快速发展,光伏电池制造产业规模迅速扩大,市场占有率位居世界前列,光伏电池制造达到世界先进水平,多晶硅冶炼技术日趋成熟,形成了包括硅材料及硅片、光伏电池及组件、逆变器及控制设备的完整制造产业体系。光伏发电国内应用市场逐步扩大,发电成本显著降低,市场竞争力明显提高。

当前,在全球光伏市场需求增速减缓、产品出口阻力增大、光伏产业发展不协调等多重因素作用下,我国光伏企业普遍经营困难。同时,我国光伏产业存在产能严重过剩、市场无序竞争,产品市场过度依赖外需、国内应用市场开发不足,技术创新能力不强、关键技术装备和材料发展缓慢,财政资金支持需要加强、补贴机制有待完善,行业管理比较薄弱、应用市场环境亟待改善等突出问题,光伏产业发展面临严峻形势。

光伏产业是全球能源科技和产业的重要发展方向,是具有巨大发展潜力的朝阳产业,也是我国具有国际竞争优势的战略性新兴产业。我国光伏产业当前遇到的问题和困难,既是对产业发展的挑战,也是促进产业调整升级的契机,特别是光伏发电成本大幅下降,为扩大国内市场提供了有利条件。要坚定信心,抓住机遇,开拓创新,毫不动摇地推进光伏产业持续健康发展。

二、总体要求

(一)指导思想

深入贯彻党的十八大精神,以邓小平理论、"三个代表"重要思想、科学发展观为指导,创新体制机制，完善支持政策，通过市场机制激发国内市场有效需求，努力巩固国际市场；健全标准体系，规范产业发展秩序，着力推进产业重组和转型升级；完善市场机制，加快技术进步，着力提高光伏产业发展质量和效益，为提升经济发展活力和竞争力作出贡献。

（二）基本原则

远近结合，标本兼治。在扩大光伏发电应用的同时，控制光伏制造总产能，加快淘汰落后产能，着力推进产业结构调整和技术进步。

统筹兼顾，综合施策。统筹考虑国内外市场需求、产业供需平衡、上下游协调等因素，采取综合措施解决产业发展面临的突出问题。

市场为主，重点扶持。发挥市场机制在推动光伏产业结构调整、优胜劣汰、优化布局以及开发利用方面的基础性作用。对不同光伏企业实行区别对待，重点支持技术水平高、市场竞争力强的骨干优势企业发展，淘汰劣质企业。

协调配合，形成合力。加强政策的协调配合和行业自律，支持地方创新发展方式，调动地方、企业和消费者的积极性，共同推动光伏产业发展。

（三）发展目标

把扩大国内市场、提高技术水平、加快产业转型升级作为促进光伏产业持续健康发展的根本出路和基本立足点，建立适应国内市场的光伏产品生产、销售和服务体系，形成有利于产业持续健康发展的法规、政策、标准体系和市场环境。2013—2015年，年均新增光伏发电装机容量1000万千瓦左右，到2015年总装机容量达到3500万千瓦以上。加快企业兼并重组，淘汰产品质量差、技术落后的生产企业，培育一批具有较强技术研发能力和市场竞争力的龙头企业。加快技术创新和产业升级，提高多晶硅等原材料自给能力和光伏电池制造技术水平，显著降低光伏发电成本，提高光伏产业竞争力。保持光伏产品在国际市场的合理份额，对外贸易和投融资合作取得新进展。

三、积极开拓光伏应用市场

（一）大力开拓分布式光伏发电市场。鼓励各类电力用户按照"自发自用，余量上网，电网调节"的方式建设分布式光伏发电系统。优先支持在用电价格较高的工商业企业、工业园区建设规模化的分布式光伏发电系统。支持在学校、医院、党政机关、事业单位、居民社区建筑和构筑物等推广小型分布式光伏发电系统。在城镇化发展过程中充分利用太阳能，结合建筑节能加强光伏发电应用，推进光伏建筑一体化建设，在新农村建设中支持光伏发电应用。依托新能源示范城市、绿色能源示范县、可再生能源建筑应用示范市（县），扩大分布式光伏发电应用，建设100个分布式光伏发电规模化应用示范区、1000个光伏发电应用示范小镇及示范村。开展适合分布式光伏发电运行特点和规模化应用的新能源智能微电网试点、示范项目建设，探索相应的电力管理体制和运行机制，形成适应分布式光伏发电发展的建设、运行和消费新体系。支持偏远地区及海岛利用光伏发电解决无电和缺电问题。鼓励在城市路灯照明、城市景观以及通讯基站、交通信号灯等领域推广分布式光伏电源。

（二）有序推进光伏电站建设。按照"合理布局、就近接入、当地消纳、有序推进"的总体思路，根据当地电力市场发展和能源结构调整需要，在落实市场消纳条件的前提下，有序推进各种类型的光伏电站建设。鼓励利用既有电网设施按多能互补方式建设光伏电站。协调光伏电站与配套电网规划和建设，保证光伏电站发电及时并网和高效利用。

（三）巩固和拓展国际市场。积极妥善应对国际贸易摩擦，推动建立公平合理的国际贸易秩序。加强对话协商，推动全球产业合作，规范光伏产品进出口秩序。鼓励光伏企业创新国际贸易方式，优化制造产地分布，在境外开展投资生产合作。鼓励企业实施"引进来"和"走出去"战略，集聚全球创新资源，促进光伏企业国际化发展。

四、加快产业结构调整和技术进步

（一）抑制光伏产能盲目扩张。严格控制新上单纯扩大产能的多晶硅、光伏电池及组件项目。光伏制造企业应拥有先进技术和较强的自主研发能力，新上光伏制造项目应满足单晶硅光伏电池转换效率不低于20％、多晶硅光伏电池转换效率不低于18％、薄膜光伏电池转换效率不低于12％，多晶硅生产综合电耗不高于100千瓦时/千克。加快淘汰能耗高、物料循环利用不完善、环保不达标的多晶硅产能，在电力净输入地区严格控制建设多晶硅项目。

（二）加快推进企业兼并重组。利用"市场倒逼"机制，鼓励企业兼并重组。加强政策引导和推动，建立健全淘汰落后产能长效机制，加快关停淘汰落后光伏产能。重点支持技术水平高、市场竞争力强的多晶硅和光伏电池制造企业发展，培育形成一批综合能耗低、物料消耗少、具有国际竞争力的多晶硅制造企业和技术研发能力强、具有自主知识产权和品牌优势的光伏电池制造企业。引导多晶硅产能向中西部能源资源优势地区聚集，鼓励多晶硅制造企业与先进化工企业合作或重组，降低综合电耗、提高副产品综合利用率。

（三）加快提高技术和装备水平。通过实施新能源集成应用工程，支持高效率晶硅电池及新型薄膜电池、电子级多晶硅、四氯化硅闭环循环装置、高端切割机、全自动丝网印刷机、平板式镀膜工艺、高纯度关键材料等的研发和产业化。提高光伏逆变器、跟踪系统、功率预测、集中监控以及智能电网等技术和装备水平，提高光伏发电的系统集成技术能力。支持企业开发硅材料生产新工艺和光伏新产品、新技术，支持骨干企业建设光伏发电工程技术研发和试验平台。支持高等院校和企业培养光伏产业相关专业人才。

（四）积极开展国际合作。鼓励企业加强国际研发合作，开展光伏产业前沿、共性技术联合研发。鼓励有条件的国内光伏企业和基地与国外研究机构、产业集群建立战略合作关系。支持有关科研院所和企业建立国际化人才引进和培养机制，重点培养创新能力强的高端专业技术人才和综合管理人才。积极参与光伏行业国际标准制定，加大自主知识产权标准体系海外推广，推动检测认证国际互认。

五、规范产业发展秩序

（一）加强规划和产业政策指导。根据光伏产业发展需要，编制实施光伏产业发展规划。各地区可根据国家光伏产业发展规划和本地区发展需要，编制实施本地区相关规划及实施方案。加强全国规划与地方规划、制造产业与发电应用、光伏发电与配套电网建设的衔接和协调。加强光伏发电规划和年度实施指导。完善光伏电站和分布式光伏发电项目建设管理制度，促进光伏发电有序发展。

（二）推进标准化体系和检测认证体系建设。建立健全光伏材料、电池及组件、系统及部件等标准体系，完善光伏发电系统及相关电网技术标准体系。制定完善适合不同气候区及建筑类型的建筑光伏应用标准体系，在城市规划、建筑设计和旧建筑改造中统筹考虑光伏发电应用。加强硅材料及硅片、光伏电池及组件、逆变器及控制设备等产品的检测和认证平台建设,健全光伏产品检测和认证体系,及时发布符合标准的光伏产品目录。开展太阳能资源观测与评价,建立太阳能信息数据库。

(三)加强市场监管和行业管理。制定完善并严格实施光伏制造行业规范条件,规范光伏市场秩序,促进落后产能退出市场,提高产业发展水平。实行光伏电池组件、逆变器、控制设备等关键产品检测认证制度,未通过检测认证的产品不准进入市场。严格执行光伏电站设备采购、设计监理和工程建设招投标制度,反对不正当竞争,禁止地方保护。完善光伏发电工程建设、运行技术岗位资质管理。加强光伏发电电网接入和运行监管。建立光伏产业发展监测体系,及时发布产业发展信息。加强对《中华人民共和国可再生能源法》及配套政策的执法监察。地方各级政府不得以征收资源使用费等名义向太阳能发电企业收取法律法规规定之外的费用。

六、完善并网管理和服务

(一)加强配套电网建设。电网企业要加强与光伏发电相适应的电网建设和改造,保障配套电网与光伏发电项目同步建成投产。积极发展融合先进储能技术、信息技术的微电网和智能电网技术,提高电网系统接纳光伏发电的能力。接入公共电网的光伏发电项目,其接网工程以及接入引起的公共电网改造部分由电网企业投资建设。接入用户侧的分布式光伏发电,接入引起的公共电网改造部分由电网企业投资建设。

(二)完善光伏发电并网运行服务。各电网企业要为光伏发电提供并网服务,优化系统调度运行,优先保障光伏发电运行,确保光伏发电项目及时并网,全额收购所发电量。简化分布式光伏发电的电网接入方式和管理程序,公布分布式光伏发电并网服务流程,建立简捷高效的并网服务体系。对分布式光伏发电项目免收系统备用容量费和相关服务费用。加强光伏发电电网接入和并网运行监管。

七、完善支持政策

(一)大力支持用户侧光伏应用。开放用户侧分布式电源建设,支持和鼓励企业、机构、社区和家庭安装、使用光伏发电系统。鼓励专业化能源服务公司与用户合作,投资建设和经营管理为用户供电的光伏发电及相关设施。对分布式光伏发电项目实行备案管理,豁免分布式光伏发电应用发电业务许可。对不需要国家资金补贴的分布式光伏发电项目,如具备接入电网运行条件,可放开规模建设。分布式光伏发电全部电量纳入全社会发电量和用电量统计,并作为地方政府和电网企业业绩考核指标。自发自用发电量不计入阶梯电价适用范围,计入地方政府和用户节能量。

(二)完善电价和补贴政策。对分布式光伏发电实行按照电量补贴的政策。根据资源条件和建设成本,制定光伏电站分区域上网标杆电价,通过招标等竞争方式发现价格和补贴标准。根据光伏发电成本变化等因素,合理调减光伏电站上网电价和分布式光伏发电补贴标准。上网电价及补贴的执行期限原则上为20年。根据光伏发电发展需要,调整可再生能源电价附加征收标准,扩大可再生能源发展基金规模。光伏发电规模与国家可再生能源发展基金规模相协调。

(三)改进补贴资金管理。严格可再生能源电价附加征收管理,保障附加资金应收尽收。完善补贴资金支付方式和程序,对光伏电站,由电网企业按照国家规定或招标确定的光伏发电上网电价与发电企业按月全额结算;对分布式光伏发电,建立由电网企业按月转付补贴资金的制度。中央财政按季度向电网企业预拨补贴资金,确保补贴资金及时足额到位。鼓励各级地方政府利用财政资金支持光伏发电应用。

(四)加大财税政策支持力度。完善中央财政资金支持光伏产业发展的机制,加大对太阳能资源测量、评价及信息系统建设、关键技术装备材料研发及产业化、标准制定及检测认证体系建设、新技术应用示范、农村和牧区光伏发电应用以及无电地区光伏发电项目建设的支持。对分布式光伏发电自发自用电量免收可再生能源电价附加等针对电量征收的政府性基金。企业研发费用符合有关条件的,可按照税法规定在计算应纳税所得额时加计扣除。企业符合条件的兼并重组,可以按照现行税收政策规定,享受税收优惠政策。

(五)完善金融支持政策。金融机构要继续实施"有保有压"的信贷政策,支持具有自主知识产权、技术先进、发展潜力大的企业做优做强,对有市场、有订单、有效益、有信誉的光伏制造企业提供信贷支持。根据光伏产业特点和企业资金运转周期,按照风险可控、商业可持续、信贷准入可达标的原则,采取灵活的信贷政策,支持优质企业正常生产经营,支持技术创新、兼并重组和境外投资等具有竞争优势的项目。创新金融产品和服务,支持中小企业和家庭自建自用分布式光伏发电系统。严禁资金流向盲目扩张产能项目和落后产能项目建设,对国家禁止建设的、不符合产业政策的光伏制造项目不予信贷支持。

(六)完善土地支持政策和建设管理。对利用戈壁荒滩等未利用土地建设光伏发电项目的,在土地规划、计划安排时予以适度倾斜,不涉及转用的,可不占用土地年度计划指标。探索采用租赁国有未利用土地的供地方式,降低工程的前期投入成本。光伏发电项目使用未利用土地的,依法办理用地审批手续后,可采取划拨方式供地。完善光伏发电项目建设管理并简化程序。

八、加强组织领导

各有关部门要根据本意见要求,按照职责分工抓紧制定相关配套文件,完善光伏发电价格、税收、金融信贷和建设用地等配套政策,确保各项任务措施的贯彻实施。各省级人民政府要加强对本地区光伏产业发展的管理,结合实际制定具体实施方案,落实政策,引导本地区光伏产业有序协调发展。健全行业组织机构,充分发挥行业组织在加强行业自律、推广先进技术和管理经验、开展统计监测和研究制定标准等方面的作用。加强产业服务,建立光伏产业监测体系,及时发布行业信息,搭建银企沟通平台,引导产业健康发展。

国务院

2013 年 7 月 4 日

(此件有删减)

国务院批转关于行政审批制度改革工作实施意见的通知

国发〔2001〕33 号

各省、自治区、直辖市人民政府,国务院各部委、各直属机构:

监察部、国务院法制办、国务院体改办、中央编办《关于行政审批制度改革工作的实施意见》已经国务院批准,现转发给你们,请认真贯彻执行。

中华人民共和国国务院
2001 年 10 月 18 日

【例文二】 任免性通知

关于香港特别行政区政府曾俊华等 3 人职务任免的通知

国人字〔2001〕106 号

香港特别行政区政府:

依照《中华人民共和国香港特别行政区基本法》的有关规定,根据香港特别行政区行政长官董建华的提名和建议,国务院 2001 年 7 月 5 日决定:

任命曾俊华为香港特别行政区政府规划地政局局长;

任命黄鸿超为香港特别行政区政府海关关长;

免去萧炯柱的香港特别行政区政府规划地政局局长职务;

免去曾俊华的香港特别行政区政府海关关长职务。

国务院
2001 年 7 月 9 日

【点评】 以上两条通知行文简洁,内容具体、明确,具有可行性。条理清楚、格式规范,同时强调了晓谕性。这两则通知都很好地说明了各自的内容和意义,具有很强的社会性。

二、通报

(一)通报的概念

通报是"适用于表彰先进、批评错误、传达重要精神和告知重要情况"的公务文书。通报是上级机关把工作情况、经验教训、好的和不好的典型通知所属单位的一种周知性文件。通报适用于各级各类部门,也常用于一个机关或一个系统内部使用,通报工作情况,对工作具有指导和借鉴作用。

(二)通报的分类

1. 表彰性通报

表彰先进人物,宣传先进事迹,传播先进经验。

2. 批评性通报

批评落后,批评错误,将不正之风、错误做法、错误思想公之于众,催人警醒。

3. 事故性通报

对于重大事故发生的原因、产生的后果进行研究,作出明确结论。

4. 情况通报

常用于沟通工作情况,彼此交流信息。这种做法既可以学习经验,又能够针对工作动态调节安排工作。

（三）通报的特点

1. 典型性

所谓典型性，是指通报所关涉的对象，都是典型事项、典型人物和具有典型意义的重要情况。发文机关正是通过对这些事件、人物和情况的介绍与分析，来总结经验或教训，教育干部和群众，指导、推进工作。

2. 教育性

所谓教育性，即通报把有关的事实清楚地反映出来，通过分析、评价，表明发文机关的态度，并向受文者提出相应希望或要求，批评错误，弘扬正气。

3. 告知性

传达重要情况和知照事项的通报，能及时交流信息，上情下达，并能促进上下级以及有关部门之间的相互了解。

（四）通报的结构

1. 标题

通报的标题写法有三种情况：一是高层次机关，如国务院、省、市机关的行文，标题要标明发文机关、事由和文种三部分，例如"××省人民政府办公厅关于夏粮收购情况进展的通报"；二是各基层机关使用的通报，标题一般标明事由和文种两部分，例如"关于××问题的通报"；三是内容单一，发文范围小，发文对象单纯，标题只标明"通报"字样即可。

2. 主送机关

通报有无主送机关因文而异。一般普发性通报和在单位内部公开张贴的通报，可不设主送机关，不写主送单位；而向指定单位或一定范围下发的通报，必须在主送机关栏写明主送机关。

3. 签署

正文后的落款与标题对应，采用规范标题，落款可不署发文机关名称，只写发文日期；标题中略去发文机关名称的，落款处必须署发文机关的全称或规范简称，并写明发文日期。

4. 正文

表扬性通报的正文一般包括概述事实、组织评价、表彰决定、希望和要求等四个方面内容。

批评性通报的正文一般是概述错误事实、指出错误性质和后果、批评教育和处分、警示及要求等。

通报写法分直述式和转述式。

（五）通报的写作要求

1. 抓住典型，进行宣传教育

凡是通报，不管是表扬、批评，还是事故，都要写出典型的人或事。这些人或事，往往具有普遍性和教育性。

2. 材料真实,出处可靠

作为公文,通报必须材料可靠,令读者信服。因此,撰写之前要调查核实,不能有虚假的情况。

3. 评价公允,政策性强

通报的评价部分,是全文的点睛之笔,是对叙述部分的分析和定论,从评论中体现人或事的性质,体现发文机关的政策性和倾向性,因此要把握分寸,依事明理。

【例文一】　表扬性通报

关于表彰 2012 年全省春运工作先进单位的通报

各地级以上市人民政府、各县(市、区)人民政府、省政府各部门、各直属机构:

2012 年全省春运工作在国家有关部门的指导下,各级政府、各有关部门、各运输单位认真贯彻省委、省政府关于做好春运工作的指示精神,精心部署,严密组织,实现了国家提出的"以人为本、安全有序、以客为主、兼顾货运"的工作目标,圆满完成了全省春运工作的各项任务,为促进我省经济持续快速发展和确保社会稳定做出了贡献。省人民政府决定,对在 2012 年春运工作中做出突出成绩的广东省交通厅等 65 个单位授予"广东省 2012 年春运工作先进单位"荣誉称号,并在全省范围内通报表彰。

希望受表彰的单位戒骄戒躁,继续发扬成绩,再接再厉,与时俱进,开拓创新,树立和落实科学发展观,不断改进和提高春运工作的组织管理水平,为我省全面建设小康社会做出新的贡献。

附件:2012 年全省春运工作先进单位名单

广东省人民政府

2012 年 3 月 24 日

【例文二】　批评性通报

××省人民政府关于××市××县擅自停课组织中小学生参加迎送活动的通报

2002 年 12 月 5 日,××市××县举行××高速公路在本县通车仪式,××县主要领导擅自决定,让本县部分中、小学校停课参加通车仪式,近千名中小学生在风雪天等候长达两小时,致使部分中小学生生病,学生家长和群众极为愤慨,致信省委、省政府要求坚决制止此类现象。

中小学校依照国家规定建立了严格的教育教学秩序,这是教育教学质量的保证,任何单位和个人都不能随意破坏。现在一些地方的个别领导利用手中职权,动辄调用中小学生为各种会议、考察、参观、访问甚至商业性典礼搞迎送或礼仪活动,有些地方还因此发生了严重的安全事故,造成极其恶劣的社会影响。××县发生的问题,已不只是一般的形式主义,而是官僚主义,严重脱离群众,此类不良风气必须坚决予以制止。各地区、各部门以及各级领导干部,要高度重视这一问题并从中吸取教训,切实增强群众观念,杜绝此类事件再度发生。

中小学生是祖国的未来,他们的学习和活动安排,要有利于他们的学习和身心健康。今后各地区、各部门都必须严格执行国家的有关规定,不得擅自停课或随意组织中小学生参加各种迎送或利益活动,如确有必要组织的,须经省级教育行政部门批准。

××省人民政府

2002 年 12 月 20 日

【点评】 以上两则通告行文简洁,内容明确,条理清楚、格式规范。一则强调的是表彰性,一则是批评性,相得益彰,简洁明了。事例彰显了通告的一般意义和社会价值,即对好的典型进行表扬,对不好的事例进行鞭策和警示,是两则很好的例文。

第三节　公告　通告

一、公告

(一) 公告的概念

公告是"适用于向国内外宣布重要事项或法定事项"的公务文书。公告是泛行文,多通过广播、电视、报刊等大众传媒迅速发出。

(二) 公告的分类

(1) 知照性公告。指向国内外告晓重要事项或法定事项的公告,如公布国家领导人出访、国家领导人的选举结果等事项性公告。

(2) 执行性公告。是指除告知人们某事项之外,还要求遵守有关规定的公告。

(三) 公告的特点

(1) 发布内容重要。公告发布的内容必须是重要事项或法定事项。所谓重要事项,是指事关全局或在国内外能产生重大影响的事项,例如公布宪法等。法定事项,是指按法律程序批准确定的事项。例如,全国人民代表大会审议通过某项法规,需向社会发出公告。

(2) 发布范围广泛。一般行政公文只在国内一定范围内发布,公告则面向国内外发布,通常是政府授权新华社向全世界发布。

(3) 发布机关有资格限制。由于公告有向国内外公开发布的功能,因此发布机关多为较高级别的国家行政机关或权力机关,例如全国人民代表大会、国务院等。

(四) 公告的结构

1. 标题

标题有以下三种写法:

(1) 发文机关+事由+文种,如"中共中央、全国人大常委会、国务院关于宋庆龄副委员长病情的公告"。

(2) 发文机关+文种,如"中华人民共和国国务院公告"。

(3) 只标出文种"公告"。

有的公告在标题下方有编号,一般的写法是"第×号",并圆括号括住。

2. 正文

一般由公告背景、原由、公告事项和公告结语（"现予公告"或"特此公告"等）部分组成。也有的公告省略了原由，开门见山，直接写出公告事项。例如《国务院办公厅关于1987 年夏时制的公告》，就不写原由，正文一开始就直陈事项。公告事项要根据内容多寡来确定表达方式，如果内容较多，要分列条款；如果内容比较简单，则可不分条款。

3. 署名与日期

在正文的右下方署发文机关的名称和日期。如果标题已写上了发文机关的名称，在报纸上登载时则常省略落款。也有的公告，成文日期写在署名下方或标题和编号之下。

（五）公告的写作要求

1. 行文庄重，内涵清晰

文种的选用必须慎重，要注意防止滥用公告。社会上常见一些机关单位，不够发公告的级别，也未经有关部门授权，且事无巨细，均发公告，这是一种不符合公告行文规定的做法。也有一些单位，本应用启事或通告行文，却错用了公告。

2. 语言表达要简洁凝练、庄重平和

公告以告知为主，不带强制执行的意思，所以不需要详叙事项的细节，也不能使用命令（令）、通告那样的严峻语气，措辞以严肃而又亲切、庄重而又平和为宜。

【例文一】 知照性公告

××省质量技术监督局稽查总队成立公告

经××省人民政府 2001 年 12 月 3 日×府函〔2001〕468 号文件批准，××省质量技术监督局稽查总队现正式成立，自 2002 年 4 月 1 日起在本省行政区域内实施行政执法。执法职责是：对公民、法人或者其他组织遵守《中华人民共和国产品质量法》、《中华人民共和国标准化法》、《中华人民共和国计量法》等法律、法规、规章的情况进行检查；以××省质量技术监督局的名义，对有关的违法行为依法实施行政处罚，其执法人员持省人民政府统一制发的行政执法证上岗执法。

××省质量技术监督局稽查总队办公地址：××市××区同福东南村路泰山庙前 3 号××省质量技术监督局办公楼 6 楼。举报、投诉电话：12365。

××省人民政府
2002 年 3 月 27 日

【例文二】 执行性公告

关于在××市开展相对集中行政处罚权工作的公告

据《中华人民共和国行政处罚法》和《国务院关于进一步推进相对集中行政处罚权工作的决定》（国发〔2002〕17 号），××省人民政府决定在××市开展相对集中行政处罚权工作。现公告如下：

一、相对集中行政处罚权工作由××市人民政府负责组织实施，××市城市管理行政执法局为市人民政府负责集中行使行政处罚权的行政机关。

二、××市城市管理行政执法局的具体职责是：

• **25** •

（一）行使市容环境卫生管理方面法律、法规、规章规定的行政处罚权，强制拆除不符合城市容貌标准、环境卫生标准的建筑物或者设施；

（二）行使城市规划管理方面法律、法规、规章规定的行政处罚权；

（三）行使城市绿化管理方面法律、法规、规章规定的行政处罚权；

（四）行使市政管理方面法律、法规、规章规定的行政处罚权。

上述行政处罚权由××市城市管理行政执法局集中行使后，有关部门不得再行使。

××省人民政府

2004 年 4 月 1 日

【点评】 以上两则公告行文简洁，内容规范、条理清楚、格式正确，一则强调的是知照性，一则强调的是执行性。这两则范例较好地说明了公告的特点和社会作用，引例突显了公告的社会性，具有很广泛的实用范围。

二、通告

（一）通告的概念

通告是"适用于在一定范围内公布应当遵守或周知的事项"的公务文书。通告是在行政公务和业务管理中应用范围广泛、使用频率较高的具有知照性和一定约束力的普发性公文。

（二）通告的分类

（1）法规政策类通告。用以公布一定范围内有关单位和人员应当遵守事项的通告，其内容常常是有关的行政法规或行业规章，如《中华人民共和国国务院关于打击盗掘和走私文物活动的通知》。

（2）具体业务类通告。用以公布一定范围内有关单位和人员需要周知或办理事项的通告，如街头、报刊上常见的关于道路交通管制的通告。

（三）通告的特点

1. 内容的广泛性

通告所涉及的内容非常广泛。可以用通告公布的事项，不仅有国家或地方、行业的有关政策、规定，还可以是商业和社会生活中的具体事务，如交通管制等。

2. 使用的普遍性

通告的应用非常普遍。上到国家领导机关，下到基层企事业单位，都可以根据自身行使职权和开展业务的需要发布通告。

3. 发布方式的公开性

通告所涉及的内容都是在一定的地域范围内需要公众知晓的，不涉及保密内容，所以常用报纸、电视、广播等传播媒体公开发布，有时也用张贴的形式公布。

（四）通告的结构

1. 标题

标题有四种形式：

（1）三要素齐全的规范标题，如"××省通信管理局关于进一步做好非经营性互联网信息服务备案的通告"；

（2）省略发文机关的简写标题，如"××大桥工程施工招标通告"；

（3）省略发文事由的简写标题，如"××市房地产管理局通告"；

（4）只保留"通告"作为标题的。

2. 主送机关

一般是在一定范围内公开张贴或通过报纸、广播、电视等传媒发布，所以一般情况下都没有具体受文机关，写作时往往省略该项。

3. 正文

通告正文有两种写法：① 事项单一、内容单纯的通告，其正文常采用篇段合一的结构形式，运用直接陈述的手法，在简短的篇幅内将通告的依据、目的、事项、要求一一交代清楚；② 涉及事项较大、内容较为复杂的通告正文一般分为事由、事项、结尾三个部分来写。事由部分写具体通告缘由，事项部分写具体通告事项，结尾部分一般简要提出执行要求或希望。

（五）通告的写作要求

1. 不要把"通告"写成"通知"

"通告"与"通知"是两种不同的公文，其特点、作用和受文对象范围均不相同。

2. 一文一事，中心明确

在通告中，对"缘由"的介绍要紧扣中心，有理有据，尽快导入主体；"事项"的陈述要具体、明确，能阐明中心；结尾的希望要围绕中心，不可节外生枝。

3. 措辞确切，语气庄重

通告的语言表达必须清楚明白，贴切简洁。行文的语气要肯定、庄重。

【例文】

通　告

现有广州市煤建公司联丰贸易行申请坐落在珠海区纺织路 38 号房屋登记，如对该土地房产权利有异议，请当事人于通告发布之日起 30 日内携有效权属证明向我局产权地籍处（地址：豪贤路 193 号 25 楼）提出土地房产权利主张。

特此通告

广州市国土资源和房屋管理局
2007 年 2 月 13 日

【点评】 以上这则通告行文简洁、内容清晰、条理清楚、格式规范，符合通告的行文方式和规则，措辞确切，语气庄重，较好地说明了通告的特点和社会作用。

第四节　请示　批复

一、请示

(一) 请示的概念

《党政机关公文处理工作条例》规定:"请示适用于向上级机关请求批示、批准。"请示是下级机关向上级机关请求指示、批准时使用的法定公文,是一种请求性的上行文,也是党政军机关最常用的文种之一。

(二) 请示的分类

1. 请求指示类的请示

核心是要解决"我们请求应当怎样做"的问题。例如政策规定难以把握、工作中遇到新的复杂情况等,需要请求上级给予明确的解释与指示。

2. 请求批准类的请示

核心是要解决"我们请求能否这样做"的问题。这是请示中最普遍的一种,即在机构设置、人员编制、领导班子调整、财务预算、重要事件或重要人物的处理问题上,本单位无权解决,请上级机关进行审核批准。

3. 请求批转类的请示

核心是要解决"我们请求让同级相关机关或部门这样做"的问题。针对本机关提出的涉及重大事项的解决方案、工作部署性意见或定订的重要规章制度等,请求上级机关批转在相关机关或部门范围内执行。

(三) 请示的特点

1. 陈请性

请示是向上级机关请求指示和批准的公文,行文内容具有请求性。

2. 隶属性

请示的文件不能超越法定的隶属关系,而且一般是逐级行文。

3. 单一性

请示事项具有单一性,即一篇请示只能涉及一件请求事项或一个问题,亦即所谓的"一文一事","一事一请示"。

4. 期复性

请示的行文目的是请求上级批准,解决某个具体问题,要求做出明确答复。

5. 超前性

请示行文具有超前性,必须在事前行文,等上级机关做出答复之后才能付诸实施,不能"先斩后奏"。

（四）请示的结构

1. 标题

请示的标题有以下两种写法：

（1）完全式。由"发文机关＋事由＋文种"组成，如"北京市人民政府关于采取果断措施控制北京大气污染的紧急请示"。

（2）省略式。只能省略发文机关，如"关于丹霞山风景名胜列为国家重点风景名胜区的请示"。

2. 正文

请示的正文包括原由、事项和结语三部分。

（1）原由。请示的原由是请示事项和要求的理由和依据。要先把原由讲清楚，然后再写请示的事项和要求。原由是请示成败的关键所在。

（2）事项。事项是要求上级解决的问题，包括具体办法、措施、主张和看法等。请示的事项，要符合法规和实际，具有可行性和可操作性。

（3）结语。请示的结语有"以上请示，请批复"或"妥否，请批复"等。

（五）请示的写作要求

1. 一文一事

一份请示只能写一件事，一件请示只讲一个问题，切忌数事混杂。

2. 单头请示

请示必须严格按照隶属关系逐级行文，只能主送一个上级领导机关或者主管部门，不能多头主送，也不能主送领导者个人（领导人明确要求的除外）。

3. 不得越级请示

请示与其他行政公文一样，一般不越级上行。

4. 不抄送下级

请示是上行文，行文时不得同时抄送下级以免造成工作混乱。

5. 提前沟通

行文之前要主动与主管领导取得联系，做好沟通工作，请求领导的理解和支持。

【例文】

关于增加选举工作干部编制名额的请示

国务院：

经中央批准，今后县、社两级选举的日常工作由民政部负责。但是，在确定民政部门人员编制时没有选举工作这项任务。为了做好这项工作，需要给民政部门增加必要的编制名额。建议给民政部增加八人，每个省、市、自治区三至四人，每个地、市县增加一至两人。

关于民政部增加的八个名额，请国家编委解决，关于地方增加的编制名额，请批转各地从现有名额中调剂解决。

以上当否,请批示。

民政部
××××年×月×日

【点评】 以上这则请示行文简洁、内容清晰、条理清楚、格式规范,较好地说明了请示的特点和社会作用,具有很强的示范性,也完全符合请示的一般行文规则,具有很强的陈请性和期复性。

二、批复

(一)批复的概念

批复是"适用于答复下级机关请示事项"的公文。下级机关在工作中有时会遇到一些自身无法解决的新情况和新问题,这时就需要采用请示向直接上级机关请求帮助,批复就是针对下级机关的这类请示事项而制发的答复性公文,如《国务院关于同意广东省调整广州市部分行政区划的批复》等。

(二)批复的分类

1. 表态性批复

主要针对下级请示中涉及的人力、物力和财力等方面的现实困难,或者针对设置组织机构、改变行政区划、名称及地址变迁等问题做出明确答复。

2. 指示性批复

主要针对带有法规性、政策性的请示事项。批复内容除明确表明态度外,往往还要附上提示性或阐释性内容,围绕某些方面内容作出详细说明,以体现上级批复的指导作用。

(三)批复的特点

1. 被动性

批复是专门为了答复下级机关的请示事项而制发的,属于被动行文。

2. 针对性

首先,上级的批复只针对下级的请示而制发,行文方向具有针对性;其次,下级请示什么问题,上级就回答什么问题,批复的内容也具有针对性。

3. 权威性

批复是上级机关研究决定后作出的结论性意见,带有很强的权威性,下级机关必须以此作为办事依据,认真贯彻执行,不得违背。

4. 时限性

请示的事项往往是下级机关亟待处理,但在其职权范围内又难以办理的事项。因此,上级接到下级的请示之后,应该尽快研究解决。

(四)批复的结构

1. 标题

批复的标题,既可以是完整标题,由"发文机关+批复事由+文种"三要素组成;也可以省略发文机关,如"关于重建何香凝故居问题的批复"。

2. 正文

一般来说,批复的正文包括以下三项内容:

(1) 引述来文

这是批复和复函特有的一项内容。写法有:① 请示单位略称＋请示标题＋请示发文字号＋收悉＋句号;② 请示单位略称＋请示日期＋请示标题＋请示发文字号＋收悉＋句号;③ 请示单位略称＋请示日期＋请示标题＋收悉＋句号;④ 请示日期＋请示标题＋收悉＋句号。

(2) 做出批复

这是批复正文最关键的一部分,也是请示机关最关心的内容。上级机关如果同意下级的请示,就要作出明确表态。如果不同意,要作出解释;如果部分同意,有时还有必要对原来的请示内容进行修订或调整。

(3) 提出要求

这是大多数批复具备的基本内容,可长可短,视具体要求来定。

(4) 结尾用语

常用的有"批复"、"特此批复"等。

(五) 批复的写作要求

1. 行文既要及时又要慎重

上级机关接到下级的请示后,要及时进行细致周密的调查研究,了解真实情况,找出对应的法律政策,认真负责而又积极稳妥地予以答复。

2. 批复内容要针对请示内容

请示要求一文一事,与此相对应,批复也要做到一文一复。批复要针对下级请示中最关注的事项集中作答。

3. 注意与相关文种的区别

要特别注意批复与批转性通知、复函及指示的区别。

【例文一】

国务院关于同意重庆市万州区人民政府驻地迁移的批复

国函〔2005〕55 号

重庆市人民政府:

你市《关于万州区人民政府驻地迁移的请示》(渝府文〔2004〕23 号)收悉。现批复如下:

同意重庆市万州区人民政府驻地由太白岩街道迁至陈家坝街道。搬迁经费由你市自行解决。

国务院

2005 年 3 月 24 日

【例文二】

最高人民法院关于公安机关不履行法定行政职责是否承担行政赔偿责任问题的批复

四川省高级人民法院：

你院川高法〔2000〕198 号《关于公安机关不履行法定行政职责是否承担行政赔偿责任问题的请示》收悉。经研究，答复如下：

由于公安机关不履行法定行政职责，致使公民、法人和其他组织的合法权益遭受损害的，应当承担行政赔偿责任。在确定赔偿的数额时，应当考虑该不履行法定职责的行为在损害发生过程和结果中所起的作用等因素。

此复

最高人民法院

2002 年 12 月 20 日

【点评】 以上这两则批复行文简洁、内容清晰、条理清楚、格式规范，较好地说明了批复的特点和社会作用，具有很强的示范性和严肃性，具有批复特点中的权威性和时效性。

第五节 报 告

一、报告的概念

报告是行政机关和党的机关都广泛采用的重要上行文。《党政机关公文处理工作条例》对报告功能的表述是：适用于向上级机关汇报工作、反映情况，回复上级机关的询问。

二、报告的分类

从内容和作用的角度划分，报告可分为工作报告、情况报告和答复报告。

1. 工作报告

工作报告是指向上级机关汇报工作情况的报告，包括综合报告、专题报告和例行报告。综合报告反映的是工作的全面情况，如《××省卫生厅关于 2008 年工作总结的报告》；专题报告是专门就某项工作、某个问题或某方面的情况所写的报告，如《××市委市政府关于党政机关干部下基层的工作报告》；例行报告是指根据情况需要，定期向上级机关汇报工作的报告。

2. 情况报告

情况报告是对工作中出现的突发情况向上级进行汇报，便于上级机关及时了解情况，采取措施，控制事态发展，例如《铁道部关于 193 次旅客快车发生重大事故的报告》。

3. 答复报告

答复报告是用来回答上级的询问的。有问才答，说明行文的被动性；有问必答，表明行文的必要性。例如，《××省人民政府办公厅关于国务院文件办理情况的报告》。

三、报告的特点

1. 客观的陈述性

报告以陈述为主,它是将已发生的客观事实或已经完成的工作情况如实报告。既不能随意夸大和缩小,更不能报喜不报忧或编造假情况、欺骗上级。

2. 行文的时效性

报告是下情上达的重要工具,行文要迅速,以便上级及时掌握情况以作出决断,以免贻误工作。

3. 表述的概括性

报告的表述有极强的概括性,对所报告的内容常采用高度概况的手法,较少用详述。

四、报告的结构

1. 标题

标题有以下三种写法:
(1) 发文机关＋事由＋文种。
(2) 事由＋文种,如"关于进一步加强我市公共场所防火工作的报告"。
(3) 只标出文种"公告"。

2. 主送机关

主送机关顶格写在正文前第一行,只能主送一个直接上级机关。

3. 正文

一般分为导语、事项和结尾三部分。导语是报告的基础,说明发文的原因、依据和目的等。事项是报告的主体和核心部分。工作报告重在写清"做什么,怎么做的";情况报告的正文重在汇报本机关出现的新情况和新问题;答复报告的内容比较简单,答其所问。结尾常用一些"特此报告"、"专此报告"等惯用语收尾。

五、报告的写作要求

1. 陈述事实要完整清楚

由于报告以陈述事实为主,因而要把事件的来龙去脉交代清楚。

2. 材料要真实、重点要突出

汇报工作要实事求是,反映情况要真实可靠。

3. 报告中不得夹带请示事项。

【例文一】

关于学生收费情况的答复报告

××市教育局:

前接××字〔2003〕25 号文,询问我校对学生收费的情况,现报告如下:

我校对学生收费的标准是根据省人民政府〔2002〕3 号文件精神,同时又针对我校所设专业的不同而制定,并报市物价局核准后执行的,不存在乱收费、多收费的情况。另一方面,我校对部分特困生实行减免部分学费和不定期补助的做法,使部分特困生得以顺利完成学业。

今后,我校在收费方面将继续严格按上级有关部门文件精神和当地物价部门核准的收费标准执行。

附:1. ××学校收费标准。

2. ××市物价局关于××学校收费标准的批复。

××学校(印)

2003 年 3 月 27 日

【例文二】

××地区统计局关于报送××统计学校应届毕业生需要数的报告

×统计〔××××〕21 号

××省统计局:

你局省统发〔××××〕52 号文《关于报送今年应届毕业生需要数的通知》收悉,现报告如下:

省编制委员会、省人事局、省财政厅、省统计局分配我区县以上政府统计部门新增人员编制 20 名,另外建立农产量调查队还要增加编制 6 名,全省共新增编制 26 名。各县(市)统计局反映,由于统计工作业务性较强,都需要专门人员,在现在干部中选调困难,经与地区计委、人事部门联系商定,除了在现在干部中积极选调外,还需请求省分配××统计学校综合统计专业今年应届毕业生给我区。

特此报告

××地区统计局

××××年×月×日

抄报:省计委、省人事局、地区计委

抄送:地区人事局、××统计学校

【点评】 以上这两则报告行文简洁、内容清晰、条理清楚、格式规范,较好地说明了报告的特点和社会作用,具有很强的示范性,充分体现了报告的写作特点和规范要求,事实陈述清楚完整。重点突出,具有很强的时效性。

第六节　函

一、函的概念

《党政机关公文处理工作条例》规定,函是"适用于不相隶属机关之间商洽工作、询问和答复问题、请求批准和答复审批事项"的公文。

二、函的分类

根据《党政机关公文处理工作条例》关于函的使用说明,可将函分为商洽函、询问和答复函、请求批准和答复审批函三类。

三、函的特点

（1）灵活便捷。下级机关在工作中遇到需要弄明白的问题，需上级机关解释或答复，因为问题小，又不宜使用请示，就可以灵活使用函来行文。

（2）方便实用。用函来商洽工作、探讨问题，方便实用、平等互利。

（3）具体简要。函作为公文，简明扼要，一函一事，主题突出。

四、函的结构

1. 标题

标题一般由"发文机关＋事由＋文种"组成，例如"××省人事厅关于商调××同志的复函"。标题还可以省略发文机关，即"事由＋文种"，前面用"关于"这一介词引领，例如"关于同意注销皮鞋合同的函"。

2. 正文

无论是商洽函、询答函和请批函，正文写法都是相同的，即开头、主体、结尾三部分。只是致函和复函有所区别。

（1）致函的写法

开头交代去函的原因和目的，简明扼要，意思明确；主体言明询问或商洽的内容，条理明晰，语言准确；结尾用语得体，提出要求。

（2）复函的写法

开头先引述来文，用语礼貌平和；主体针对致函所商洽或询问的事项，作出答复；结尾一般常用"特此专复"、"特此复函"。

五、函的写作要求

1. 一函一事，简练行文

函作为平行文，都采用一文一事的写法。

2. 语气平缓，态度平等

函的写作用语平和、平等，既尊重对方，又彼此平等。

3. 开门见山，直陈其事

函的行文开门见山，主题鲜明，文意严密。

【例文】

国务院办公厅关于上海航海博物馆冠名问题的复函

上海市人民政府：

你市《关于申请使用"中国航海博物馆"的馆名的请示》（沪府〔2006〕46号）收悉。经商有关部门并报国务院领导同志同意，现函复如下：

你市在建的航海博物馆名称可定为"上海中国航海博物馆"。

国务院办公厅
2006 年 7 月 9 日

【点评】 以上这则函的事例行文简洁、内容清晰、条理清楚、格式规范,较好地说明了函的特点和社会作用,具有很强的示范性,充分体现了函的写作特点和规范要求,做到了简练行文、一函一事。

第七节 纪 要

一、纪要的概念

1987 年 2 月 18 日,国务院办公厅发布《国家行政机关公文处理办法》,第一次将会议纪要列为正式公文。《党政机关公文处理工作条件》(2012)规定了纪要是"记载会议主要情况和议定事项"的一种公文,属纪实性公文。它是根据会议情况、会议记录和各种会议材料,经过综合整理而形成的概括性强、凝练度高的文件,具有情况通报、执行依据等作用。纪要是一个具有广泛而实用价值的文种。

二、纪要的分类

1. 办公会议纪要

又称日常行政工作会议纪要。主要用于反映机关单位开会研究问题、部署日常工作的情况,其作用是为机关单位工作的开展提供实在的指导和具体的依据。

2. 专项会议纪要

主要用于各种各样的交流会、座谈会、研讨会或日常工作以外的某个专项工作会议的纪要。这类会议纪要是通过对涉及有关工作的重要方针、政策和理论原则问题而召开专门性会议,研究一些重大理论和实际问题,并达成共识,就共同研究的意见和办法所形成的书面材料。

三、会议纪要的特点

1. 内容的纪实性

会议纪要必须如实反映会议内容,必须是会议宗旨、基本精神和所议定事项的概要纪实,不能随便增减和更改内容,任何不真实的材料不得写进会议纪要。

2. 表达的概括性

会议纪要必须精其髓、概其要,以极为简洁、精练的文字高度概况会议的内容和结论。撰写会议纪要应围绕会议主旨及主要成果来整理、提炼和概况。

3. 称谓的特殊性

一般采用第三人称写法。

四、会议纪要的结构

1. 标题

标题有两种写法:一是"会议名称＋文种",会议纪要要写会议全称或规范化简称;二是由双标题组成,如"探讨新时期文学的发展——中国当代文学研究会第一次学术讨论会纪要"。

2. 成文日期

即会议纪要的时间或领导人签发的时间。要写年、月、日全称,外加圆括号,置于标题之下,居中。

3. 正文

(1) 前言

前言是对有关部门会议情况的概述,一般应交代会议的名称、时间、地点、与会人员、会议的组织者或承办单位、召开会议的依据和会议的议题等。

(2) 主体

主体是会议纪要的核心部分,以说明性文字概括叙述会议研究的问题、讨论的意见、做出的决定及对今后工作的部署和安排等。主体部分的写作可采取两种写法:① 条项式写法;② 综合式写法。

4. 结语

结语可用具有鼓动性和号召力的语言收尾,也可用与会人员表示的决心和提出的方向作结,还可以向有关单位提出贯彻执行会议精神的要求。

五、会议纪要的写作要求

1. 纪实、简明

拟写会议纪要,要忠实地记录会议的实况,遵守会议的基本精神,用语要庄重严肃,语言规范,逻辑严密。

2. 要素齐全

会议纪要必须在前言部分写明会议召开的时间、地点、主持人、参加者和议题等。

3. 注意会议纪要专用语的使用

会议纪要有特定的专用语,要酌情使用。

4. 领导签发盖章

会议纪要完稿后,要经过主管负责同志的认可,或者经过会议通过,领导同意签发并加盖公章后才能成为正式公文。

【例文一】

市政府常务会纪要
第三十号

××市人民政府办公室   2009 年 5 月 20 日

5 月 18 日,代市长刘××同志主持召开了市政府第三十次常务会议。参加会议的有:副市长王××、唐××、张××、袁××、陶××、李××,市政府调研员于××,市政府办公室及其他有关部门的负责同志。市委副书记蒋××、市人大常委会党组副书记程××、市政协副主席张××、市委宣传部副部长李××应邀列席会议。会议研究了以下事项：

（一）当前工作

城市经济方面：① 抓好扭亏增盈工作，提高全市工商业经济效益水平；② 抓好企业领导班子的调整，实行能人治厂；③ 抓好企业管理，靠管理促效益；④ 全力解决好工商企业流动资金紧缺问题；⑤ 做好困难企业，尤其是特困职工的思想政治工作，确保社会稳定；⑥ 抓好旧城改造，按照市委统一部署，按期完成拆迁和征地工作。

农村经济方面：① 充分利用农闲，掀起农田水利基本建设高潮；② 做好农村稳定工作；③ 抓好蚕桑果树管理、计划生育及相关工作。

（二）为了深化机关、事业单位人事制度改革，有利于机关、事业单位职工社会养老保险工作的顺利开展，根据上级要求，会议同意成立"××市机关事业单位社会养老保险管理处"，为事业单位，经费自收自支，隶属市人事局管理。工作人员原则上在市人事局内部调剂解决。管理处负责启动经费，办公用房、征集基本养老费等工作，由王××同志牵头，组织有关部门协调落实。

（三）会议就成立××市地方税务稽查分局问题进行了讨论。一致认为，成立该分局有利于完善新税收制度，有利于加强税收征管，增加地方财政收入。根据上级税务部门要求，借鉴其他市的有效经验，会议同意成立"××市地方税务稽查分局"，属财政全额拨款的事业单位，人员、编制从市地方税务局现有人员、编制中调剂解决。有关具体事宜由市地方税务局按程序向市编制委员会报批。

四、会议还研究了其他事项。

发：各县人民政府，县政府各部门。

【点评】 以上这则会议纪要的事例行文简洁、内容清晰、条理清楚、格式规范，要素齐全，纪实、简明，较好地说明了会议纪要的特点和社会作用，具有很强的示范性。充分体现了会议纪要的写作特点和规范要求，明确了会议纪要的严肃性和公务性。

习题

1. 指出下面发文字号的错误，并予以改正。

（1）×燃煤（99）第 169 号

（2）×政办字［2003］15

（3）〔2004〕×电办第 8 号

（4）×商办〔2004〕十一号

（5）×政发〔二○○三〕字第 9 号

2. 指出下面成文日期写法的错误。

（1）2004 年 6 月

（2）2003 年七月二十日

（3）○四年一○月一三日

（4）贰零零肆年伍月拾玖日

（5）二○○三年 10 月三日

3. 指出下面公文标题的错误，并予以改正。

（1）×××公司关于招收退休退职职工子女就业，进行合理安排，确保社会稳定的通知

（2）××市人民政府关于转发〈××省人民政府关于加快畜牧养殖业发展的通知〉的通知

（3）××省教育厅关于加快和深化普通高校教育体制改革若干问题的试行意见

（4）××××关于申请解决更换一台锅炉并大修一台锅炉的报告

（5）关于对张××进行欺骗伪造病假条错误的通报

（6）××县政府办公室关于批转××市长在××会议上讲话的通知

（7）全国人民代表大会常务委员会关于教师节的决定

（8）关于增加生产任务的函

（9）××市公安局关于表扬×××的通知

（10）××县政府写给××市政府的《关于企业改制问题的请示》

4. 指出下面这则公文的错误，并修改。

××市 ××区工商行政管理局公告

根据《工商登记管理暂行规定》，对我区康乐商贸公司进行了清理。经过清理，已于 2003 年 11 月 30 日正式宣布注销，并公告全省各地工商行政管理部门。现发现继续以原公司名义从事非法经营活动。为此，我局再次公告：凡所持原××区康乐商贸公司营业执照（包括营业执照副本）、印章、介绍信、合同纸、名片等一律无效。对发现使用上述无效证件者（复印件），请扣留交我局。

特此公告。

5. 修改下面这则通知的格式及正文内容。

××厂文件

××〔2004〕×号

关于召开厂部工作会议的通知

厂属各单位：

为了进一步完善厂长责任制，切实抓好今年下半年生产和各项工作，根据我厂实际情况，经厂部研究决定，于 6 月中旬召开厂部工作会议，现将有关事项通知如下，请遵照执行。

一、参加人员，各单位党支部委员、副科级以上干部、厂级领导。具体安排见附表。

二、时间：2004 年 6 月 12 日到 15 日。

三、地点：办公楼八楼会议室。

四、各车间、科室接本通知后，安排好会议期间的生产任务和工作，并请各党支部通知有关人员。携带好笔记本，于 6 月 12 日上午 8 点准时参加会议。

厂部办公室（盖章）

2004 年 6 月 4 日

附表：会议分两段时间，6 月 12 日、13 日为第一批，参加人员名单（略）；6 月 14 日至 15 日为第二批，参加人员名单（略）。

6. 下面是某地区教育委员会印发的通报节录，请细加分析，进行修改。

关于××县××乡教育干事张××挪用教育经费私建住宅的通报

各县(市)人发政府、各县(市)教委：

据反映，××县××乡教育干事张××，挪用中小学教育经费和民办教师补助费，为自己建造住宅，引起中小学校的强烈不满，纷纷写信揭发。地区教委组成调查组，进行了调查，证明群众揭发的问题是正确的。为了教育犯错误者，使之从中吸取教训，特将此事通报如下：(略)

7. 根据下面材料写一则通报。

今年夏天，××县遭受百年未遇的特大洪灾，该县粮食系统干部职工在滔滔洪水面前毫不退缩，奋不顾身抢救国家库存粮食100多万公斤，饲料5万多公斤，洪灾退后又清理库前淤泥2000多立方米，抢修电机6台。请以××市粮食局的名义撰写一份公文，表彰该县粮食系统干部职工抗洪救灾先进事迹。该文文号为×粮〔2004〕×号。

8. 根据下面提供的材料，请以××市商务局的名义向××省商务厅起草一份报告。

(1) ××××年2月20日上午9点20分，××市××百货大楼发生重大火灾事故。

(2) 事故后果：未造成人员伤亡，但烧毁三层楼房一幢及大部分商品，直接经济损失达792万元。

(3) 施救情况：事故发生后，市消防队出动15辆消防车，经4个小时扑救，大火才被扑灭。

(4) 事故原因：直接原因是电焊工××违章作业，电焊火花溅到易燃货品上引起火灾，但也与××百货公司领导及员工安全思想淡漠，公司安全制度不落实，许多安全隐患长期得不到解决有关。

(5) 善后处理：市商务局副局长带领有关人员赶到现场调查处理；市人民政府召开紧急防火电话会议；市委、市政府对有关人员视情节轻重，做了相应处理。

9. 根据下列材料，写一份格式规范、内容简明合体的请示。

××市土特产公司2004年7月20日向××市供销社行文，发文字号：×土特〔2004〕36号。主要内容：进入新世纪，对外贸易进一步发展，现在各类手工艺品货源越来越多，国内外市场销路越来越畅，该公司的业务量不断扩大增加。为了适应形势，抓住时机，该公司经理办公会议研究决定，设立手工艺品部专门经营这项业务，所需人员除在本公司现有人员中解决外，对外招聘熟悉外贸业务的外销员2名。

10. 根据材料，拟写一份请示。

××省外资局拟于××××年12月10日派组(局长×××等5人)到美国纽约市××设备公司检验引进设备。此事需向省政府请示。该局曾与对方签订过引进设备的合同，最近对方又来电邀请前去考察。在美考察时间需20天，所需外汇由该局自行解决。

11. 根据下面材料，拟写一份函。

北京市贸易信托公司接受浙江省××市染织厂的委托，代为介绍出售当地无销路的5.6万米制服呢。经多方联系，已商定由北京市制鞋工业公司购买，把制服呢作为生产各种布鞋的原料。为此，北京市贸易信托公司给××市染织厂发了函，要求其迅速派人前往洽谈。发文字号：北信〔201×〕96号。日期：201×年9月12日。

12. 东风机械厂缺乏得力的企业管理干部，拟从现有的技术人员中抽出4人送去培训。据悉省经委举办了一个短期企业管理干部培训班,于是该厂向省经委办公室写了一则询问是否同意代培本厂的管理干部的函,省经委办公室收到函后即给东风机械厂回了函,同意代培该厂管理干部。请按上述的材料替东风机械厂和省经委办公室各写一份函和复函。

13. 根据下面材料,以××县人民政府办公室的名义写一份会议纪要。

××县人民政府召开第六次常务会议。时间:××××年×月×日上午八点半至十二点。地点:县政府常务会议室。主持:县长×××。出席:副县长×××、××、××、×××,办公室主任×××。请假:×××(出差)。列席:×××、×××、×××;记录:××××。

副县长×××汇报经济工作会议准备的情况。会议讨论了扩大县属企业自主权的十条规定。会议同意县经济工作会准备情况汇报,并决定于×月×日召开全县经济工作会议。今年各项经济工作指标的要以市经委下达的为准,不再调整县原各公司的主要经济指标。在县经济工作会议上,由县经委与县原各公司签订经济责任书。会议原则同意县民政局关于民政事业费管理使用办法的修订意见。会议同意将县政府办公室提出的转变机关工作作风的规定意见(讨论方案)印发各部门,广泛征求意见,作进一步修改后,由县政府印发。

项目二 事务文书

项目学习目的：

理解事务公文的概念，认识事务公文的作用，熟练掌握计划、总结、简报、调查报告、规章制度、述职报告和会议记录的写作方法。

第一节 事务文书概述

一、事务文书的概念

我国各级机关、各党派团体和企事业单位在推进公务活动时，并不仅仅使用法定公文、法规类公文和规章类公文，还必须有大量的事务性公文与之配合。这些事务性公文恰恰是各级行政领导、办公室工作人员和文秘人员使用频率较高的公文，也是写作难度较大的公文。了解并掌握这类公文，对推动行政工作有效开展很有意义。

事务公文，是行政机关、党派团体、企事业单位及个人为了沟通信息，指导工作，用以调查研究、安排工作、总结经验、汇报成果、考核管理以及事务管理的公务应用文。

二、事务文书的分类

事务公文的文种较多，如计划、总结、简报、演讲稿、调查报告、规章制度、述职报告、会议记录和大事记等，其中最为重要的是计划、总结和调查报告。

三、事务文书的特点

1. 事务文书属非法定公文

事务公文属广义范畴公文的一个重要分类，但它与法定行政公文有较大的区别。法定行政公文的使用者、适用范围、效力、收发程序和格式均由党和国家颁布的法令、规章所制约，而事务性文书常用于处理单位日常事务，使用者、范围、程序和格式不受限定，可由各单位自行制定，其效力也由所在单位自行约束，不具备法定权威性。

2. 写作方法和表达方式灵活

由于事务公文没有国家强制性的法规约束，因此作者可以采用多种方式来进行写作，例如，计划既可以采用较为详细的文字式，也可采用简单明了的表格式；报告中为了使阅读者加强对数据的了解，可以采用图标的方式，等等。为了达到最佳的目的，事务公文可以灵活多样地采用各种形式。

3. 简洁、概括和自然

事务公文是为公务需要而制作的，因此必须用简洁概括的文字来表述其主要内容，这一点与文学作品和私人书信不同。在撰写事务公文中有三忌：

一忌"流水账"，事务公文很多时候会采用记叙的方式，但切忌以报流水账的方式来叙述，应加以提炼，突出重点、分清主次；

二忌"口语化"，事务公文适用于公务交流的文书，但不能用"我手写我口"式的、较少提炼和规范的"语体文"，在适当的时候，不回避使用古文中富于生命力的成分；

三忌"空"，在遣词造句中过于随意，不求严谨，甚至空话、套话连篇，像毛泽东同志所说的"懒婆娘的裹脚布"又臭又长，也会造成语言的累赘。

第二节　计　　划

一、计划的概念

计划，是行政机关、党派团体、企事业单位或个人对一定时期内的工作设定目标，并预先部署步骤、方法和措施的事务性公文。

计划是一个统称，常见的"规划"、"部署"、"安排"、"设想"、"打算"、"工作纲要"等都属于计划。但规则、部署、安排和方案更加具体，约束力较大，规定性较强。

古语云"凡事预则立、不预则废"，所说的就是计划在工作中的重要性。有了科学、全面、切实可行的计划，才能做到心中有全局、工作有目标、行动有方向，避免盲目性和被动性，增强自觉性，使各项工作有条不紊地进行；同时，有了前期的计划，才可以更好地对工作进行实时监控和适时考核，保证满意的工作成果。

构成计划的基本因素有三个，即目标、措施和时限。目标是计划的前提，是计划的出发点和最后归宿。单位与个人在管理工作中，根据上级的要求和本地区、本单位及本人的实际，规定未来明确的工作任务，这就是目标。目标不仅规定了人们要"做什么"，而且本身就隐含着动机"为什么"。措施是目标的引申和具体化，是达到目标的条件和手段，是计划实施的过程，也就是"怎么做"的过程。时限是计划进程的体现。每个计划都可以按其内部关系划分为若干阶段，分别规定各阶段完成和总体完成的时间，以做到统筹安排，有条不紊，按时进行，即"什么时候做完"。

二、计划的分类

计划的分类方式很多。按内容划分，有工作计划、学习计划和生产计划等；按使用范围分，有单位计划、个人计划、局部计划和整体计划等；按时间划分，有月度计划、季度计划和年度计划等；按写作形式划分，有条文式计划和表格式计划等。

计划的名称也因时间长短、内容详略、制订的规模大小有所不同，如规划、安排、方案和要点等。

各分类别计划的区分如下：

规划——是具有全局性的、较长时期的长远设想。

方案——是从目的、要求、工作方式方法到工作步骤对专项工作作出全面部署与安排的计划。

安排——是对短期内工作进行具体布置的计划。

设想——是初步的草案性的计划。

打算——是短期内工作的要点式计划。

要点——是列出工作主要目标的计划。

三、计划的特点

1. 目标性

写计划前要对全局性的各项工作做全面、合理的安排考虑，保证统筹兼顾，防止顾此失彼，因此计划必须要有明确的目标性。目标是计划的核心，计划的全部内容紧紧围绕着目标展开，为这个既定的目标谋划最优的策略和步骤、落实具体的措施或方案等。

2. 预见性

计划是事先对活动所作的安排与打算。而任何事物在其发展过程中会出现这样或那样的变化，为实现预定目标，必然要对活动过程中可能出现的情况进行分析与估计，并要对可能出现的困难、问题等提出切实有效的措施和方案。这样，才能确保计划顺利进行并达到预定目标。

3. 规范性

计划的内容不同，可以有不同的写法。但它们都必须具备计划的三要素：任务、措施和完成的时间，即做什么、怎么做、什么时候做、何时完成。这就构成了计划的比较固定的写作程式和规范。

四、计划的结构

1. 标题

计划的标题一般包括制订计划的单位（个人计划的姓名不写在标题内）、计划的期限、事由和文种四部分。如"×××公司2009年生产工艺更新计划"，这个标题各要素俱全，专题性计划的标题常采用这种写法。也有些计划的标题有所省略，如"××市教育局2009年第二季度工作要点"该标题没有涉及计划的内容，这是综合性计划标题的一般写法。如果所订的计划还不够成熟，需试行一段时间，待征求意见后再进行修改定稿，或者还未经过法定的会议讨论通过，可在标题后或下加上"初稿"、"草案"等字样，并加上括号。

2. 正文

正文是计划的主体部分。这部分通常包括前言、任务和目标、步骤及措施、结语等几个部分。

（1）前言

前言不宜写长，应简明扼要。前言的主要内容包括：制订计划的指导思想，包括有关的方针政策和上级的指示；分析现时形势的要求、本单位的基本情况（完成任务的主观和客观条件的分析）；计划的总任务、计划的目的要求等。前言通常以"为此，××××年（或第×季度）要做以下几项工作"来领起下文。上述几项内容，并不是每份计划都必不可少，要根据计划任务的对象、范围情况的不同酌情取舍。有的计划前言部分可不写，而直接写计划的具体事项。

（2）目标和任务

这一部分同下面的步骤和措施部分是计划的核心部分。计划就是为完成一定的任务而制订的，如果没有明确的任务，没有具体的要求和目标，也就没有必要制订计划。计划要明确地写明一定期限内必须完成哪些任务、实现什么目标、做哪些事、数量和质量上有什么要求等，使计划执行者一看便知道准备做什么、做多少、什么时间完成、由什么部门负责执行等，使之心中有数。

（3）步骤和措施

在明确了工作任务之后，计划还要根据主客观条件设计必要的步骤和措施，以保证任务的完成。步骤是指工作的程序和时间安排。每项目标和任务在完成过程中都有其阶段性，先做什么，后做什么；主干什么，次干什么；每一步在什么时间，达到何种程度；人财物力如何调配、布局；各阶段如何配合、衔接等等，都必须写得合情合理，环环紧扣，步步落实。措施主要是指达到既定目标需要采取什么方法、动员哪些力量、创造哪些条件、排除哪些困难等。

总之，计划的正文要按照"做什么——怎么做——做到怎样"的顺序来安排结构内容，只有这样才能简明、全面、清楚地制订好计划。

（4）结语

这一部分是总结全文，在正文的末尾提出希望和号召。也有的计划不写结语，计划事项写完后自然结束。是否写结语，要根据计划的具体情况而定。

3. 落款和日期

在正文右下方署上制订计划的单位名称，在署名的下行写上制订日期。

如果标题中已标明单位名称，结尾可省去单位署名，写明制订日期即可。

五、计划的写作要求

1. 目的和依据的表述方法

制订切实可行的计划，并使之得以贯彻执行，必须首先让执行者明确计划的目的和依据，使执行者知道为什么以及凭什么制订这份计划。因此，起草计划时，常在开头就要对计划的目的和依据进行表述。

表述时一般用"为了……"、"根据……"之类的词语引出目的和依据。但要注意的是，计划的目的和依据本身应该是具体的、特定的、与计划的主题和主要内容直接相关的，而不应该是千篇一律的套话。

2. 可执行、可检查

任何计划都应有指标，这样才能提供执行和检查的依据。在指标的表述方面，要体现计划特点，做到明确、具体、恰当。

指标必须明确是为了告诉人们"做什么"。

指标必须具体是让人们心中有数，知道"做到什么程度"。

指标必须恰当，并充分考虑可行性和量力性原则，要完成的指标一定要留有余地。

3. 措施和步骤的表述方法

计划中提出的措施和步骤关系到计划的执行和确保完成的手段与方法，对于执行者

具有很强的指导意义。在表述时要注意以下几点

（1）重点突出

计划的执行往往要经历多个步骤，其中必有关键步骤。在提出措施、拟订步骤时一定要突出重点、兼顾一般。在表述中，应本着先主后次的原则，重要的先说，次要的后说。

（2）周密完善

多层次考虑各种措施、步骤的特有作用，充分利用各种措施、步骤配套实施的综合效应，做到周密完善。

（3）操作性强

在计划中提出的措施、步骤是为了实施和执行的，因此，应具有很强的可操作性。

【例文一】

<h3 style="text-align:center">2007 年 9 月—2008 年 1 月学习计划</h3>

2007 年下学期即将来临，为了使自己的学习更加有序进行，达到预期的效果，本人特制订如下计划：

一、目标任务

1. 学好英语，通过英语四级水平考试。

2. 提高写作水平，能熟练掌握常用应用文写作。

3. 掌握计算机的使用方法，能熟练操作计算机。

4. 期末总成绩在班级前列，拿到甲等奖学金。

二、学习内容及要求

（一）英语方面

1. 每周一、三、五早晨 6:00—7:30 朗诵英语课文，每日熟记 20 个生词。

2. 每周二、四、六晚上 6:30—8:00 做××出版社××主编的《英语四级全真模拟试题》一套，并参照标准答案找出问题症结，落实每一个知识点。

（二）语文方面

1. 每周一、三晚上 6:30—7:30 学一种应用文体，以××出版社××主编的《应用文写作教程》为模本。

2. 每周一至周五晚上 10:30—11:00 写一篇日记。

（三）计算机方面

1. 每天晚上 8:30—9:00 练习五笔字根或智能 ABC 输入方法，力争本学期最高打字速度达到 80 字/分钟。

2. 每周日下午 4:00—6:00 收发邮件、处理文件和简单网页制作。

我一定严格按照以上计划执行，争取达到既定目标。

李××
2008 年 5 月 7 日

【简评】 这是一份个人的学期学习计划，目标明确，措施具体，操作性强，具备计划所要求的写作规范和格式，是一份很好的计划。

【例文二】

全省高校开展深入学习实践
科学发展观活动分析检查阶段指导方案

分析检查阶段是学习实践活动承上启下、从思想层面进入实践层面的重要阶段,这一阶段要接受群众公开的监督和检验,对学校、院(系)领导班子和中层以上党员领导干部提出了更高的要求,做好这一阶段工作对确保学习实践活动取得实效至关重要。为扎实做好分析检查阶段的各项工作,根据《全省高等学校开展深入学习实践科学发展观活动实施方案》(以下简称《实施方案》),结合高校实际,现制订如下指导方案:

一、总体要求

分析检查阶段的主要任务是找准问题、分析原因、理清思路、明确方向。要按照《实施方案》要求,重点围绕召开领导班子专题民主生活会、形成领导班子分析检查报告两个环节,梳理提炼问题,深刻剖析原因,理清发展思路,创新发展举措,形成一份高质量的指导学校今后科学发展的分析检查报告。

二、时间安排

分析检查阶段从 4 月中旬开始,至 5 月底基本结束,约 40 天。

三、重点抓好以下几项工作

1. 召开转段动员大会。(4 月 20 日前)
2. 继续深化学习调研工作。(4 月中旬—5 月底)
3. 做好召开专题民主生活会的各项准备。(4 月中旬)
4. 组织召开领导班子专题民主生活会。(4 月底前)
5. 起草领导班子分析检查报告。(4 月中旬—5 月上旬)
6. 反复修改完善校领导班子分析检查报告。(5 月初—中旬)
7. 组织开展好群众评议。(5 月 25 日前)
8. 修改完善并公布分析检查报告。(5 月底前)

四、重点把握的几个问题

1. 要切实加强领导。
2. 要切实把握两个重点问题。
3. 要着手解决突出问题。
4. 要坚持统筹兼顾。

第二阶段工作基本结束时,各高校要召开转段会议,认真总结第二阶段工作,研究部署第三阶段任务。

【简评】 这是一份机关的阶段工作方案,除了具体步骤以外,对各项工作的完成时间均有明确要求,操作性强。

【例文三】 表格式计划

高校活动办主要工作安排表

序号	主要活动	时限要求
1	指导检查组派人参加学校第二阶段动员大会,高校学习实践活动领导小组成员参加联系点的动员大会并讲话	4.20 前
2	继续开展科学发展观宣讲活动	4.10—5月底
3	指导检查组汇总各校召开专题民主生活会的时间,高校活动办派人参加各校专题民主生活会	4月底前
4	指导检查组汇总各校专题民主生活会情况报告	5.10 前
5	指导检查组汇总各校领导班子分析检查报告(送审稿)	5.20 前
6	指导检查组汇总各校领导班子分析检查报告评议结果	5.31 前
7	指导检查组汇总各校第二阶段工作总结	5.31 前
8	下发第三阶段具体指导意见	5.31 前

【简评】 这是一份机关的表格式计划,罗列了活动主要内容及活动时间,一目了然。具备表格式计划的基本要素,让读者能很清晰地知晓计划的大概内容。

第三节 总 结

一、总结的概念

单位或个人,工作、学习及参加各种各样的社会活动,总要积累经验,不断发展、提高。总结就是积累经验,把感性的认识提高到理性认识的一种常见的应用文文种。因此,单位和个人都需要写总结来提高学习、工作的效率,把自己的事情做好。

总结是对前一段的实践活动进行回顾检查、分析评价,从中找出经验教训和规律性认识的用于指导下一阶段实践的一种应用文。一般情况下,总结是计划执行之后所得到的结果,告诉人们"做了什么"、"是怎么做的"、"结果如何"。

二、总结的分类

总结一般有以下几种分类方法:

(1) 按照性质来分,有综合性总结和专题性总结。综合性总结又称全面总结,是对本组织一定时期内工作的全面总结。专题性总结也称单项总结,是对某一项工作或某一个问题的总结。

(2) 按照内容来分,有工作总结、思想总结、学习总结和生产总结等。

（3）按照范围来分，有地区总结、部门总结、班组总结和个人总结等。

（4）按照时间来分，有年度总结、季度总结和月份总结等。

三、总结的特点

1. 自身的实践性

总结是单位或个人实践活动的反映。对这种实践活动的经验、教训的提炼和概括，需要自身来实现。每个单位的总结应该由单位自身完成；一个人的某一种活动总结，要由本人完成，其他单位和个人都无法代替。总结就是一种自为性的应用文体。总结的人称只能使用"我单位"、"我部门"、"我个人"、"我们小组"等。

2. 高度的概括性

总结不是事无巨细，记"流水账"，把某一时期所做的事情一一写出，而是在有限的篇幅，选择最能说明问题的材料，进行有点有面的叙述，必要时还须精要的评议。总结的情况也许是几个月所做的事情，也许是几年的成果，甚至更长时间中积累的经验。因此，总结是一种高度的概括，是对自身实践活动的浓缩。

3. 较强的理论性

总结的过程，就是从感性认识上升为理性认识的过程，在分析事实材料的基础上，比较、归纳、提炼正确的观点，从而提高认识、发扬成绩、吸取教训，更好地指导今后的实践活动。

四、总结的作用

1. 积累经验，深化认识

人们在总结中以辩证思维方法指导，全面系统地分析、研究，将那些零星的经验上升到理论的认识，对失误、弯路进行反思，这样就能从中发现规律、提高认识，从而增强工作的预见性、主动性。

2. 鼓舞群众，调动积极性

总结能从全局上让群众了解自己所从事工作的情况及意义，增强其主人翁的责任感、使命感，并从中受到教育和鼓舞。总结可以表彰先进、带动后进，发扬正气、打击邪气，从而调动人的积极性。

3. 交流信息，改进工作

通过总结，可以相互交流经验和信息，既可以将"点"上的经验推广到"面"上开花结果，又可以互通信息，借鉴他人的正反经验，取人之长、补己之短，从而达到改进工作、开创工作新局面的目的。

五、总结的结构

总结的结构由标题、正文和落款三部分组成。

1. 标题

标题必须准确、简洁，一般有以下几种写法：

（1）文件式标题

由单位名称＋时限＋内容＋文种构成，如"苏州人民商场2008年销售工作总结"。

(2) 文章式标题

用简练的语言概括总结的主要内容或基本观点,标题中不出现文种,即"总结"的字样,如"精心安排等级考试,组织工作严密周备"、"用水来装点我们的城市"等。

(3) 双标题

一般由正标题与副标题组成。正标题概括主要内容或揭示主题,副标题补充说明单位、时限和工作内容,如"加强质量管理,稳定饭菜价格——食堂 2008 年工作总结"。

2. 正文

正文由开头、主体和结尾三个部分组成。

(1) 开头

也叫前言部分,要求开门见山、简明扼要地概括基本情况。如《2006 年度教育工作概要》一文的开头:"2006 年,在省委、省政府的正确领导下,全省教育系统深入贯彻全省教育工作会议精神,紧紧围绕加快建设教育强省、率先基本实现教育现代化的总目标,认真研究制定教育事业发展'十一五'规划,统筹推进教育改革发展稳定的各项工作,各级各类教育事业持续发展,各项工作取得了新的成绩。"这段话概括说明了当时××省教育工作的背景、主要成绩及发展趋势。

(2) 主体部分

这是总结的重点部分,主要写取得的成绩或存在的问题与经验教训。在写法上应做到观点鲜明、材料典型、叙述和议论相结合。

取得的成绩或存在的问题是总结的主要内容,目的是要肯定成绩,找出问题。成绩有多少,是怎样取得的;问题有多少,表现在哪些方面,属于什么性质的,都需要讲清楚。应当看到,在一般情况下,成绩是主流的、本质的,不要因为有一定问题存在,就将总结写得像检查。经验和教训是总结的重点和中心。从成绩或问题中分析经验,这是总结的根本性目的,将其上升到理论高度,从中提炼出带有规律性的东西,作为今后工作的借鉴。

写主体部分,切忌事无巨细、一一罗列。这一部分内容很多,又需要对事实进行理论上的分析、归纳,所以在写作中采用多种方式来安排结构:① 纵式结构。即按时间顺序或工作进程来写。其结构通常是工作指导思想—具体做法—成绩经验—问题教训。这个顺序,使人看了不仅能参照经验去办,而且给人以完整的印象,综合性总结常采用这种写法。② 横式结构。即把经验体会上升到一定理论高度,归纳出几个并列的观点,按照其内部的逻辑关系来安排内容和层次。这几个并列的观点或在开头概括介绍,或在结尾进行概括总结。这种形式行文简要,逻辑关系清楚,便于阅读时抓住要点。③ 纵横式结构。即在一份总结中既有纵式结构又有横式结构,它是按材料间的逻辑关系,把内容分成几个部分,每一部分又按时间顺序来写,或是以时间顺序将整个工作分为几个段落,每一段落又分别归纳出一些经验和体会,利用小标题分开来写。这种形式的写法条理清楚,一目了然。

就一篇总结而言,以上内容不一定面面俱到,可以有所侧重,或者着重写成绩与经验,或者着重写经验体会,或者着重写缺点教训,一切都要从实际出发。

(3) 结尾部分

在总结经验的基础上提出今后的打算,改进意见和设想。

六、总结的写作要求

1. 指导思想要正确

要写好总结，就必须以正确的观点和党的方针政策为依据来衡量各项工作，才能给工作以恰当的评价；必须科学地分析整个实践活动才能总结出经验，并从中找出规律性的东西。如果缺乏正确指导思想和科学分析，就只能罗列现象，就事论事，甚至写成"流水账"，流于形式，达不到总结的目的。

2. 态度要实事求是

各种总结中常常出现两种倾向：一种是好大喜功，搞浮夸，只提成绩，不谈问题；另一种是将总结写成"检讨书"。这两种倾向都不是实事求是的态度。写总结要从实际出发，实事求是地反映事物的本来面目，概括总结出事物本身固有的、规律性的东西。

3. 找出规律

总结的根本任务就在于总结经验，找出规律性的东西，不断把工作推向前进。因此要求作者从客观实际出发，从分析研究事物入手，发掘出事物的本质特点，找出内在联系，找出取得成绩的原因或存在问题的根源，从而认识事物的本质规律，提出符合客观实际的意见，明确今后的工作任务和努力方向。

【例文一】

××村 2007 年党建工作汇报

回首刚刚走过的 2007，中国在中国共产党的正确领导下，可谓喜事连连。党的"十七大"胜利召开、"嫦娥奔月工程"取得重大成功，国人无不欢欣鼓舞。我们××村 2007 年的党建工作在这大好形势下、在县委的正确领导下，始终坚持抓好党建促经济，抓好经济促发展的理念，按照"围绕中心、巩固成果、开拓创新"的工作思路，认真贯彻落实科学发展观，切实加强基层党的思想、组织和作风建设，强化党员干部教育、管理、监督，积极参与社会主义和谐社会建设，推进我村基层党组织建设，取得了较为显著的成效。

下面我将××村 2007 年党建工作汇报如下：

一、学习贯彻落实科学发展观，切实加强党员干部思想建设

1. 严格执行"三会一课"制度。组织党员干部系统学习党的十七大精神，准确把握科学发展观、构建社会主义和谐社会等重要理论精髓，努力提高我村党员干部思想政治素质。

2. 抓好党课教育。坚持村党支部书记上党课制度，组织党员认真学习文件精神，把我村宣传教育活动推向高潮，全面落实。

3. 抓好党员的思想教育。利用党校阵地，以电教室、广播大喇叭等形式，学习、宣传党的新精神、新动向，不断提高党员的政治思想素质，把党员、群众思想统一到发展本村公益事业、建设文明新村的思想上来。发挥党员"双带"作用，突出典型教育。树典型，使每个党员时刻牢记为人民服务的根本宗旨。

4. 加强后备干部的培养。上半年共培养入党积极分子 1 人，并从党员队伍中选有文化、有知识的党员作为后备干部。

5. 加强制度建设，严格按章办事。建立健全各项治理制度、议事规则和决策程序，坚持定期召开支部会制度,坚持村务、财务公开制度和村民代表会议制度,按照合法、实效的原则,完善村民自治制度,建立健全村规民约,进一步密切党群关系,为群众解决实际问题。

二、积极参加农村城市化建设,扎实推进党建工作创新

1. 围绕中心抓建设,着力营造发展新优势。根据新农村建设背景下宏观经济政策的指导,以强村富民为总目标,以招商引资为突破口,以重点项目建设为着力点,以优化环境为保障,抢抓机遇、团结苦干,围绕重点工作,整合班子力量,强力推进各项工作落实,我村经济呈现出良好的发展态势。首先,继续加大对支柱企业的帮扶力度,指导企业做强做大。其次,树立支柱产业,抓住重点项目建设,优化区域内经济环境。今年,我村将紧紧围绕乡党委、政府在我村开展的"××古村"项目,把它作为我村新的朝阳产业,来谋得经济的可持续发展,提高村民的生活水平。

2. 围绕环境治理,不断改善村域形象。巩固去年环境整治成果,继续探索保持环境整洁的长效机制,集中力量整治街道,规范街道店外经营,清理街面堆物堆料,将街道两侧的枯树伐倒,并及时栽种树苗。在这次整治中,党员发挥作用明显,承担起主要街道的环境义务监督员工作,为这次环境整治提供有力的保障。

3. 狠抓治安管理,切实保障地区安全。两委班子成员对辖区内企业进行包干负责,每季度对各单位的消防器材、安全隐患进行全面检查,协助不合格的单位排除安全隐患,督促各单位进行车辆检修。做好重要时期安全防范工作,制定了矛盾纠纷排查机制,在村内积极开展排查、调解工作,分析矛盾原因,落实调解方案。

4. 围绕和谐求发展,全面推进社会各项事业建设。广泛开展群众性文体活动,成立"老年活动中心",为老年人提供休闲娱乐的场所,并组织老年人进行各项文娱活动。保障党员与群众的政治利益。

总之,今年以来,村党支部通过发挥基层党组织的战斗堡垒作用,支持村委会加快了发展村内经济、提高群众素质、推进各方面事业的前进步伐。展望下半年的工作,要继续抓好党员队伍的教育管理,始终坚持党要管党和从严治党方针,努力打造政治坚定、作风过硬、业务精湛、团结和谐、人民满意的党员队伍,要继续抓好长效机制建设,有效保证广大党员长期受教育、永葆先进性,使党员始终充满活力,充分发挥基层组织的核心和战斗堡垒作用,为推进我国社会主义新农村建设步伐而继续努力奋斗!

××村党总支

二〇〇七年十二月

【简评】 这是一份村支部的党建工作总结,主题明确,条理清晰,措施具体,格式规范、行文准确,很好地总结了一年的主要工作,符合总结写作的基本要求,是一分较好的党建工作总结。

第四节　简　　报

一、简报的概念

简报是党政机关、企事业单位、社会团体用来汇报工作、反映情况、交流经验、沟通信息、报道动态的一种内部常用事务文书。简报把丰富的内容进行缩编，文体简约，语言精练，篇幅短小，一般情况下，不超过 2000 字，是简短的情况报道。

简报是个总称，各单位内部编发的"动态"、"简讯"、"信息"、"内部参考"、"情况交流"和"情况反映"等都属于简报的范畴。

简报使用范围广，信息量大，写作印刷方便，十分有用。

二、简报的分类

按时间划分，有常规简报和阶段性简报；按版期划分，有定期简报和不定期简报；按性质划分，有专题简报和综合简报。另外，按内容划分，简报主要可分为以下三种：

1. 工作简报

工作简报是指反映本系统、本部门工作情况的简报。其内容包括反映对党和国家的方针政策的贯彻执行情况，上级布置的工作任务的完成情况，工作中的经验教训和问题，本系统、本部门发生的事件和开展的活动情况等。工作简报分经常性和临时性两种。经常性工作简报一般反映日常工作情况，有固定的简报名称，如《学院工作简报》、《工会简讯》等。临时性工作简报是为某项专题工作临时编发的，此项工作完成后即停发的一种简报，如《学习科学发展观教育活动简报》、《纪念"五四"运动系列活动简报》等。

2. 动态简报

动态简报主要用来迅速及时、简明扼要地反映当前与本系统、本部门工作有关的新情况、新动态、新趋势的简报，如《招生简报》、《科技动态》等。

3. 会议简报

即一些大型会议秘书处所编发的反映会议情况的简报，内容包括会议概况、进程、中心议题、会议讲话、与会者的意见和建议等。会议简报一般在会议期间编发，也可视具体情况在会议结束后编发。

三、简报的特点

1. 简明扼要

简报内容集中凝练，用途明确，报送领导看，一篇文字就可获悉有关情况，省时间、用处大；发给下属，容易学习领会。简报简而明，重点突出，这是简报赖以存在的先决条件。

2. 迅速及时

简报能够快捷地反映工作情况，发现有指导意义的典型事例或有价值的信息，可以及时编发，快速反应，或汇报商机，或同级交流。

3. 功能多样

简报上传下达，兼有公务中通报、报告的特点，还起到消息报道、信息传播的作用。

简报可报道好人好事,揭露工作中的缺点与失误,宣传典型经验,推广先进方法,传达上级精神,反映基层群众呼声;凡可参考、借鉴、学习的情况,都可以用简报的形式反映出来。

4. 事例真实

简报材料真实可靠,反映事物前因后果,事情发生的时间和地点、人物语言和行为,都必须准确无误;引用数据、事例,都要经过核实。写简报,要从真实着眼,成绩不夸大,缺点不缩小,禁绝一切胡编滥造。

四、简报的结构

简报的写作格式有固定要求,一般由报头、报文和报尾三部分组成。

1. 报头

简报的报头在简报的首页的上方,约占全页三分之一的位置,下面用横隔线与正文部分隔开。简报的报头一般包括六个项目:

(1)简报的名称。位于报头中央,一般用红色大号黑体字,如"××简报"、"××情况交流"等。

(2)简报的期数。在简报名称的正下方,由期数或年度期数加总期数组成,如"(第12期)"或"第10期(总第162期)"。

(3)简报的编发单位。在报头左下侧,横隔线的上方,如"教育部办公厅编"、"××会议秘书处编"。

(4)印发日期。在报头右下侧,横隔线的上方,写明印发年、月、日。

(5)保密要求。在报头的左上方。可根据具体需要标明"绝密"、"机密"、"秘密"或"内部资料,注意保存"、"内部文件"等字样。一般性简报也可不标识。

(6)简报的编号。位于报头右上方,按印数编号,一份一号,如"001"、"002"等,以便保存、查找。无保密要求的一般性简报不必编号。

2. 报文

报文在横隔线以下,一般包括以下项目:

(1)目录。一期简报有多篇文章时,为了使整期简报的内容一目了然、方便阅读,应在报文首部标明目录或要目,包括每篇简报的标题和页码。若一期简报只有一篇报文则无需目录。

(2)按语。按语的位置一般在简报标题之上,如"编者按"、"编者的话"。按语不是所有简报都必须具备,只有内容比较重要、意义比较重大或问题比较严重的简报才有。

(4)报文的主体。报文的主体根据实际情况可由一篇或几篇文章构成。每篇文章依次由标题、正文和署名三部分组成。署名写在正文右下方,可以是供稿部门的名称,也可以是供稿者的姓名。

3. 报尾

报尾在简报末页下端三分之一处,用横线与正文隔开。报尾包括以下项目:

(1)发送范围。按受文部门的级别不同写明"报××、××","送××、××"或"发×

×、××"。

（2）印制份数。在发送范围右下方,用横线与发送范围隔开,标明"共印××份"。

五、简报报文的写作要求

报文是简报的主体部分,一般由按语、标题、正文和署名构成。

1. 按语

按语由简报的编发部门加写,内容主要是对简报的说明或评议,以帮助读者更好地理解简报编发的文章、了解编者的意图。

按语要求简练、明确,有较强的概括力。按语的写作一般适宜用商量、探讨和期望的语气。简报的按语从内容和作用看,有以下几种写法:

（1）说明性按语

一般用来说明材料来源和编发的原因,或特别说明何人要发和发至什么范围,有时也提供有关背景,以帮助读者理解。

（2）提示性按语

一般加在内容重要、篇幅较长的稿件前面,起到提示文章重点的作用,以帮助读者提纲挈领地抓住文章中心,领会精神。

（3）批示性按语

一般写在具有典型意义或指导作用的文章前面,内容一般是声明意义、表明态度或提出要求、提供方法。

2. 标题

简报都有标题,简报的标题要求确切、精练、醒目,能准确概括简报的主要事实或主要思想,使读者见题明义。

简报标题的写法比较接近新闻标题,但新闻标题更讲究技巧,具有一定艺术性,而简报的标题一般比较平实朴质。

简报的标题从形式上看,可采用单行标题,即用一两句话将简报内容概括出来,也可采用多行标题,正标题用以概括全文的思想意义,其他标题用来交代报道对象及事件或对正标题进行补充说明。

简报的文章如系转录的材料,一般采用原文的标题,不再另加标题。

3. 正文

正文即简报刊登的文章,一期简报一般刊登一篇或几篇文章。除三言两语的简讯外,简报正文的写作与消息有相似之处,一般由开头、主体和结尾三部分组成。

（1）开头

类似消息的导语,总体要求开门见山,用一句话或一段话概括全文的主要内容或事实。常见的开头方法有三种:① 叙述式。即用叙述的方式概括简报的主要内容,使读者一目了然。② 提问式。一开头就提出问题,引起读者的注意、兴趣和思考,主体部分再加以具体叙述。③ 结论式。即一开头就将简报的结论摆出来,在后面的主体部分再展开事件的来龙去脉。

（2）主体

主体要展开述说导语的具体内容，对导语中提及的事实和问题进行展开、阐明、印证和回答，为读者提供完整、确切的信息。

第一，主体的结构方式。主体的写作需根据所要表达内容的具体情况，确定恰当的结构方式。主要有以下几种结构方式可供选择：① 顺序式，即按事情发生、发展和结局的时间先后顺序安排结构。这种结构方式自然、连贯，适合于情节单一的事件性简报。② 并列式，即把所要反映的情况，分析归纳为若干类别，分门别类地加以介绍。这种结构方式一般适合情况较为复杂的综合简报。③ 因果式，即先写结果，后写原因。先写结果，容易引人注目，吸引人看原因。总结式、评述性简报常采用这种结构方式。

一篇简报可以单用一种结构方式，也可以根据各部分内容的不同情况，分别选用不同的结构方式。

第二，主体的写作要求：① 紧扣主题，选材精当。主体是简报的主要部分，内容丰富，材料具体。写作简报主体时，要紧紧围绕简报的主题需要取舍材料，以便更好地为表现主题服务。② 事实典型、数据确凿。简报主要用来传递信息，通报事实。因此简报主体部分的写作，要运用典型的事实、利用确凿的数据，向读者提供令人信服的事实。③ 夹叙夹议，简明扼要。简报以报道客观事实为主，但为了引导读者往往辅以适当的评论，表达作者和编发者的观点和意见。在主体中评论一般采用随文夹叙夹议的方法，要求简明扼要，点到为止。

（3）结尾

简报的正文不一定都要有结尾，如果主体已经自然收束全文，则结尾可省。简报如有结尾，其常见的结尾形式有以下几种：① 归纳全文。即在结尾处归纳全文的主题或要点，以便读者更好掌握简报内容。② 作出评论。对简报所反映情况的意义、性质和影响等作出评论。③ 提出问题。对简报所写事实加以推及，提出让人深思的问题。④ 表明希望。如希望引起有关部门注意，希望尽快解决简报中所反映的问题等。⑤ 作出预报。如"这个问题已得到有关领导和部门的重视，现正在调查处理中"、"事情的发展将随时通过简报告知"等。

【例文一】

学院工作简报

2013 年第 3 期（总第十五期）

××职业学院院长办公室   2013 年 3 月 20 日

- 加强教学管理　提高教学质量
  ——学院"专业学科建设"活动积极开展
  （正文略）
- 精心安排等级考试　组织工作严密周备
  ——学院首次省计算机等级考试结束
  （正文略）
- 拓展学生知识结构　完善学院课程设置
  ——学院开设"初级日语"选修班

· 56 ·

（正文略）

- 加强食堂质量管理　稳定食堂饭菜价格
　　　——后勤处积极做好食堂管理工作

（正文略）

- 学院各项常务工作一览

（正文略）

报尾部分略

【简评】　这是一份学院的工作简报，内容全面，格式规范，详细记录了一段时间该学院发生的重大事件。简报标题简练、行文规范，具有很强的实用性。

第五节　调　查　报　告

一、调查报告的概念

调查报告是根据一定的目的，对某种情况、某些问题或经验进行深入细致的调查研究后写出的书面报告。具体来说，就是采用一定的方法，对客观事物进行调查研究，获得大量的材料，然后经过整理分析、概况归纳写成的揭示事物本质或规律性的书面材料。

二、调查报告的分类

（1）反映社会情况的调查报告。针对社会上某一领域的情况，对其历史和现状进行调查。

（2）推广经验的调查报告。侧重于总结具有普遍意义的典型经验。

（3）揭露问题的调查报告。侧重于反映某些机关单位存在的某些问题或不良倾向，以引起注意，采取多种形式和方法给予解决。

（4）关于热点问题或突出事件的调查报告。对此类问题进行调查，具有一定社会意义。

三、调查报告的特点

（1）以事实为依据。调查报告的生命和价值就是用事实说话。

（2）有极强的针对性。从调查对象的选择、调查提纲的拟订，到调查材料的取舍、分析归纳的运用，都必须紧紧围绕特定的调查目的。

（3）具有典型性和理论性。调查报告的材料必须是典型的、有代表性的，以便从中探索事物的发展规律，寻找解决矛盾的办法，以点带面，推动工作。

四、调查报告的结构

1. 标题

（1）单标题。就是只有一行题目，写法可以多种多样，如"关于东山县乱砍滥伐森林的调查报告"。

（2）双标题。有正副两个标题,正标题概况全文内容,副标题交代时间、地点和范围等如"昔日荒山变绿洲——山西省右玉县绿化山区的调查"。

2. 前言

前言是全文的开头,要简洁明了,提纲挈领,概括性强。

3. 主体

主体是调查报告的核心部分,主要写调查了解到的事实和分析结果。常见的结构形式有以下三种:

（1）按照事物的发展变化先后顺序安排结构,组织材料。这种结构,有利于读者了解事物的发展变化过程,也叫"纵式结构"。

（2）按照事物的性质归类。从归属的材料中提炼出小标题,并根据各部分问题的性质来安排组织材料,也叫"横式结构"。

（3）两种写作方式的结合。即综合利用两种方式。

4. 结语

调查报告的结论部分。写作方法多种多样,需根据内容的需要而定。

五、调查报告的写作要求

（1）实地考察调研,掌握第一手材料。可通过制定课题、确定调查研究的方式方法以及问题归类的方式来组织材料。

（2）分析已有材料,找出规律性的东西。透过现象看本质,形成正确观点。

（3）观点与材料的统一。要综合掌握安排材料和观点的方法学会运用对比和统计的方法等不一而足。

【例文】

2006 年广州×大学就业现状调查

春节过后,来势汹汹的大学毕业生就业潮,在广东又涌新浪。对此,笔者就大学生就业中的几个问题调查如下:

一、男女生就业的现状比较

男生就业机会优于女生,这种情况在工科毕业生中尤为明显。原因是工程上一般要求具备吃苦耐劳的作风,对体力、心理等方面有所考虑。显然,这方面,男生超过女生。

二、"先就业,后择业"是目前的主要倾向

即使是男生,目前的就业状况也不容乐观。于是,出现了"先就业,后择业"的流行说法。

笔者在对 300 名大学生的问卷调查中,有关先就业还是先择业的选项显示:56%的人选择先就业,44%的人选择先择业。

"先就业,后择业",出发点是积极的。在竞争加剧、整体就业环境不乐观的情况下,先找一个单位就业是最为务实的想法。

但是,产生的负面效应有:① 不利于学生专业发展;② 不利于学生社会心理的成熟;③ 不利于以后的创业。

三、当前大学生就业中的思想偏颇

大学生中不正确的就业观念也成为就业难的思想障碍。其根本原因在于大学生的特权思想影响了他们的就业。

大学生报着"特权"思想就业,必然就高不就低,而优越的工作在当前的就业竞争形势下是少而又少的。

【点评】 该调查报告认真分析了当前就业形势的严峻性和学生面对这种严峻性所采取的理性态度。这则调查报告行文简洁、内容清晰、条理清楚、格式规范,充分体现了调查报告的写作特点和规范要求,较好地说明了调查报告的特点和社会作用,具有很强的示范性。

第六节 规章制度

一、规章制度的概念

规章制度是机关、团体、企事业单位规范本部门、本单位及其所属成员行为,并要求必须共同遵守的行动准则。规章制度是方针政策的具体化,具有法规性质。

二、规章制度的分类

规章制度一般有以下几种:

(1)章程是社会组织、团体的纲领性文件,有鲜明的宗旨,明确的目的、任务、组织原则、人员组成和活动规定等具体要求和准则,例如《××市高等院校语文教学研究会章程》。

(2)规定是对某一方面的行政工作做出具体的要求和规范,是具有一定权威性的法规性文件,例《国家行政机关及其工作人员在公务活动中不得赠送和接受礼品的规定》。

(3)办法是对某项行政工作做出的比较具体的规定的文件,如《国家预算基金征集办法》。

(4)细则是针对某项行政工作或事项制订的详细的准则,如《××省人民政府关于贯彻执行〈关于职工探亲待遇的规定〉的实施细则》。

(5)条例是国家机关制定、批准和发布的、长期实行的调整国家政治、经济、文化等方面的准则和要求,也属法规性文件,如《禁止向企业摊派的规定》。

(6)规程是对某一工作或操作程序做出统一要求的程序性说明的规定,如《电工安全操作规程》。

(7)须知是对某一方面事情或某项活动,要求有关部门人员必须知道并遵守的制度性文件,如《市场经营交易》。

三、规章制度的特点

(1)具有约束力和强制性。一经制定颁布,就须遵守执行。

(2)内容具体,形式灵活。根据实际需要,内容可长可短。

（3）适用面广，针对性强。规章制度的适用性相当广泛，大到党政部门、国家团体，小到院所科室。

四、规章制度的结构

1. 标题

由制定"机关名称"、"事由"和"文种"组成，如"国务院关于职工探亲待遇的规定"。有的标题不使用机关名称，由"事由"和"文种"组成，如"财物管理制度"。

2. 签署

标明制定机关的名称和发布日期。有三种写法：① 制定机关在标题中已经注明，这部分可以省略，日期写在正文后右下方；② 标题中没有标明制定机关的名称，则可以置于正文之后右下方的日期之下；③ 将发布机关名称和发布日期置于标题之下，用括号括上。

3. 正文

正文是各个分类规章制度的主体，根据内容的需要确定篇、章、节、目、条、款和项等。凡属严格细密的文件，如章程、规章等，必须分章节写的，可划分为总则、分则和附则。

4. 落款

在正文右下方标明制定机关名称，下行写日期。如机关名称已在标题中或标题下标明，落款处只将日期写在正文右下方。

五、规章制度的写作要求

（1）制定权限要适度。
（2）内容要可行。
（3）要深入调查、客观实用。
（4）语言要规范。

【例文】

首都公民文明公约

一、热爱祖国 热爱北京 民族和睦 维护安定
二、热爱劳动 爱岗敬业 诚实守信 勤俭节约
三、遵守法纪 维护秩序 见义勇为 弘扬正气
四、美化市容 讲究卫生 绿化首都 保护环境
五、关心集体 爱护公物 热心公益 保护文物
六、崇尚科学 尊师重教 自强不息 提高素质
七、敬老爱幼 拥军爱民 尊重妇女 助残济困
八、移风易俗 健康生活 计划生育 增强体魄
九、举止文明 礼待宾客 胸襟大度 助人为乐

首都精神文明建设委员会
××××年×月

【点评】 以上这则规章制度的事例行文简洁，内容清晰、条理清楚、格式规范，较好地说明了规章制度的特点和社会作用，具有很强的示范性。既符合规章制度的一般特征，也

具备群众喜闻乐见的形式,朗朗上口,容易熟记,具有很强的普及性。

第七节 述 职 报 告

一、述职报告的概念

述职报告是职务晋升、职称评定或岗位考核等情况下,有关领导或职员对自己在一定时期的工作实际情况的具体介绍和评价的书面报告。

二、述职报告的结构

述职报告由标题、称呼和正文三部分构成。

1. 标题

标题在第一行中间用较大的字写,通常有三种形式:① 直接写"述职报告"四字;② 由"任职时间或事由+文种"构成,如"××××年任职以来的述职报告";③ 由正副标题构成,一般是正标题概述基本内容,副标题写明职务、职称和姓名,如"在困境中开创×××工作的新局面——×××处处长×××"。

2. 称呼

述职报告的称呼要根据听众对象来写,听众不同,称呼随之不同,如"各位领导、同志们"、"各位领导、职工同志们"或"各位领导、老师们"等。

3. 正文

一般先要概述任现职的时间、述职的目的,接着分述有关情况。如果是领导述职报告,就要写清分管工作的成绩、经验,工作中存在的问题及教训,对工作的认识程度等。如果是职称评定、岗位考核述职,就要具体说明申报的理由和条件,有关科研成果的水平及社会反响等。最后可适当加以总结,以谦辞结束。

三、述职报告的写作要求

(1)要实事求是地反映自己工作业绩、缺点和教训。

(2)重点突出,紧扣"职责"二字。

(3)层次分明,内容具体明确。

【例文】

述职报告

例文一评析

<table>
<tr>
<td>

王××述职报告

×××考核小组：

  本人自 2002 年 10 月至今担任××区区长，任职期间，团结带领全体干部齐心协力，开拓创新，认真履行职责，采取有力措施，保证了 2003 年各项工作任务的顺利完成。现将我任职期间履行职责和完成工作任务情况报告如下：

  一、坚持把发展作为第一要务，积极探索和全面发挥经济管理服务的职能作用

  （一）全区工业企业在完成年计划的基础上实现了增长。（略）

  （二）以重点工业项目建设为突破，培育我区新的工业经济增长点。今年我区列入市重点工业项目 12 项，列入区重点工业项目×××项，现均已全部落实。其中列入市重点工业项目真心食品的葵花籽系列产品、东宝集团公司生化药用明胶、东宝集团公司的彩色感光胶项目等 12 个工业项目，前期工作进展顺利，前景看好，均为明年的经济发展打造了基础。我区确定的 25 个重点工业项目，总投资预计可达 7 亿元，项目完成后，新增销售收入×××亿元；其中×××个在建重点工业项目计划总投资×××亿元，项目完成后可增加销售收入×××亿元，新增利税×××亿元，现已完成投资×××亿元。

  （三）加快工业园区建设，发挥比较优势，发展特色经济，增强综合经济实力。（略）

  （四）充分利用中小企业服务体系，积极为企业提供全方位服务。（略）

  二、狠抓安全生产、建立健全安全管理机制

  （一）加强安全生产监督管理，健全安全生产监督管理组织网络。（略）

  （二）加强对全区煤炭企业和屠宰市场的管理服务工作。（略）

  三、深入贯彻"三个代表"重要思想，把工作从大处着眼、小处着手全面落实

  （一）加强领导班子建设，建设一支高素质的干部队伍。局领导班子成员能够相互交流，相互沟通，形成了既有分工又有合作，坦诚相待、合作共事、齐心协力干事业的良好氛围。凡遇重大问题按规定程序集体讨论决定，保证各项决策、决定落实到位。并坚持认真执行上级纪委关于领导干部廉洁自律的各项规定，自觉抵制各种腐败现象。（部分略）

  （二）为确保各项指标的完成，每月坚持了经济运行分析，对企业运行进行了有效监控、协调、指导。经常性地深入企业进行调研，及时掌握了企业的动态，从协调服务入手，帮助企业排忧解难。（略）

  （三）抓好重点工业项目建设的实施和落实工作。（略）

  （四）加强调研，掌握情况，为区委、区政府当好经济工作的参谋和助手。（略）

  （五）进一步发挥产业优势和区位优势，加快商贸经济和服务业发展。（略）

  （六）建立健全安全组织机构，形成层层负责、层层落实的组织网络，今年我们努力抓了全区安全生产组织机构的建立，抓了安全生产责任制的落实。（略）

</td>
<td>

  例文标题由述职人和文种构成，请根据述职报告内容为这份述职报告拟一条新闻式标题。

  述职报告的开头用简明性的语言来概括，表现出自己端正认真的态度，为述职报告打下基调。

  任职期间的实绩和经验是述职报告的核心部分。报告中所写的内容，必须是围绕自己所在岗位的职责，如实地向上级汇报自己的工作实绩，绝不能无中生有，捏造事实来欺骗组织。善于用一些具体的事例说明自己的成绩，才会有说服力。述职过程中，对一些工作过程的叙述，要用事实说话，语言分寸要掌握得合适，要表明自己成绩的取得离不开大家的合作，不可给人争功的感觉。主体部分用条文式表述，尽管内容繁多，但层次分明，条目清楚。

  对任职期间的总体思路进行概括。

</td>
</tr>
</table>

四、优化提升产业结构、稳步加快推进我区经济建设 2003 年,为了实现我区经济大跨度发展,我们的总体思路是: (一)全力搞好生态工业园区建设。制定优惠政策,吸引四方资金进入园区。 (略) (二)全力抓好重点工业建设项目和工业集群的发展。(略) (三)花大资本,下大力气,千方百计招商引资。(略) (四)抓好原有传统产业、工业的升级改造,促进其体制创新。 　　各位领导,同志们,以上是我的述职报告。一年来,我已经竭尽全力履行自己的职责,在大家的全力协助下取得了一定的成绩,但也还存在一些问题,总的来说我觉得我是称职的。最后,恳请领导同志们严格审查的述职报告。 　　谢谢大家! 　　　　　　　　　　　　　　　　　　述职人:王×× 　　　　　　　　　　　　　　　　二○○三年十二月二十	结尾部分既要简明,又要表现出述职人的谦恭的精神。并注意使用惯用语。 　　落款规范完整。

例文二评析

述职工作报告 　　虽然当了很多年的校长,可每到述职,总觉得很难展开确切的表达。以下是我在 2003 年 11 月之前完成的工作,罗列如下是为述职: 　　1. 教务管理:坚决执行上级规定的标准,严格公示制度,学杂费核对结算,做好困难学生学费减免以及助学金发放工作。 　　2. 校产管理:进一步推进财物报修和申购制度,完善了物品采购制度和物品的进出仓手续。 　　3. 学校基本建设: 　　(1)加强了体育馆管理建设,充分发挥了体育馆的功能。 　　(2)美化了东边围墙,使之成为××市最簪的文化宣传长廊。 　　(3)装备了音乐室,改造了电教室,验收了新的电脑室,完善了教学功能。 　　(4)改造了校园广播系统,变嘈杂的电铃为悦耳的音乐声。 　　(5)给每个办公室配备了电脑,并安装了宽带,改善了办公条件,提高了办公效率。 　　(6)对全校电话进行了"汇线通"电话系统改造,方便对内、对外联系。 　　(7)修建了教工单车棚,改变了校园车辆乱停乱放的局面。 　　(8)清洗了办公楼、实验楼外墙,除去多年污垢。 　　(9)硬化了学校泥操场,增添了活动场地,消除了污染源。 　　(10)修建了黑板宣传长廊,充分利用了学校的空间。 　　(11)搞好史、地、生园,增强校园文化气氛。 　　(12)对校园内的裸露线路进行改造,既美化校园又保障师生安全。	标题把工作报告与述职混淆在一起,是不规范的。 　　开头说明自己担任的职务,但语言表述不够具体准确,没有说清"很多年"到底是从什么时候到什么时候。 　　主体部分罗列了很多实绩,对自己的工作进行了分类叙述,但分类出现交叉现象,甚至有归类错误的地方。 　　全文记流水账般简单地罗列自己所完成的工作,没有突出重点,也缺乏感染力。 　　文尾没有落款,整篇述职报告不完整。

【点评】 述职报告例文一的事例行文简洁,内容清晰、条理清楚、格式规范,较好地说明了述职报告的特点和社会作用,具有很强的示范性。例文一的行文比较符合述职报告的写作方式,内容完整,较好地反映了述职报告实事求是的特点。

第八节 会 议 记 录

一、会议记录的概念

会议记录是记录人员把会议的时间、地点、出席人数、主持人、讨论的主要问题、发言人的主要内容和形成的决议等如实地记录下来的文书。

二、会议记录(首页)格式

会议名称 ....
时　　间 ....
地　　点 ....
主　　持 ....
议　　题 ....
出　　席 ....
列　　席 ....
缺　　席 ....
记 录 人 ....
审阅签字 ....

三、会议记录的结构

会议记录由标题、会议的组织情况、会议内容和结尾四部分组成。

1. 标题

在第一行用较大的字在中间写会议记录的名称,它是由"开会单位＋会议名称＋文种"三部分构成,如"××地区农村工作会议记录"等。

2. 会议的组织情况

会议时间,要写上准确的开会时间,如××××年×月×日上午×时。
会议地点,如县委会议室。
主持人,要写上姓名和职务。
记录人,写上姓名和职务。
出席人,人多的时候,要写级别和人数。
列席人,和出席人相同。
缺席人,要写清缺席原因、姓名和职务。

3. 会议内容

会议的关键部分,包括主持人的开场白,是会议内容的依据,要详细记录,如"今天继续讨论朱总理的《关于国民经济和社会发展第十个五年计划的报告》,希望代表畅所欲言,献计献策"。

会议议题,比如"讨论议题:(1)如何整顿城市市场秩序;(2)如何制止违章建筑,维护市容市貌"。

发言情况,按顺序如实记下发言的主要内容。

决议,经过会议讨论后,由主持人或会议有关机构归纳而成。

4. 结尾

会议记录结尾包括结束语和署名。

【例文】

例文一评析

宏远公司项目会议记录	
时间:2003年3月12日上午9时。 地点:公司第一会议室。 出席人:各分公司与直属部门的经理。 缺席人:第三分公司总经理×××(出差深圳)。 主持人:高飞(集团公司副总裁)。 记录人:周游(总经理室秘书)。 一、主持人讲话:今天主要讨论一下"美廉娱乐城"的兴建立项以及如何开展前期工作的问题。(略) 二、发言 第一分公司李总:该项目的选址应定位在亚运村以北,清河以南……(略) 第二分公司张总:该项目应以体育健身为龙头带动其他餐饮娱乐。(略) 项目。(略) 市场部刘总:汇报该项目市场调查与预测的结果。(略) 财务部莫总:汇报公司的资金状况。(略) 技术部王总:汇报建筑项目投、招标情况。(略) 策划部梁总:讲述三种关于该项目的前期策划设想,前期的宣传投入应该加大。(略) 财务部莫总:前期宣传投入要慎重,理由有三(略) 市场部刘总:前期宣传投入要慎重,理由有三(略) 策划部梁总:前期投入一定要加大,因为(略) 三、决议 (一)一致通过该项目的选址定在××地段(举手表决)。 (二)一致通过该项目第一期投入人民币×××万元(举手表决)。 (三)(略) 四、散会(上午12时) 主持人:高飞(签名) 记录人:周游(签名)	标题由"机关+会议名称+文种"构成。 这是一份格式规范的会议记录,记录依据会议的程序,紧扣会议的主题,分为主持人讲话、集体发言讨论和会议决议三部分,条理清楚,重点突出。 对发言者、汇报人不可直呼其名,而以姓氏加职务(职称)代之,如"王××"写作"王总"。 会议中如有争议问题,还应该把争议问题的焦点及有关人员的发言争论观点记录下。 会议记录是不容更改的原始凭证,因此会议记录结尾要注意签名,表示对该会议记录的负责。

例文二评析

××学院 2004 年会议情况纪要	标题文种用错。会议记录和会议纪要是两个不同的文种。况且也没有"情况纪要"这个文种。
会议名称：××学院第×次办公会议 时间：×年×月×日 出席人：李××（院长），王××（总务科科长），伍××（学生科科长），刘× ×、卢××、许××（各班班主任），校医龙××。 主持人：李××（院长） 记录人：白××（校长室秘书） 一、报告：李××（院长）传达市政府关于防治"非典"的专题报告。 二、讨论：遵照报告精神，学院决定对学生进行一次预防"非典"的教育，并采取有效措施，保证学生的健康。 三、发言： ×××院长：大家伙嘛，说说看什么样的措施能有效地保证学生的健康？伍××，你是学生科科长，你这个呢，带个头发表你的意见吧。 伍科长：我认为首先要让学生知道有关"非典"的病理知识，以及预防的办法，你们讲是不是？ 王科长：龙医生，你这个，看看是不是想办法加强食堂环境卫生？ ……（略） 四、决议 （一）利用两天时间，由学生科组织班主任分班组织学生传达报告精神，并结合学习×月×日《光明日报》专题报道的有关"非典"相关病理知识及防治办法。 （二）总务科、学生科密切与学校医务室配合，切实加强学校环境卫生与食堂饮食卫生工作。 （三）各班主任要深入调查、了解学生在寒假期间是否去疫区探亲，凡有去疫区探亲的学生，由学校医务室统一组织去医院检查，有疑似症状的学生，马上报告，并采取相应措施。 五、散会 缺席人：江×× 地点：学院三楼	做会议记录时，该注意去掉一些无实际意义的语气词。 无意义的重复句与重复性短语也不应该出现在会议记录中。 对照上篇例文，看看这份会议记录格式是否规范？内容是否齐备？应该作怎样的修改？ 缺席人和会议地点应该放在记录的开头部分，放文末是不规范的。

【点评】 会议记录例文一的事例行文简洁、内容清晰、条理清楚，较好地说明了会议记录的特点和社会作用，具有很强的示范性，完全符合会议记录的写作要求。

⭐ 习题

1. ××国际大酒店是四星级新型酒店，位于××市郊高新开发区，交通便捷，环境幽静，集娱乐、健身、休闲、阅览、餐饮于一体，适合不同等级的消费者。酒店将招聘客房、餐饮和前厅部门经理各 1 人，35 岁以下，大专学历，星级酒店相关工作经历 3 年以上者。服务员 50 名，25 岁以下，高中以上学历，男性 1.70 米以上，女性 1.60 米以上。须准备的资料：个人简历、学历证书、技能等级证书、身份证和一寸近照两张。材料合格通知面试，材料于 5 月 30 日前寄往或送往××国际大酒店人力资源部，地址：××市××路××号；电话：××××××；网址：××××××。根据以上材料，写一则招聘启事。

2. 步森服装××专卖店于5月8日开业。步森是中国驰名商标,服装名牌,由××市服装厂定点生产。5月8日至18日开业期间,全场商品8折优惠。专卖店地址:××市××路××号;电话:×××××××。根据以上材料,写一则开业启事。

3. 近期某些私人办学及中介机构假借××集团公司的名义发布"联合办学"招收高考落榜生的信息,以毕业后由集团公司安排工作为诱饵,吸引考生及家长。对此,××集团公司授权××市律师事务所××律师发布声明,××集团公司未和任何一家学校签订"联合办学"合同,也从未以"签订用人合同"形式发布招生、招工信息。根据以上材料,写一份严正声明。

4. 请修改下列计划中的语句。

(1) 前阶段,由于我们重视了抓生产,因而忽视了抓安全。

(2) 三中全会以来,我们厂增产幅度大,上缴利润之多,是绝无仅有的。

(3) 据不完全的判断,我公司有三分之一的年青人是具有主人翁精神的。

(4) 今年要千方百计做好增收节支工作,使我乡的经济状况有显著好转。

(5) 经济核算搞得好不好,对办好企业具有十分重要的意义。

5. 写计划或总结时,经常要用数据。请在下面空格中填上恰当的数字。

(1) 某公司七月份利润由1万元增加到1.5万元,增加　%。

(2) ×商品由40元降为10元,降低了　%。

(3) 原计划生产1万件产品,超额5%,实际生产了　件产品。

6. 修改下列句子。

(1) 我们必须从收入和支出两个方面去研究问题。

(2) 员工超产百分之二十以上的给一等奖,超产百分之二十以下的给二等奖。

(3) 今年元旦以前河北区约能修筑公路十多公里左右。

7. 下面是两份述职报告的开头部分,你觉得其语言表述有什么特点?

(1) 我是心怀着对教育的梦想到××学校任职的,我心中经常在追问:什么是真正的教育,办一所怎样的学校才可以实现真正的教育。因为有了这些追问,才使我的工作和我的生命更有意义。在××学校工作的两年多我非常幸福,我觉得这小小的十几亩土地上有做不完的工作,在这里,我可以用我的知识、智慧、情感和我一生中最旺盛的精力和体力,为这所学校留下一些或许对未来有用的东西,我的心中充满快乐。

(2) 2003年即将结束,一年来在委领导及同志们的帮助指导下,通过自己的努力,我在思想上、业务工作水平上都有了很大的提高,圆满地完成了全年的工作和学习任务,并取得了一定的成绩。现将我一年来的思想和工作情况汇报如下(略)。

8. 请用一句话来概括下面的段落主旨。

(1) 从计划经济到社会主义市场经济是我国经济体制的根本性转变。要适应这一转变,高等学校的领导必须转变观念、树立市场经济观念、竞争观念、人才观念、名人观念。这样才能在激烈的竞争中立于不败之地,并发展自己。

(2) 一个人要想成为知名度很高的教师,关键在自己的努力,这是内在的、根本的因素。但是学校有关部门的宣传也是不可缺少的。在现实中我们也常常看到这样的情况:甲某和乙某教学水平和科研水平成果相当,但由于校领导和有关部门所作的宣传不同,支持不同,给他们出头的机会不同,两人的知名度截然不同。因此,必须从整体利益出发,加强对明星教师的宣传。

9. 编制一份本班在校运动会上取得成绩的简报。

10. 由老师将学生成几个小组开会讨论,每组指定2～3位同学充当记录人,讨论的问题是:

(1)会议记录要求记得快,又要绝对真实,如何保证做到这两点?

(2)会议记录和会议纪要的区别在哪里?

会议记录的整理是记录者不能忽视的一个关键环节。请相互交叉整理上述的会议记录,然后谈谈整理记录的技巧使用情况。

11. 某调查小组做了一项关于小学生心理健康状况方面的调查,他们采用自己编制的"小学生心理健康调查表"对某小学4～6年级学生共270人进行了问卷调查,其中男生145人,女生135人,收回有效问卷268份。下面是他们在调查中统计的调查数据表:

表1　学习动机选择

选　择　项	人数	百分比 %	备注
为了能上个好大学	103	38.4	
为了掌握更多的知识	148	55.2	
为了社会的发展和人类的进步	95	35.4	学生可以有多个选项
为了今后个人有很好的发展	234	87.3	
为了让父母高兴	208	77.6	
其他	58	21.6	

表2　学生情绪调查表

题 目 内 容	经常有		有时有		没有	
	人数	百分比	人数	百分比	人数	百分比
经常感到苦闷	36	13.4	111	41.4	121	45.1
遇到挫折总想哭	27	10.1	118	44	123	45.9
经常责备自己	52	19.4	103	38.4	112	42.1
经常感到没精神	27	10.1	97	36.2	144	53.7
遇事容易紧张	61	22.8	89	33.2	118	44
总觉得心理不踏实	25	9.3	110	41	133	49.6
自己单独出门时总感到害怕	16	6	45	16.8	207	77.2
心情时好时坏	82	30.6	103	38.4	83	31
学习劲头时高时低	84	31.3	103	38.4	81	30.2
对同学的态度忽冷忽热	23	8.6	77	28.7	168	62.7
对任何事都没有兴趣	12	4.48	48	17.9	208	77.6
独处时感到不安	18	6.7	53	19.8	197	73.5

你能根据这些数据作出相应的分析和归纳吗? 选择一组数据试一试吧!

项目三　常用书信

项目学习目的：

理解常用书信、一般书信和专用书信的概念；掌握专用书信中求职信、邀请函、感谢信、证明信和倡议书的写作方法；了解自荐信、婉拒信、表扬信、介绍信和申请书的写作格式。

第一节　常用书信概述

一、概述

书信是使用范围最广泛、使用频率最高的一种应用文。书信是指人们在社会交往活动中，用于传递信息、互通情况、交流思想感情的一种应用文体。尽管随着现代信息技术的高速发展，人们的交流方式更直接、更快捷，但书信因正文的内容无所不包和巨大的实用功能仍广泛地应用在我们的日常生活、学习和工作之中。

人类社会在文字产生之前，人与人之间的交往依靠口头传递和符号传递。文字产生以后，书信便成了承担这一任务的主要方式和途径。历史上，有关古代书信的名称有简、牍、素、函、札、笺、柬等。书信名称的变化是随着文字载体的变化而发生变化的。每一种名称下的书信，在其内容、形式以及传递的方式上都有着这样或那样的不同，但不管书信以何种面目出现，它作为人类交际工具的本质始终没有改变。古代如此，现在仍然如此，随着人类社会的不断发展，个人、组织之间的沟通与交流比以往更加频繁，不论是传统意义上的书信，还是电子邮件，必将在现代信息社会中发挥更大的作用。

二、书信的特点

1. 态度要真诚

我国古代把信称为书，而"信"原指送信的使者。信使的职责就是把别人的话准确无误地传递给第三方。《说文解字》中这样解释："诚，信也。"说话符合事实就是诚，诚也就是信。因此，真诚是写信的第一要求。从古代的《与朱元思书》《答司马谏议书》《报刘一丈书》到近现代的鲁迅写给许广平的信、傅雷家书等，无一不饱含着诚挚的感情。因此，书信要求抒发真实的诚挚的感情，反对假大空式的书信。鲁迅先生说过，书信是"较近于真实"的文字。

2. 语言要得体

写信不同于我们平常写的文艺作品，写信有明确的对象、明确的内容。给不同年龄、不同文化层次的人写信，语言要求也有所不同。一封措辞得体的书信让人看了如沐春风、如饮甘泉；一封词不达意的书信让人看了如坠云雾。因此，得体的语言在书信中是必不可少的。

3. 书信有一定的格式

书信有固定的格式,这是书信区别于其他文体的重要标志。书信的格式是在长期的应用中逐步形成的,目的是为了达到更好的表达效果。书信格式正确,是一个人文化修养的体现,同时也有利于内容的表达和传递。

三、常用书信的分类

从用途上分,书信可以分为两类:一类是一般书信,另一类是专用书信。

（一）一般书信

一般书信是指通常的私人信件,用于亲友、同事和同学之间交流思想、互通情况、联络感情、商洽问题、处理事务,是书信中最常见、应用最广泛的一种。

一般书信由信封和信瓤两部分组成,信封是显示于外的东西,信瓤则是信的正文。这两部分都有固定的格式和写作要求。

1. 信封

信封分为竖式信封与横式信封两种,现在通用的是横式信封。信封的内容包括收信人邮政编码、地址和姓名,寄信人邮政编码、地址和姓名六部分内容。具体格式如下:

```
┌─────────────────────────────────────────────┐
│  ┌─┐┌─┐┌─┐┌─┐┌─┐┌─┐              ┌─────┐  │
│  │0││1││0││0││2││0│              │贴邮 │  │
│  └─┘└─┘└─┘└─┘└─┘└─┘              │票处 │  │
│                                   └─────┘  │
│  上海大学汉语言文学系08级2班                │
│  ─────────────────────────────────────     │
│          王嘉欣  （收）                      │
│  ─────────────────────────────────────     │
│          天津滨海职业学院物流系  张峰        │
│  ─────────────────────────────────────     │
│              ┌─┐┌─┐┌─┐┌─┐┌─┐┌─┐          │
│              │3││0││0││4││5││1│          │
│              └─┘└─┘└─┘└─┘└─┘└─┘          │
└─────────────────────────────────────────────┘
```

书写的注意事项如下:

（1）无论收信人还是寄信人地址一定要明确详细,以免投递失误,切忌以"内详"敷衍。

（2）收信人姓名要写完整,不能省略。信封上不要使用写信人对收信人的亲属称谓,这是因为信封主要是给投递员看的。

（3）寄信人的地址和姓名必须写在信封上,因为如果由于某种原因这封信不能寄达收信人时,邮局必须凭借此项信息退还所寄信件。

（4）字迹应工整清楚,以免给投递员造成不必要的麻烦。

2. 信瓤

信瓤,又叫"信内",一般分为开头、正文、结尾、署名和附信等几部分。

（1）开头。开头写收信人的称呼，要单独成行，顶格书写，以表示尊重和礼貌。称呼之后加上冒号"："，以示领起下文。

平时对收信人如何称呼，信上也如何称呼。如写给长辈的，按辈分称呼，如"祖父"、"伯父"或"伯母"等。

（2）正文。这是信的主要部分。寄信人要向收信人询问、回答，叙述的内容，都在这里表述。

正文要另起一行，空两格写起，转行时顶格。根据内容可适当分段，它包括以下几个方面内容：① 单独成行，空两格写起。向收信人表示问候。② 另起一段，空两格写起。说明何时收到对方来信，表示谢意；或者询问对方情况，表示关怀。总之，应首先谈对方的事情。③ 谈自己的事情。每一件事都要分段写，使对方一目了然。回答对方的问题要有针对性，有的放矢。④ 可写有何希望、要求或希望再联系的事项。

（3）结尾。一般是写表示祝愿或敬意的话。普通的信多用"祝你健康"、"此致敬礼"之类的话。祝愿的话可因人、因具体情况选择适当的词，不要乱用。

结尾的习惯写法有两种：① 在写完正文之后，紧接着写"此致"，另起一行顶格或空两格写"敬礼"。

② 不写"此致"，只是另起一行空两格，写"敬礼"、"健康"或"安好"等词。一定要另起一行空两格，不得尾缀在正文之后。也可以在正文结尾下另起一行写"祝你"或"敬祝"，再空两格写上"安好"或"健康"等。

（4）署名。在书信的最后一行，署上写信人的姓名。署名应写在正文结尾的右方空半行的地方。如果是写给熟识的亲属或朋友的，可加上自己的称呼，如弟或妹等。后边写名字，不必写姓。如是写给组织的信，一定要把姓与名全部写上。在名字后边或在名字的下一行右下方写上发信的年月日，以便于收信人查考。

（5）附言。有四种情况：① 附告详细地址。初次通信或写信人的地址有变动，应把通讯处或详细地址通知对方。② 托带问候的话。如"请代问婶子好"。有的是别人托写信人代向收信人问候，如"姐姐附笔问安"。③ 附件说明。信中附有照片、票据等，要加以说明。④ 附加的话。信写完以后，发现还有内容要补充，可以加在后面。为醒目起见，常见"另"、"又"或"还有"开头。或先写附加内容，最后注明"又及"或"某某（写信人的名字）又及"作为结束。

3. 一般书信写作基本要求

由于书信是人类借助文字交流思想感情、互通信息或联系各种事务的一种方式，因此在撰写书信时，态度要诚恳，思想要鲜明，叙述要清楚，内容要具体，语言要得体，书写要工整，这样才能实现交际的目的。

书信要用毛笔，黑、蓝色水笔或圆珠笔写。不能用铅笔，以防模糊不清。也不能用红笔写，这会让对方以为是绝交信。信纸要用专门信纸或稿纸。

（1）称呼、问候用语及信中语气、措词要符合写信人的身份。

（2）要考虑收信人的文化水平及经历，使收信人看得懂信。

（3）要抓住重点，力求写得充实、圆满、简短。

【例文】

妈妈，我想对您说

—— 给母亲的一封信

亲爱的妈妈：

　　我想对您说，说出我许久不敢对您说的话。

　　记得今年秋天，您因为和爸爸吵架搬出去住了一个月。在这一个月里，您知道我们是怎么过的吗？姐姐有癫痫病，一犯病就口吐白沫，神志不清，而爸爸却不管我们。每天我做完了饭，爸爸才醉醺醺地回来。一回来就打姐姐，骂姐姐。那个架势，那尖刻的话语，就像一颗颗炸弹在我耳边爆炸，使我透不过气来。而姐姐呢，只是在一旁哭。邻居都说我很能干，可不这样我又有什么办法呢？您走了那么多天，我和姐姐得活下去呀！转眼八月十五到了，您看小红家，在外地工作的亲人都不远千里回来与家人过团圆节，而咱们这个家呢，却各奔东西，家不像家。到了月亮出来的时候，我拉着姐姐出去看月亮。外面很多父母都伴着自己的儿女，说说笑笑，其乐融融。我望着月亮，心里一阵酸楚。妈妈，您在哪呀？人家都团圆了，为什么您不回来和我们团圆呢？想着想着，我和姐姐情不自禁地抱头痛哭起来。妈妈，您知道吗，此时此刻我们是多么难过啊！'

　　这次，您和爸爸真的离婚了。姐姐判给了爸爸，我判给了您。我失去了姐姐，也失去了爸爸；姐姐失去了妈妈，也失去了妹妹。爸爸虽然不好，但他毕竟是我的亲生父亲呀！我想爸爸，但又不敢在您面前提到他，怕您伤心。昨天晚上，您上夜班，我孤零零地躺在床上，想起了姐姐。以前，每次您上夜班，我和姐姐就睡在一起。我胆小，外面稍有一点动静就吓得不行。于是姐姐就抱着我，有时候，我就在姐姐的怀里睡着了。快考试了，最近放学晚，我经常摸着黑到家，一进家门，屋里漆黑一片，我心里就怦怦直跳。这时我是多么想姐姐呀！

　　前两天，老师发下了第一单元考试卷。我错了两道题，得了八十六分。我以为告诉您，您会很高兴，但是您严厉地批评了我，说："你学习怎么退步了？再这样下去，就别念了！"当时我很难过，真想对您说，那张卷子正好是我们搬出去那天发的，老师让没写完的回家做。可那天，我到家一看，屋子太乱了，没有写作业的地方，就忙着帮您收拾房子。所以没来得及把它写完，更没来得及检查呀！妈妈，您知道吗？此时我多想得到您一句安慰的话呀！

　　妈妈，我有千言万语想对您说，可所有的话又都咽下去了。我怕您听了伤心，怕您发脾气。妈妈，我很想对您说，你们大人之间的事，我虽然不完全知道，但是我也和别的孩子一样，渴望有一个温暖的家，渴望有父母的关心和照顾。这是女儿发自内心想对您说的话，请为我和姐姐想想吧……

　　此致

敬礼！

您的女儿　明明上

写于八月十五夜

　　【点评】　这篇书信情真意切，作者在中秋之夜向母亲倾诉亲情失落后自己心中的苦水，字字句句如诉如泣，读来令人振聋发聩，鼻酸不已。文章以小见大，一中见万，揭示出当今一个非常突出的社会问题——父母离异后单亲家庭给孩子所造成的孤独和伤害。它直面父母离异给孩子造成的心理上的痛苦和压抑,表达了作者渴望父母回到自己身边,渴望得到父母关爱的强烈的思想感情。

因为采用了书信的体裁,所以,便于将自己心中的话语尽情地表白。文章条理清楚,层次清晰。语言得体,朴实真诚,边叙边议,将埋在心中许久想对妈妈说的话娓娓道来,结尾"请为我和姐姐想想吧……"留给读者美好的回味,也寄托了作者自己美好的愿望——希望父母能看在孩子的分上破镜重圆。

(二)专用书信

专用书信是指用于某种特定的场合,针对某种特定的事务所写的书信。它的分类很多,常用的有求职信、自荐信、邀请函、婉拒信、表扬信、感谢信、介绍信、证明信、倡议书和申请书等。这些不同分类的书信,各有各的用途,应用于不同的场合,写给不同的对象,因此在写法上就有不同的格式和要求。

专用书信和一般书信的区别如下:

(1)专用书信常有标明性质的标题,有的还在标题前加上标题内容的修饰语。一般书信没有标题。

(2)专用书信的收信人的称谓可写在开头第一行,也有的写在正文之后另起一行顶格,还有的写在正文中。一般书信的收信人的称谓均写在开头第一行。

(3)不少专用书信,为表示慎重,要在具名处加盖公章。一般书信除单位写的外,一般不必用章。

第二节　求职信　自荐信

一、求职信

(一)求职信的概念

求职信就是求职者向用人单位或单位领导人介绍自己的实际才能,表达自己就业愿望的一种书信。它与普通的信函没有多少区别,但它与朋友的信函又有所不同,当然也不同于"公事公办"的公文函。求职信所给的对象很难明确,也许是人事部一般职员,也许是经理,如果你对老板比较了解的话也可以直接给老板。多数用人单位都要求求职者先寄送求职材料,由他们通过求职材料对众多求职者有一个大致的了解后,再通知面试或面谈人选。因此,求职信写得好坏将直接关系到求职者是否能进入下一轮的角逐。

我国最早的求职信应属西汉东方朔的《上书自荐》,唐代大诗人李白的《与韩荆州书》堪称古代自荐信的典范。

(二)求职信的特点

1. 简明扼要,一语中的

求职者写求职信的唯一目的就是让招聘方看过信后对自己有个良好印象,为录用自己打好基础,进而顺利被录用。因招聘方有太多的求职信函要看,因此求职信一定要简明扼要、一语中的,使招聘方快速了解自己的水平、能力和才华即可,其他内容等面试时再详谈。

2. 实事求是,突出个性

尽管每个求职者都希望自己在众多的求职者中脱颖而出,但切忌夸夸其谈、不切实际、把一些莫须有的成绩安在自己的头上,这样只能逞一时之快,但却经不起时间的检验。求职信言辞不能太夸张,要以中肯、平和而又谦恭、真挚的语言陈述情况,说明诚意,实事求是、彬彬有礼地展现自我。突出个性的方式有很多,比如介绍与职位相关的令人印象深刻的事件或数据或求职信开头的独具匠心等,都可给用人单位留下深刻的印象。

3. 态度诚恳,言辞恳切

既然钟情于某个职位,不管结果如何,一定要以诚恳的态度表明想要得到职位的愿望。切不可目空一切,给人以自高自大的感觉;也不可谦恭过分,给人以信心不足或不诚实的感觉。在措辞上一定要大方得体,有理有节。

4. 直截了当,通俗易懂

求职信切忌拐弯抹角,招聘单位的负责人往往没有更多的时间推敲你的用意,最好让他们直接了解你的用意。另外,不要故意卖弄专业知识,要考虑读者对象的知识背景,不要使用生僻词语和专业术语。

言简意赅:在重点突出、内容完整的前提下,尽可能简明扼要,切忌面面俱到。

具体明确:不要使用模糊、笼统的字眼;多使用实例、数字等具体的说明。

(三)求职信的结构和写法

求职信的格式主要有标题、称谓、正文、结尾、附件、署名和成文时间几部分。

1. 标题

"求职信"三字写在首行正中。

2. 称谓

称谓写在第一行,要顶格写受信者单位名称或个人姓名。单位名称后可加"负责同志";个人姓名后可加"先生"、"女士"或"同志"等。在称谓后写冒号。

求职信不同于一般私人书信,受信人未曾见过面,因此称谓要恰当,郑重其事。

3. 正文

正文要另起一行,空两格开始写求职信的内容。正文内容较多,要分段写。

第一,写求职的原因。

首先简要介绍求职者的自然情况,如姓名、年龄和性别等。接着要直截了当地说明从何渠道得到有关信息以及写此信的目的。如:"我叫李民,现年 22 岁,男。是一名财会专业的大学本科毕业生。从报上我看到贵公司招聘一名专职会计人员的消息,不胜欢喜,以本人的水平和能力,我不揣冒昧地毛遂自荐,相信贵公司定会慧眼识人,会使我有幸成为贵公司的一名会计人员。"这段是正文的开端,也是求职的开始,介绍有关情况要简明扼要,对所求的职务,态度要明朗,而且要吸引受信者有兴趣将你的信读下去,因此开头要有吸引力。

第二,写对所谋求的职务的看法以及对自己的能力的评价。

这是求职的关键。要着重介绍自己应聘的有利条件,要特别突出自己的优势和"闪光点",以使对方信服。如:"由于我是一名应届毕业生,我深知自己的知识仍然停留在理论阶段,正因为如此,我更加迫切需要贵医院能给予我实践的机会,我一定发挥自己的专业所长,为病人提供最认真的医疗服务,为贵医院的发展贡献我的光和热!"写这段内容,语言要中肯,恰到好处;态度要谦虚诚恳,不卑不亢,达到见字如见其人的效果。要给受信者留下深刻的印象,进而相信求职者有能力胜任此项工作。这段文字要有说服力。

第三,提出希望和要求。

向受信者提出希望和要求。如"希望您能为我安排一个与您见面的机会"、"盼望您的答复"或"敬候佳音"之类的语言。这段属于信的内容的收尾阶段,要适可而止,不要啰唆,不要苛求对方。

4. 结尾

另起一行,空两格,写表示敬祝的话。如:此致之类的词,然后换行顶格写"敬礼"或祝"工作顺利"、"事业发达"相应词语。不必过多寒暄,以免"画蛇添足"。

5. 署名和日期

写信人的姓名和成文日期写在信的右下方。姓名写在上面,成文日期写在姓名下面。姓名前面不必加任何谦称的限定语,以免给人以阿谀之感,让对方看轻你的能力。成文日期要年、月、日俱全。

6. 附件

有说服力的附件是对求职者的鉴定的凭证,因此求职信的附件是不可忽视的组成部分。

附件可在信的结尾处注明。如:"附件1. ××××××　2. ××××××　3. ×××××××……"然后将附件的复印件单独订在一起随信寄出。附件不需太多,但必须有分量,足以证明你的才华和能力。

(四) 求职信的写作要求

1. 求职信的格式

求职信的格式(包括信封的书写)很重要。如果称呼、问候都写错了或不规范,主管人对求职者第一印象就不好,从而影响对全信的阅读;如果是敬语格式出错,往往会被精明、细心的主管人所挑剔,影响求职者的入选。

2. 应聘的时间即年、月、日不仅要写清楚,而且要写全

因为求职信的时效性较强。

3. 最重要的是信的内容一定要如实、朴实

切忌夸夸其谈,洋洋洒洒,给人以华而不实之感;也不要谦虚过度,缩手缩脚,给人平庸无能之嫌。

【例文】

求 职 信

尊敬的贵公司领导:

您好!首先感谢您给我这次难得的机遇,请您在百忙之中抽出一点时间,以平和的心态来看完这封求职信,由于时间仓促,准备难免有不足和纰漏之处,请予以谅解!

其实,只想抱着一种平静而真诚的心情,把这看作交流和沟通的平台。真的,这可能是我人生中的又一转折,至少会是人生中一次不一般的经历。

首先,我想表明一下个人的工作态度。也可能是阅历的浅薄吧,一直到现在我都固执地认为:我的工作就是一种学习的过程,能够在工作中不断地汲取知识。当然,钱很重要,不过对我来说,充实而快乐的感觉就是最大的满足了!

如果非要推销自己的话,我想个人的生活经历让自己考虑问题更细致一些。第一,从十六岁开始,一直独自一人在外生活,自理能力不成问题。第二,从中专生至本科生,尤其中间经历了到甲级设计院实践的过程,让我更加有一种紧迫感、危机感。第三,从设计单位到施工单位,设计单位让我自省,施工单位让我自强。真的很感谢这两种经历,无论从哪方面来说,锻炼价值都是相当大的。在工作中,我一直是以本科生的学识、中专生的姿态来要求自己,做到了"三心",即细心,耐心,恒心;"二意",即诚意,真意。

当然,自己也并不是具备什么压倒性的优势,甚至从某种程度来说,优势即劣势,虽然不曾离开这个行业,施工和设计都有过一些经历,但都只能说刚刚上道而已,要走的路还任重而道远!再者,离开设计也有一段时间了,重新开始又将是一个艰苦的过程!不管怎么说,只要兴趣所在,心志所向,我想这些都是完全可以克服的。

最后,恭祝贵公司事业蒸蒸日上,祝您工作顺利!请予以考虑我这个新兵。愿与贵公司携手共筑美好未来!为盼!

此致

敬礼!

求职人:张南

××××年×月×日

【点评】 可以看出,求职者应聘的是设计院的一个职位,此封求职信重点突出了自己的优势:丰富的工作经历,并以诚恳的态度介绍了在工作中的感悟和体验,令人印象深刻。每个求职信都可以根据自己的具体情况撰写适合职位要求的求职信,只要能达到内容与形式的完美,可不拘一格。

二、自荐信

(一)自荐信的概念

自荐信是毕业生向用人单位自我推荐的书面材料,是毕业生所有求职材料中至为关键的支柱性文件,其写作质量的好坏直接关系到毕业生择业的成功与否。因此,自荐信被称为毕业生求职的"敲门砖"。例如,苏辙当年就写过一篇《上枢密韩太尉书》。

自荐信和求职信的共同点都是展示自己和推销自己,但侧重点不同,自荐信主要是展示自己与职位相关的优势,表现用于自荐的勇气;求职信除了展示自己的优势外,还谈对公司、职位的认识,然后分析自己求此职位的优势在哪里。

(二) 自荐信的结构和写法

自荐信的重点在于"荐",在构思上一定要围绕"为何荐"、"凭何荐"、"怎么荐"的思路安排,其格式一般分为标题、称呼、正文、附件和落款五部分。

1. 标题

标题是自荐信的标志和称谓,要求醒目、简洁、庄雅。要用较大字体在用纸上方标注"自荐信"三个字,显得大方、美观。

2. 称呼

这是对主送单位或收件人的呼语。如用人单位明确,可直接写上单位名称,前以"尊敬的"加以修饰,后以领导职务或统称"领导"落笔;如单位不明确,则用统称"尊敬的贵单位(公司或学校)领导"领起,最好不要直接冠以最高领导职务,这样容易引起第一读者的反感,反而难达目的。

3. 正文

正文是自荐信的核心,开头应表示向对方的问候致意。主体部分一般包括简介、自荐目的、条件展示、愿望决心和结语五项内容。

简介是自我概要的说明,包括自荐人姓名、性别、民族、年龄、籍贯、政治面貌、文化程度、校系专业、家庭住址和任职情况等要素,要针对自荐目的作简单说明,无须冗长繁琐。

自荐目的要写清信息来源、求职意向和承担工作目标等项目,要明确具体,但要把握分寸、简明扼要,既不能要求过高又不能模棱两可,给人以自负或自卑的不良印象。

条件展示是自荐信的关键内容,主要应写清自己的才能和特长。要针对所求工作的应知应会去写,充分展示求职的条件,从基本条件和特殊条件两个方面解决"凭什么求"的问题。基本条件应写清政治表现和学习活动两方面内容。政治表现要从活动和绩效方面写实,如党校学习、参加活动、敬业态度、奉献精神和合作意识等方面,并佐以获奖和资格证书。学习经历要写清主、辅修专业课程及成绩状况,对于英语、计算机和普通话等级的情况也须一一说明,对于为人处世、组织管理、社会调查、实习设计及论文答辩等方面的情况也要略加提及,有特殊技能的也要加以强调,如操作实践、文体书画、写作口才等特长,以展示自己的能力,突出个性特征。

愿望决心部分要表示加盟对方组织的热切愿望,展望单位的美好前景,期望得到认可和接纳,自然恳切,不卑不亢。

结尾部分不仅仅只是对你的雇主花时间读你的信表示感谢,信的结尾要表明你的下一步计划。不要让招聘者来决定,要自己采取行动。告诉招聘者怎样才能与你联络,打电话或者发 e-mail,但不要坐等电话。要表明如果几天内等不到他们的电话,你会自己打电话确认招聘者已收到履历表和自荐信并安排面试。语气肯定但要有礼貌。例如:我将在×周内与贵办公处联系,以便安排时间与贵方讨论我的资历及贵公司的要求。

结语一般在正文之后按书信格式写上祝语或"此致敬礼"、"恭候佳音"之类敬语。

4. 附件

自荐信附件主要包括个人简历,证书及文章复制件,需要附录说明的材料也可作为附件一一列出。

5. 落款

落款处要写上"自荐人:×××"的字样,并标注规范体公元纪年和月日。随文处要说明回函的联系方式、邮政编码、地址、信箱号、电话号码及手机号等。署名处如打印复制件则要留下空白,由求职人亲自签名,以示郑重和敬意。

自荐信写作虽有一定的自由度,但务必要注意文明礼貌,诚朴雅致,特别要注意突出才艺与专长的个体特征,注意展现经验、业绩和成果,精心设计装帧,讲求格式美观雅致,追求庄重秀美。

自荐信与你的履历表一样重要,一份好的自荐信能为你赢得一个面试机会。履历表告诉别人你的基本情况、经历和技能,而自荐信告诉别人你能为雇佣者做些什么。

【例文】

自 荐 信

尊敬的各位领导:

您好!

首先向先您辛勤的工作致以深深的敬意!感谢您在百忙之中给予我的这份关注!希望您给我一片展现自我的天空!

我叫张迪,是××学院 2008 年应届毕业生,主修专业是英语。从大一开始,我就特别注重在认真学习好专业课的同时,努力提高自身素质和个人能力。

曾学习过办公自动化,获得计算机省一证书,并在普通话测试中获得二级甲等荣誉。在校期间被授予优秀大学生、优秀团员及三好学生称号。

曾以优异的表现被选入外国语系学生会,在实际工作中多次受到领导的赞扬,由于表现突出,在短时间内被选为安全部长,并且在系里及校里的各项活动中,努力工作,组织好各项活动,受到校领导的一致好评!

在大学学习期间,我注重专业知识的积累和口语练习,努力提高自己的专业技能,练就了扎实的基本功,已达到英语专业四级水平。同时,我也阅读了大量的文学、教育、写作等方面的书籍,拓展了知识视野。在校期间,我曾利用课余时间做兼职。在英语补习班任教期间,由于出色的表现,受到了家长的多次好评。假期期间,我开设了属于自己的补课班,通过我的努力,许多初高中生都取得了显著的进步。此外,我还多次参加社会实践活动。在实习期间,我担任实习班主任,积累了丰富的经验,并在实习授课时受到了多位教师的好评及同学的喜爱。作为新世纪的大学生,我有一种敢于自荐、勇于探索、善于创新的精神。诚实正直的品格让我懂得了如何用真诚与付出获得别人的回应。我会用勤奋与智慧去争取属于我的空间。大学生活为我以后的工作打下坚实的基础,并为理论联系实际作好了铺垫。

在知识经济时代,一名合格的人才不仅需要知识,更需要能力——接受新事物和适应新环境的能力。我相信我会以我的工作能力和真诚打动您!给我一个机会,我会还您一个惊喜!

您一刻的斟酌,我一生的选择。

期待着和您面对面的交流! 如蒙赏识,定当全力以赴!!!

此致

敬礼!

自荐人:张迪

××××年×月×日

【点评】 从例文中可以看出,自荐者并非出类拔萃,但自荐人充分展示了自己在社会实践中敢于开拓的勇气,给人留下了自立自强的印象,再加上一些成绩的点缀,比如"在校期间被授予优秀大学生"、"优秀团员及三好学生称号"等,给人印象深刻。应该说这是把"不够优秀的自己"自荐成"优秀的自己"的一篇较好的范文。

第三节　邀请函　婉拒信

一、邀请函

(一) 邀请函的概念

邀请函(信)是邀请亲朋好友或知名人士、专家等参加某项活动时所发的请约性书信。它是现实生活中常用的一种日常应用写作文种。在国际交往以及日常的各种社交活动中,这类书信使用广泛。按照内容分,邀请函可以分为婚礼邀请函(请柬)、搬迁要请函、聚会邀请函和商务邀请函等。

(二) 邀请函的特点

1. 简洁明了,一目了然

看懂就行,不要有太多的文字。

2. 格式固定,书写规范

邀请函现在都有现成的格式,我们只要按照自己的实际情况填写就可以了。书写时,一定要用楷书或行楷,切忌"笔走龙蛇",让人产生误会。

(三) 邀请函的结构和写法

1. 标题

不论是哪种形式的邀请函,标题直接以大号字体出现文种"邀请函",位置居中;或根据需要由活动名称和文种名组成标题,如关于举办"禽流感下的畜牧业市场暨 2004 中国畜牧业市场高峰论坛 "的邀请函。

2. 称谓

称谓顶格写,根据具体情况决定邀请的对象。通用的是"尊敬的××先生/女士"或"尊敬的×××总经理(局长)"。

3. 正文

邀请函的正文是正式告知被邀请方举办活动的缘由、目的、事项及要求,写明活动的日程安排、时间和地点,并对被邀请方发出得体、诚挚的邀请。正文结尾一般要写常用的邀请惯用语,如"敬请光临"或"欢迎光临"。

4. 落款

落款写明活动主办单位的全称和成文日期。如果是个人,写明姓名和成文日期。

在应用写作中邀请函是非常重要的,而商务活动邀请函是邀请函的一个重要分支,写好它至关重要。商务礼仪活动邀请函是商务礼仪活动主办方为了郑重邀请其合作伙伴(投资人、材料供应方、营销渠道商、运输服务合作者、政府部门负责人、新闻媒体朋友等)参加其举行的礼仪活动而制发的书面函件。它体现了活动主办方的礼仪愿望和友好盛情,反映了商务活动中的人际社交关系。企业可根据商务礼仪活动的目的自行撰写具有企业文化特色的邀请函。

一般来说,商务礼仪活动邀请函的文本内容包括两部分:邀请函的主体内容和邀请函回执。

【例文一】

阿里巴巴年终客户答谢会邀请函

尊敬的×××先生/女士:

过往的一年,我们用心搭建平台,您是我们关注和支持的财富主角。

新年即将来临,我们倾情实现网商大家庭的快乐相聚。为了感谢您一年来对阿里巴巴的大力支持,我们特于 2006 年 1 月 10 日 14:00 在青岛丽晶大酒店一楼丽晶殿举办 2005 年度阿里巴巴客户答谢会,届时将有精彩的节目和丰厚的奖品等待着您,期待您的光临!

让我们同叙友谊,共话未来,迎接来年更多的财富、更多的快乐!

网聚财富主角阿里巴巴

2005 年 12 月 6 日

【点评】 此商务礼仪活动邀请函的主体内容符合邀请函的一般结构,由标题、称谓、正文和落款组成。

标题"阿里巴巴年终客户答谢会邀请函"体现举办方特有的企业文化特色。称谓使用"统称",并在统称前加了敬语。正文分为三个自然段,其中,第二段写明了"2005 年终客户答谢会"举办的缘由、时间、地点和活动安排;第一段开头语和第三段结束语独立成段,简要精练,语义连贯,首尾照应,符合礼仪文书的行文要求,可谓事务与礼仪的完美结合。

【例文二】

邀 请 函

尊敬的×××先生/女士:

您好!

很荣幸地邀请您参加视觉中国"盛放＋新锐 100 计划"启动仪式暨首展开幕派对。

活动现场将有"火星人 MZ-U 插画作品展"、新锐艺术家 Audio Visual 现场表演及冷餐酒会等。开幕时间 2007 年 2 月 10 日上午 8：00。

欢迎您届时光临！

视觉中国网站

2007 年 1 月 29 日

【例文三】 搬迁邀请函

邀 请 涵

_____单位(领导、朋友等)：

感谢您一直以来对本公司(或本人)的关心和支持,使公司业务得以蓬勃发展,现公司已迁至_____(某地),诚邀请贵单位(或领导、朋友)在……(时间地点)参观公司新址,并赴本公司的庆典午宴。

_____单位

____年____月____日

【例文四】 一般邀请函

邀 请 函

尊敬的_____：

您好！

_____单位将于____月____日在_____地,举办_____活动,特邀您参加,谢谢。

_____单位

____年____月____日

二、婉拒信

(一) 婉拒信的概念

婉拒信是无法满足对方的要求或请求时,婉言拒绝对方的书信。婉拒信尽管也是向对方说出"不",但是由于在拒绝别人时回避了伤害别人的话,在措辞和拒绝的方式上更容易让对方接受,所以婉拒的效果更优于直接拒绝。

(二) 婉拒信的特点

1. 拒绝别人但不伤害别人

婉拒信最突出的特点就是同样达到拒绝别人的效果,但让别人更容易接受。拒绝别人很容易,但做到拒绝却不伤害人很难。这就需要写信人花一番心思了。

2. 语言掌握分寸

同样是拒绝的话语,由于措辞和说话语气的不同,产生截然不同的效果。比如两种拒绝别人的语言,分别如下：

"谢谢你对我公司的信任,非常感谢,您尽管非常优秀,可是你的专业与我们招聘的职位不对口,无奈只能失之交臂了,你的资料将保留在我们的人才库,如果有机会,我们一定首选你。"

"很抱歉,由于你的专业和招聘的职位不匹配,我们只能说再见了。"

· 81 ·

两种不同的拒绝方式,由于第一种既表达了拒绝之意,又表达了惋惜之意,还做了相应的"善后处理",所以第一种较之后一种效果更好。

(三)婉拒信的结构和写法

1. 开头

婉拒信不必像感谢信或表扬信那样在居中位置写"婉拒信",因为这样给人一种非常生硬的感觉。开头部分就像一般的书信那样,明确写作对象,再加上必要的问候语即可。

2. 正文

首先,要肯定对方,找出对方身上的闪光点,给对方的心理来一个缓冲。比如:"但我们抱歉地通知您,您没有进入下一轮的面试,这不是因为您不够优秀,而是因为该职位的某些条件与您的条件不相匹配。"不要从能力上去否定一个人,不然会给对方造成信心不足的心理暗影。

其次,婉言拒绝别人应该给出充足的理由。虽为婉拒,但也要给出充足的理由,不要模棱两可或含混不清,以免给对方造成误会。比如:"最终,我们决定以工作经验为标准确定参加面试的人选,因而没能满足您应聘的请求。"

最后,要非常有礼貌地表达抱歉之感,比如"请予谅解"或"谢谢"等,显示出写信人的修养。

3. 署名和日期

写信人的姓名或单位和成文日期写在信的右下方。姓名写在上面,成文日期写在姓名下面,成文日期要年、月、日俱全。

(四)婉拒信的写作要求

把握拒绝话语的尺度。

俗话说:"良言一句三冬暖,恶语伤人六月寒。"轻易一句伤害的话,或不适当的话可能造成一个人终身丧失信心。因此,在婉拒信中,多用一个"请"字,多赞扬别人,多发现别人的闪光点,话语中多一些温情,婉拒信的效果将大不一样。

【**例文一**】

××先生/女士您好:

感谢您给我们发来应聘管理顾问职位的求职信。正如您所了解的那样,我们的管理咨询部是几家主要会计师事务所中最大、最好的部门之一。正因为如此,我们总是会仔细审查应聘者的教育背景、工作经历和其他方面的条件。

由于管理咨询部门有着良好的信誉和完善的培训计划,在本国占据着重要的地位,因此有很多人都在极力应聘这一职位,其中已获得 MBA 学位的人占了很大的比例。应聘者的数量和素质都使我们难以选择。最终,我们决定以工作经验为标准确定参加面试的人选,因而没能满足您应聘的请求,请予谅解。

随着管理咨询部的不断发展,我们还会招聘新员工。而您的经验也会随着时间的推移而不断丰富,希望我们有合作的机会。

××公司

××××年×月×日

【**点评**】　例文第一段可以看出公司负责人认真阅读了求职者的应聘材料,并顺水推舟地把材料运用到了自己的婉拒信中,展示了公司用人的严苛条件。第二段中写出了拒绝接受的理由。第三段表明了公司的态度,"而你的经验也会随着时间的推移而不断丰富,希望我们有合作的机会",语气客气而不失中肯。本文语言得体,措辞恰当,如"因而没能满足您应聘的请求,请予谅解",谦恭而不失风范。

【例文二】

尊敬的××先生/小姐:

　　您好!感谢您参加××公司的面试。您在面试中的出色表现给我们留下了深刻的印象,非常感谢您对××的热忱和青睐。但我们抱歉地通知您,您没有进入下一轮的面试,这不是因为您不够优秀,而是因为该职位的某些条件与您的条件不相匹配,我们会将您的简历存入公司人才库,希望以后能有机会与您合作,谢谢!

××公司人力资源部:××
××××年×月×日

　　【点评】 例文虽短,但内涵丰富:第一,肯定了对方,表达了谢意;第二,写出了不能进入面试的理由是"不是因为您不够优秀,而是因为该职位的某些条件与您的条件不相匹配",没有从能力上否定对方;第三,表明如果可能,我们将来还有合作的机会。婉拒信写得明了但不伤人。

第四节　表扬信　感谢信

一、感谢信

(一)感谢信的概念

感谢信是对某个单位或个人的关怀、支援和帮助表示感谢的信。感谢信不仅有感谢的意思,而且有表扬的意思。这种信可以直接给对方或对方所在单位,也可以张贴在对方单位内或所在地的公共场所,还可以交给报纸刊登、电台广播或电视台播映。

(二)感谢信的特点

1. 公开性

写感谢信的目的是为了表达致谢人深深的感激,以起到感召别人的目的,所以写感谢信尽可能达到众所周知,或写给集体、单位和个人,或登在报纸、电台和电视台。

2. 感情的真实性

写感谢信往往是致谢人自发的,正是由于致谢人的感激之情溢于言表、发于心声,最后才汇诸笔端。因此感谢信表达的感情是真实的、感人的。

3. 表达方式的多样性

感谢信的表达方式多种多样。记叙部分叙述事实,议论部分发表评论,抒情部分表达赞扬之情。

（三）感谢信的结构和写法

感谢信的结构一般由标题、称谓、正文、结语、署名与日期五部分构成。

1. 标题

可只写"感谢信"三字；也可加上感谢对象，如"致刘子阳同学的感谢信"、"致宏发物业公司的感谢信"；还可再加上感谢者，如"王全来家致××社区居委会的感谢信"。

2. 称谓

写感谢对象的单位名称或个人姓名，如"××交警大队"、"刘保发同志"。

3. 正文

主要写两层意思：一是写感谢对方的理由，即"为什么感谢"；二是直接表达感谢之意。

（1）感谢理由。首先，准确、具体、生动地叙述对方的帮助，交代清楚人物、时间、地点、事迹、过程和结果等基本情况；然后，在叙事基础上对对方的帮助作恰贴、诚恳的评价，以揭示其精神实质，肯定对方的行为。在叙述和评价的字里行间要自然渗透感激之情。

（2）表达谢意。在叙事和评论的基础上直接对对方表达感谢之意，根据情况也可在表达谢意之后表示以实际行动向对方学习的态度。

4. 结语

一般用"此致敬礼"或"再次表示诚挚的感谢"之类的话，也可自然结束正文，不写结语。

5. 署名与日期

写感谢者的单位名称或个人姓名和写信的时间。

（四）感谢信的写作要求

（1）叙述对方对自己或本单位的帮助，一定要把人物、时间、地点、原因、结果以及事情经过叙述清楚，便于组织了解和群众学习。

（2）信中要洋溢着感激之情。在叙述事实的过程中，除了要突出对方的好思想和表示谢意外，行文要始终饱含着感情。感情要真挚、热烈，使所有看到信的人都受到感染。

（3）写表示谢意的话要得体，既要符合被感谢者的身份，也要符合感谢者的身份。

（4）感谢信以说明事实为主，切忌不着边际地大发议论。

【例文一】

感　谢　信

××处党委：

你们好！今年×月×日，在各级领导和同志们的关心和帮助下，我获得了第二次生命——顺利渡过危险期，在中心医院出院，进入病情的康复和恢复阶段。在此，我和我的家人向所有关心和帮助我的人真诚地说一声：谢谢！衷心感谢你们在我病重住院期间给予我无微不至的关怀和照顾。同时，也代表我和我的家人向你们表示万分感谢！

出院后，我通过我爱人了解到许多在病榻旁地没来得及告诉我的人和事，细想过去的一年，恍若隔世，却是真实地在自己身旁演绎着一曲爱的颂歌。自从我入院以来，医生下的诊断书，就如同晴天霹雳般让所有人都接受不了。得知我身患的是慢性重症肝炎、肝衰竭、肝硬化及其并发症。低血钾症、幻听幻觉出现,凝血时间急剧下降,胆红素持续升高,各项生命体征趋于微弱,我随时有生命危险。如此多的症状,单独一两项就足以让一个健康人垮掉,医院要求家属24小时看护,也要做好随时料理后事的心理准备。当时我唯一的希望是结合人工肝治疗(血浆置换),再视情况进行肝移植,而且必须是在我各项指标达到一定范畴时才能进行。在这期间,短短两天内医院方面给我先后下达了四次病危通知书。用"生命垂危"四个字形容当时的情况绝不为过。绝症病的压力,使我的思想随之陷入极度的恐慌和不安,心想我的生命里程即将走完了。正是这个关键时期,各级组织的关怀和战友们炙热的情怀,让我感到了生的可贵,也让我深刻体会到人与人之间的关爱是多么的伟大。今年10月7日,我的病情加剧,医院和家属协商后决定让我进行血浆置换。放下每次六七千元的费用不说,血源就是个极大的困难,每次置换需要2000cc血浆,血库没有那么多的血源,血浆都得病人家属自己想办法。家人非常着急,发动所有人想尽办法四处寻找血源。因为早一天置换,我就多一份生的希望。处、科领导得知情况后,马上行动起来四处奔走,千方百计为我联系血源。处里的许多同志甚至要给我献血。但是我当时需要的是血浆,而且用量极大,一次置换大约需要十个人的献血量。但是通过大家不懈的努力和帮助,我顺利地接受了13次血浆置换,病情得到了基本控制,脱离了危险期。在医院来说都破了记录,也创造了奇迹。但是这期间的艰辛和困难是不言而喻的。

在很多人看来,也许我是不幸的,可我却从来没有这样认为。相反,我觉得自己是幸福的,因为我生活在一个充满着爱心的、和谐的集体中。成功摆脱死神的威胁是我战胜病魔的万里长征的第一步,后期保养和恢复,把身体调整到最佳状态的任务还很艰巨。经过这次轮回,我深刻体会到了生命的来之不易,我要更加珍惜生命,用实际行动来回报社会,回报所有关心我的人:我要好好工作,好好生活。

感谢处、科领导给了我很好的治疗和恢复的环境,是他们高效率的工作才使我能顺利地渡过危险期,完成治疗顺利出院。感谢各级组织自我去年生病以来,不管工作多么繁忙,都会以不同方式关心我。要么打电话慰问,要么亲自到家里,还经常给我送来各种营养品,使我无时无刻都能体会到我是这个大家庭的一员,感受到来自方方面面的温暖。

更该感谢的是我的战友们,是你们用行动给了我"不抛弃,不放弃"这句话新的内涵。从患病到出院,在不到1年的时间里,我感受到了太多人对我的关爱。这一片片情、一份份爱,让我和我的家人一次次地感动,一次次地接受着爱的教育和心灵的洗礼。

总之我无法用什么美好的语言,也表达不出对你们崇高的思想境界和行动的赞美。最后,让我代表我们全家向你们表示由衷的感谢和无限的敬意。

致谢人:×××

××××年×月×日

【点评】 这是一封声情并茂、催人泪下的感谢信。致谢人通过事实来说明处、科领导,以及战友们在自己生命垂危之际给予的关心和爱护。全文有记叙,有议论,有抒情,内容充实而丰满,读后让人感觉到这是真情的流露,是大爱的释放。

二、表扬信

(一)表扬信的概念

表扬信是集体或个人对某些单位或个人的先进思想、模范事迹表示赞扬时所写的一种书信。

表扬信是对他人的行为表示赞扬的信函。在表扬信中应反映他人的事迹与品质,赞扬不要太过分。

表扬信可以直接写给表扬对象,也可以写给表扬对象的所属单位,还可以写给报社、电台或电视台等新闻媒体。

(二)表扬信的特点

1. 语言热情质朴

表扬信是对他人的行为表示赞扬的信函,在表扬信中应反映他人的事迹与品质,所以语言一定要热情,但赞扬不要太过分,以免给人以华而不实的感觉。

2. 表扬时兼顾感谢

表扬信一般均有感谢的成分,尤其是表扬的事迹同写信人有关时,更要在表扬信中表达出自己的谢意。

3. 发文的公开性

表扬信可以张贴或登报,也可以在电台或电视台上播放。

(三)表扬信的结构和写法

表扬信通常由标题、抬头、正文、结尾和落款五部分构成。

1. 标题

一般而言,表扬信标题单独由文种名称"表扬信"组成,位置在第一行正中。

2. 称谓

表扬信的称呼应在开头顶格写上被表扬的机关、单位、团体的名称或个人的姓名。写给个人的表扬信,应在姓名之后加上"同志"或"先生"等字样,后边加冒号。若直接张贴到某机关、单位和团体的表扬信,开头可不必再写受文单位。

3. 正文

正文的内容要另起一行,空两格写。一般要求写出下列内容:

(1)交代表扬的理由

用概括叙述的语言,重点叙述人物事迹的发生、发展、结果及其意义。叙述要清楚,要突出最本质的方面,要让实事说话,少讲空道理。

(2)指出行为的意义

在叙事的基础上进行评价、议论,赞颂该人所作所为的道德意义。如指出这种行为属于哪种好思想、好风尚、好品德。

4. 结尾

该部分要提出对对方的表扬,或者向对方的单位提出建议,希望对×××给予表扬。如"×××同志的优秀品德值得大家学习,建议予以表扬"。写给本人的表扬信,则应适当谈些"深受感动"、"值得我们学习"等方面的内容。要求在结尾处写上"此致敬礼"等结束用语,但"此致"、"祝"、"谨表"或"向你"等字写在末尾,其余的字,要另起一行,顶格写。

5. **落款**

落款应写明发文单位名称或个人姓名,并在右下方注明成文日期。

(四) 表扬信的写作要求

(1) 要突出受表扬的单位或个人的事迹中最有现实教育意义的方面。

(2) 事实要具体,评价要恰当。事情发生的时间和地点、被表扬的人物和事迹等,都须交代得清清楚楚。评价要注意分寸,切忌胡编乱造。

3. 语言要热情、诚恳、亲切。

【例文一】

表 扬 信

××大学:

我们是中国人民解放军×部三连的全体官兵。2月4日我连干部陈×自杭州携3岁的女儿来部队探亲,不慎在×火车站失窃所有的现金和火车票,正当陈×母女俩万分焦急之时,你校的张×和施×同学向她们伸出援助之手,这两位同学不仅掏钱为她们买了到××的火车票,而且一路上为陈×母女俩买饭买菜,递茶递水,以后又为她们叫好出租车并预先付了车费,陈×母女俩这才平安到达部队驻地。

张×和施×同学这种助人为乐的"雷锋精神",令我们全体指战员感动万分。我们十分感谢张×、施×同学助人为乐的优秀行为,我们号召全连干部战士向这两位同学学习,在建设四化,保卫祖国的工作中奉献我们的青春,同时也希望学校领导对张×、施×同学予以表扬。

此致

敬礼!

×部三连全体官兵
2008 年 10 月 10 日

【点评】 这是一篇规范的表扬信,信中记述了事情的前因后果,时间、地点、事情的经过详细而明白。接着赞扬了张×和施×两位同学这种助人为乐的"雷锋精神"。最后号召全连干部战士向这两位同学学习,也希望学校领导对张×、施×同学予以表扬。

【例文二】

表 扬 信

上海市田园高级中学:

贵校高三年级的林沛轩同学自 2006 年 5 月 22 日起,每隔半年就参加无偿献血 1 次,至今已参加了 3 次无偿献血!

其实,2005 年 5 月 22 日是林沛轩同学的 18 岁生日,为了庆祝这个日子,生日当天,他在父母的鼓励和陪同下来到普陀区献血屋参加了平生第一次无偿献血,用这种特殊而又十分有意义的形式老宣告自己的成年!

如今的林沛轩已成为一名即将面临高考的高三学生,他不但在学习上努力奋进,还继续积极参加无偿献血,同时报名加入造血干细胞捐献志愿者的队伍,立志于挽救更多的生命。

· 87 ·

为了发扬林沛轩同学的爱心善举和从中所体现出来的社会责任感,特此向贵校建议,请贵校领导把林沛轩同学的事迹在校内广为宣传,并予以表扬,使广大学生能够以他为榜样,推动我市的无偿献血工作和社会公益事业,为促进城市和谐与文明进步而努力!

上海市血液管理办公室
上海市献血促进会(代章)
2008 年 11 月 1 日

【点评】 这封表扬信语言简洁精练,主要记述了林沛轩同学无偿献血并报名加入造血干细胞捐献志愿者的队伍的光荣事迹,文字虽非感天地泣鬼神,但朴素的语言掩藏不住林沛轩同学这种为挽救生命一次次献血的高尚的道德情操。此封表扬信既起到了报道事迹的作用,也起到了宣传无偿献血的效果,可谓一举两得。

第五节　介绍信　证明信

一、介绍信

(一)介绍信的概念

介绍信是介绍被派遣人员到有关单位接洽事情、办理公务(联系工作、学习经验、出席会议、调查事项等)所使用的一种专用书信,起着介绍和证明的双重作用。由于介绍信上一般还有持信人的职务、职称和政治面貌,因此介绍信还有证明身份的作用。

(二)介绍信的分类

介绍信一般有三种:① 用一般信纸写的,称为普通介绍信;② 事先铅印成文,而且留有存根的印刷介绍信;③ 铅印成文,不留存根的印刷介绍信。

(三)介绍信的结构和写法

1. **称呼**

开头顶格写联系单位或个人的称呼。

2. **正文**

另起一行,空两格写介绍信的内容,包括持介绍信人的姓名、年龄、职务和政治面貌,要接洽的事项及对对方的希望和要求。

3. **结尾**

写"此致敬礼"一类的敬词。

4. **署名**

签署单位名称、日期,并盖上公章,有时还要注明有效期限。印刷好的介绍信按要求填写即可。写介绍信要简明扼要,字迹要工整清楚,不得涂改;如有涂改,必须在涂改的地方加盖公章。

　　介绍信主要有两种格式,即一式两联的带存根的介绍信和不带存根的介绍信。

　　(1) 格式一是存根联与正式联由间缝左右隔开的,在存根部分有标题"介绍信(存根)",在第二行有"持信人、签发人、日期"字样需要填写。一般来说,正式联与存根内容大体一致。正式联上有介绍信的有效期限。最后要署上单位全称并加盖公章、注明日期。

　　(2) 格式二是一份正式的不带存根的介绍信,与带存根的介绍信在正文印制上无甚差别,随用随填,唯一不同的是不留存根。

　　带存根的介绍信都是印刷制品,格式规范,可起到证明的作用,是目前使用较多的介绍信。

【介绍信格式一】

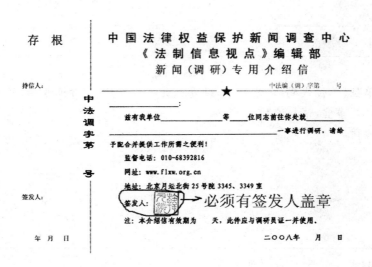

【介绍信格式二】

介 绍 信

×政介字(　)号

　　兹介绍×××、×××等×名同志(系×××),前往贵处联系×××事宜,敬请接洽并予以协助。

　　此致

敬礼

××县人民政府(章)

年　月　日

【例文一】

<pre>
                        介 绍 信
××市新华书店:
    兹介绍我校初三(二)班李明同学到贵店联系批购《素质教育与学生作文》事项,望
予以大力支持为盼。
    此致
敬礼

                                                实验中学教务处
                                        ××××年×月×日(公章)
</pre>

【例文二】

<pre>
                        介 绍 信
    兹有我单位(单位代码:××××)经办人员××××(身份证号码:××××),前
往你处办理××事宜,请接洽!
    希协助为荷。
    此致
敬礼!

                                                    参保单位
                                                    (盖章)
                                            ××××年×月×日
</pre>

二、证明信

(一)证明信的概念

证明信是以组织、机关、团体或个人的名义,凭借确凿的证据,证明有关人员的身份、经历或证明有关事件的真实情况的专用书信。证明信通常又简称"证明"。

(二)证明信的类型

实际工作中经常使用的证明信一般有三种类型:

(1)以组织名义所写的证明信。这种证明信多数是证明曾在或正在本单位工作的有关人员的身世、经历或与本单位有牵连的事件。

(2)个人证明某人某事真实情况的证明信。这种证明信是由个人写的,证明信的内容完全由个人负责。这类证明信一般需要由出具证明者所在单位签署意见,说明出具证明者的政治面貌和主要表现以及对证明信上所写材料的态度,以便使需要证明信的单位能鉴别证明信的真伪和可靠程度。

(3)随身携带的证件的证明信。这是因工作的需要,由被证明者随身携带的。它是供有关人员外出活动是做证件来使用的,以确保被证明者的工作、生活、旅行等的正常进行。这类证明信一般需要注明有效时间,过期失效。

（三）证明信的结构和写法

证明信由五部分组成,即标题、称谓、正文、结束语、署名和日期等。

1. 标题

标题写"证明"或"证明信",位置居中。

2. 称谓

写单位或组织的名称,即证明信是写给谁的。

3. 正文

正文内容包括人名、性别、年龄和身份等(内容完全视索要证明信单位的要求而定)。

4. 结束语

另起一段,写"特此证明"。

5. 落款

落款处署名为出具证明的单位或组织,加盖印章。年、月、日俱全。

（四）证明信的写作要求

（1）证明信的内容要绝对真实、可靠,要言必有据,证据确凿,不能凭想象、靠猜测,更不能隐瞒真相、弄虚作假。

（2）证明信如果是按对方要求而签发的,那么,其内容的写作一定要针对对方要求的要点来写,其他无关的不写。

（3）如果证明的是某人的历史问题,应写清人名、时间、地点及经历等基本情况。

（4）如果证明信是一个人外出办事、活动时作为证件使用的,应写清被证明人的工作单位、姓名、性别、年龄、职务、任务和历程等情况,然后在信尾注明证明信的有效日期。

（5）证明信的语言要求十分准确,要做到一是一,二是二,不得有半点夸饰,不能模棱两可、含糊其词。

（6）证明信的内容不得涂改,如有涂改,必须在涂改处加盖公章方能生效。

（7）不能用铅笔、红色笔书写证明。

【例文一】

证　明　信

××中学党支部:

　　××年×月×日来信收到。根据信中要求,现将你校陆文良同志的父亲陆田同志的情况介绍如下:

　　陆田同志,现年 58 岁,中共党员,是我院讲师,无政治历史问题。该同志对教学工作认真负责,近年来曾多次荣获"市模范教师"称号。

　　特此证明。

××学院人事处(公章)

××××年×月×日

· 91 ·

【例文二】

证 明 信

　　我厂工程师郑文中同志(男,56岁)、技术员张为民同志(男,35岁),前往河南、河北、山西和陕西等省检查并重点维修我厂出产的××牌电视机。希有关单位给予帮助。

特此证明。
××省电视机厂(公章)
××××年×月×日

【点评】　两封证明信简洁明晰,篇幅虽短,但证明信的写作要素一应俱全。

第六节　倡议书　申请书

一、倡议书

(一)倡议书的概念

　　倡议书是个人或集体提出建议或措施并公开发起,希望共同完成某项任务或开展某项公益活动所运用的一种专用书信。

(二)倡议书的分类

　　根据内容的不同,倡议书可分为捐款倡议书、助学倡议书、学习倡议书、诚信倡议书、地震募捐倡议书和学风建设倡议书等。

(三)倡议书的特点

　　倡议书是发动群众开展竞赛的一种手段。倡议书的特点具体来讲具有以下几个方面:

1. 倡议书的群众性

　　倡议书不是对某个人、某一集体或某一单位而言的,它往往面向广大群众,或对一个部门的所有人发出,或对一个地区的所有人发出,甚至向全国发出。因此,其对象的群众性是倡议书的根本特征。

2. 倡议书对象的不确定性

　　倡议书是要求广大群众响应的,然而其对象范围往往是不定的。它即便在文中明确了自己的具体对象,但实际上有关人员可以表示响应,也可以不表示响应,它本身不具有很强的约束力,而与此无关的别的群众团体却可以有所响应。

3. 倡议书的公开性

　　倡议书就是一种广而告之的书信。它是要让广大的人民群众知道了解,从而激起更多的人响应,以期在最大的范围内引起共鸣。

(四)倡议书的作用

1. 倡议书具有广泛的群众性

　　它可以在较大范围内调动群众的积极性,使大家心往一处想、劲往一处使,齐心协力

· 92 ·

共同做好一些有益于社会的事务和开展某些公益活动。

2. 倡议书是开展精神文明建设的一个有效的方法

倡议书的内容一般是同人们的日常生活相关的一些事项。如倡议爱护花草树木、保护生态环境,倡议众志成城、同心协力、实现祖国的尽快复兴等,所有这些都有利于人们的身心健康,属于社会主义精神文明的重要内容。

(五) 倡议书的结构和写法

倡议书一般由标题、称呼、正文、结尾和落款五部分组成。

1. 标题

倡议书标题一般由文种名单独组成,即在第一行正中用较大的字体写"倡议书"三个字。

另外,标题还可以由倡议内容和文种名共同组成,如"把遗体交给医学界利用的倡议书"。

2. 称呼

一般顶格写在第二行开头。

倡议书的称呼可依据倡议的对象而选用适当的称呼,如"广大的青少年朋友们"、"广大的妇女同胞们"等。有的倡议书也可不用称呼,而在正文中指出。

3. 正文

一般在第三行空两格写正文。

倡议书的内容需包括以下方面:

(1) 写倡议书的背景原因和目的

倡议书的发出贵在引起广泛的响应,只有交代清楚倡议活动的原因,以及当时的各种背景事实,并申明发布倡议的目的,人们才会理解和信服,才会自觉的行动。这些因素交代不清就会使人觉得莫名其妙,难以响应。

(2) 写明倡议的具体内容和要求

这是正文的重点部分。倡议的内容一定要具体化,开展怎样的活动、都做哪些事情、具体要求是什么、它的价值和意义都有哪些均需一一写明。

倡议的具体内容一般是分条开列的,这样写往往清晰明确,一目了然。

4. 结尾

结尾要表示倡议者的决心和希望或者写出某种建议。倡议书一般不在结尾写表示敬意或祝愿的话。

5. 落款

落款即在右下方写明倡议者单位、集体或个人的名称或姓名,署上发倡议的日期。

(六) 倡议书的写作要求

(1) 内容应当符合时代精神,切实可行,与国家的路线方针政策相一致。

(2) 交代清楚背景、目的,有充分的理由。

（3）措辞贴切，情感真挚，富有鼓动性。

（4）篇幅不宜过长。

【例文一】

关于开展向四川地震灾区捐赠活动倡议书

各位老师、同学们：

2008 年 5 月 12 日 14 时 28 分，四川省汶川县突然发生 8 级强烈大地震，随后余震数次，到我们发稿为止，已经有 1.9 万条鲜活的生命在这场万劫不复的灾难中永远离开了我们，还有数十万人流离失所，饥寒交迫。由于交通通信的中断，我们的救援行动遇到了前所未有的困难。等待救援的幸存者将面临缺乏矿泉水、庇护所、食物、卫生设施和药物等困难。

在这场和大自然的较量中，我们的同胞伤亡数字不断上升，每天都有不幸的人离我们而去。看着受灾现场的断壁残垣，相信我们的心中都会涌起无限的哀思和痛楚。五月的川西，在阴雨和地震的突袭下把大地变得伤痕累累。在这寒心的时刻，也许一顶挡风的帐篷、一床御寒的被褥、一碗热乎的面汤、一句真诚的问候，对灾区人民来说都是希望，都是激起他们勇敢前进、勇敢站起来的动力。

国难当头，众志成城，中华民族素有一方有难八方支援的传统美德。同舟共济、携手同行也是我们学校一贯坚持的文化内涵，我们不仅要有高度的责任感和使命感，更要用我们的爱心和善行来践行。现在灾区人民正经历着丧失亲人，无家可归等等我们无法想象的痛苦，难道我们大家的心就不为之震撼吗？虽然我们不能为他们分担这些痛楚，但是我们却有能力给他们一些无私的帮助和爱。

在此我们呼吁全体师生伸出我们的援助之手，奉献我们的爱心，为灾区的人民贡献自己的一份力量！让我们一起行动起来，于危难中托起爱的方舟，帮助受灾的同胞渡过难关，让我们将心比心感受一下受灾同胞的伤痛，让我们帮助他们在饥寒的危难中挣脱，让我们用我们的爱心，激起爱的泉流感化自然，驱走自然给我们带来的危难，让我们共同伸出双手奉献出我们微薄的力量。虽然我们的力量是微薄的，但是将他凝聚在一起时将是无比强大的，足以震动自然。让我们帮助那些受灾的人民，因为我们对生命有着共同的尊重，更因为我们都是中国人，有着强烈的爱国热情，有着高度的责任感和使命感。

××学校

2008 年 5 月 18 日

【点评】 汶川地震是大自然带给中国人民的灾难，但也是空前的中国人民万众一心的时刻。作者在国难当头之际，提出捐款捐物这样的倡议，合时、合事。一系列伤亡惨重的数据，一系列生存面临的困境，在作者的笔下展示出来，无不敲打着中国人民脆弱的心灵，"奉献我们的爱心"成为我们义不容辞的责任，"帮助受灾的同胞渡过难关"成为我们当仁不让的职责。此篇倡议书，不仅起到了号召广大师生支援灾区的号角作用，更是一篇声情并茂、感人至深的佳文。

【例文二】

为杨继斌同学家属捐款的倡议书

全校师生员工：

2008 年 1 月 16 日，我校体育学院杨继斌同学在回家途中勇斗歹徒，壮烈牺牲，年仅 24 岁。杨继斌同学在校就读期间表现优秀,政治上积极追求上进,热爱集体,积极参加各种活动,学习态度端正,目的明确,刻苦努力,成绩名列前茅。他生活俭朴,为人踏实。为了减轻家庭负担,他利用假期勤工俭学、外出打工,从不寻求特殊照顾。他为人正直坦诚,助人为乐,处处为同学和家人着想,得到了老师和同学的好评,是个品学兼优的好学生。

杨继斌同学见义勇为、不怕牺牲的英雄事迹,在社会各界引起了强烈反响。高峰副省长批示:"请省教育厅高度重视,妥善处理死者后事,关心安抚好杨继斌同学的亲属,要认真抓好学习宣传工作。"云南省教育厅、云南农业大学以及腾冲县委县政府、腾越镇党委镇政府等先后组成慰问组到杨继斌的家中慰问。中国教育报、云南日报、云南电视台、春城晚报等新闻媒体对杨继斌同学的英雄事迹先后作了报道,一个向杨继斌同学学习的热潮正在兴起。

教育部追授杨继斌同学"全国优秀大学生"荣誉称号,号召"广大青年学生要向杨继斌同学学习,学习他热爱人民、见义勇为的崇高品德,奋不顾身、不怕牺牲的英雄气概,甘于奉献、乐于助人的优秀品质,刻苦学习、立志成才的拼搏精神"。中共云南省委高校工委、云南省教育厅追授杨继斌同学"见义勇为优秀大学生"荣誉称号。共青团云南省委追授杨继斌同学"云南省优秀共青团员"荣誉称号。中共云南农业大学委员会追认杨继斌同学为中共党员、称誉杨继斌同学为"见义勇为英雄大学生"。

杨继斌同学家境贫寒,父亲腰有残疾,母亲多病缠身,他是家里唯一的儿子,他上大学所有的花费几乎都靠 79 岁的爷爷帮人守果园每月 300 元的工资来维持。杨继斌同学的牺牲,给家庭带来了沉重的打击,亲人为之悲痛万分。为安慰杨继斌同学的亲人,帮助他们解决困难,渡过难关,我们向全校师生发出倡议:

伸出我们温暖的手,献出我们的爱心,以实际行动表达我们对英雄的崇敬和关爱!让我们积极行动起来,为杨继斌同学家属捐款!让我们的点滴付出凝聚成爱心的彩虹,让杨继斌同学的家属感受到来自云南农业大学全体师生带给他们的温暖!

捐款时间:4 月 10 日前。

捐款地点:教师捐款由各部门工会统一交到校工会;学生捐款由各学院统一交到校团委活动科。

云南农业大学工会委员会
共青团云南农业大学委员会
云南农业大学学生会
2008 年 3 月 4 日

【点评】　此倡议书的目的是为杨继斌同学家属捐款,其原因是杨继斌同学在回家途中勇斗歹徒,壮烈牺牲,年仅 24 岁。杨继斌正为风华正茂之年,却壮烈牺牲,令人无不扼腕叹息。然而,杨继斌同学家境贫寒,父亲腰有残疾,母亲多病缠身,他又是家里唯一的儿子,他的牺牲给他的家庭带来了沉重的打击。这桩桩事实,让人同情至深。谁不愿意为这样的烈士捐款呢?虽为倡议书,却也是对杨继斌同学的一曲赞歌。

二、申请书

(一)申请书的概念

申请书,就是申明请求的一种文书,它是个人或集体向组织、机关、企事业单位或社会团体表述愿望、提出请求时使用的一种文书。申请书也是一种专用书信,它同一般书信一样,也是表情达意的工具。申请书按照申请内容的不同可以有入团申请书、入党申请书、离婚申请书和商标注册申请书等。

(二)申请书的特点

1. 使用范围广泛

申请书的使用范围非常广泛,通常有以下几种:

(1)个人或集体向组织或团体表达愿望、理想和希望时,可以使用申请书;

(2)个人在学习、工作、生活上对机关、团体或单位领导有所要求时,可以使用申请书;

(3)下级单位在工作、生产、学习或生活上对上级单位或领导有所要求时,可以使用申请书。

2. 申请书的作用

(1)申请书是下情上达的一种形式。

(2)申请书是一种良好的沟通手段,能够把分力变成合力,从而最大限度地做好工作。

(3)申请书是争取领导支持和帮助的一种途径。

(4)申请书加强了上下之间、集体与个人之间的关系,是增加感情、引起重视的一种有效办法。

3. 申请书要求一事一议,内容要单纯

申请书应一事一议,不能混杂,而且其内容应单纯、具体。

(三)申请书的结构和写法

申请书由标题、称谓、正文、结尾和落款五部分组成。

1. 标题

申请书标题一般由文种名单独组成,即在第一行正中用较大的字体写"申请书"三个字,如果内容比较简单可直接写"申请"两个字。如果是"入团申请书"或"入党申请书",一般由申请内容和文种名共同构成。

2. 称呼

申请书的写作对象,通常称呼要在标题下空一两行顶格写出接受申请书的组织或部门,并在称呼后面加冒号,如"敬爱的夏华中学团支部:"。

3. 正文

说明要申请的具体内容、理由和要求,这是申请书的主要部分。该部分要用简短精练的语言写清所申请事情的原委、理由和事项,然后直接提出申请事项即可。申请书的正文

部分一般篇幅较长,所以要注意分段。

4. 结尾

申请书可以有结尾,也可以没有。结尾一般写上"此致敬礼"之类的敬词,或写上"特此申请,望予批准"来结束全文。

5. 落款

落款要写上申请人的姓名或申请单位的名称。有时根据情况,还要单位领导签字或加盖印鉴。在署名的后面或下边,写明申请书的年月日。

【例文】

申　　请

设备处:

督导评估处的电脑因经常出现故障,经设备处徐占奎、张立新二位老师诊断,确认电脑主机和显示器不匹配,且显示器有严重故障无法排除。

根据上述情况,督导评估处申请配置电脑一台。

特此申请,望予批准!

天津××学院督导评估处
××××年×月×日

(四) 入团(党)申请书的写法

入团(党)申请书,通常要先介绍一下个人的现实情况、个人简历、家庭成员及社会关系情况,然后要写明申请入团(党)的动机和理由、对团(党)的认识、自己的决心等。对个人情况的介绍可以较简单,而把重点放在入团(党)的动机、对团(党)的认识以及自己的决心上。正文要从接受申请书的团(党)组织名称下一行空两格处写起。

下面详细地介绍入团(党)申请书的具体写法:

1. 介绍个人的现实情况

对个人现实情况的介绍,是为了让团(党)组织对自己现在的身份、情况有一个初步和大致的了解,不用展开来写,简明扼要即可。

2. 个人简历和家庭成员及社会关系的情况

这一部分的内容也要简单,无须多用笔墨,但也必须清楚明白。对个人简历的写法,一般要求从上学时写起,到目前为止,只需依据时间的顺序,一项项地排列出来即可。

主要家庭成员及社会关系的情况,在申请书正文中可以简单地介绍一下,也可以不写,要视具体情况而定。有的家庭成员及主要社会关系可附在申请书后。

3. 入团(党)动机和理由

入团(党)的动机和理由要重点写。申请的理由比较多,则可以分几个方面、几个阶段来写。

4. 对团(党)的认识

对团(党)的认识往往是同个人的成长经历有关的,这在申述自己的入团(党)动机时已有所涉及。这里指的是专门较集中的对团(党)认识的文字。

5. 自己的心情和决心

这一部分是抒写自己入团(党)的强烈愿望,表达自己的决心的部分。

【例文一】

入党申请书

敬爱的党支部:

我是一个在党的阳光沐浴下成长起来的新时代青年,我学唱的第一首完整的歌是"没有共产党就没有新中国",她深深地烙在了我的心中。由于自小受到学校、家庭的良好教育和熏陶,因此在学习上、事业上我始终追求的是上进,在思想素质的提高上也能严格要求自己,努力把自己锻炼成为一名新时代的有志青年。

我想作为一名新时代的青年,社会赋予我的职责,不仅要求我学好文化知识、努力钻研技术业务,也要求我在政治上严格要求自己。各种学习,使我深刻地了解和领会党的基本知识,提高了对党的认识,自觉坚持党的基本路线,坚定共产主义信念,端正入党的动机,全心全意为人民服务,更坚定了我要加入中国共产党的信心,并为成为一名合格的共产党员不懈奋斗。没有共产党就没有新中国,就没有社会主义建设和改革的发展。中国共产党是中国社会主义事业的领导核心,是全国各族人民利益的忠实代表,是以"马列主义、毛泽东思想、邓小平理论"作为自己的行动指南,党的最终目标是实现共产主义的社会制度。

共产党员是中国工人阶级的有共产主义觉悟的先锋战士,必须全心全意为人民服务,不惜牺牲个人的一切,为共产主义奋斗终生;共产党员永远是劳动人民中的普通一员,除了法律和政策规定范围内的个人利益和工作职权外,所有党员都不得谋求任何私利和特权。我是积极要求进步、争取入党的青年,必须用共产党员的标准对照要求自己。

我十分明确自己要求加入共产党组织的动机。首先是要从思想上入党,树立起正确的人生观和价值观,要有共产主义理想,必须树立全心全意为人民服务的思想作风,确立为共产主义奋斗终生的信念。落实到行动中,还必须认真学习马列主义、毛泽东思想和邓小平理论,学习党的路线、方针、政策及决议,自觉坚持党的基本路线,学习科学、文化和业务知识,努力提高为人民服务的本领,积极带头参加改革开放和社会主义现代化建设,在学习、工作、社会生活中起模范带头作用,以马列主义、毛泽东思想和邓小平理论作为行动指南,坚持党和人民的利益高于一切,不惜个人利益服从党和人民利益,克己奉公。入党不是一个短暂的行为,必须长期不懈地努力,入党是我人生的奋斗目标,加入中国共产党才能使自己得以不断地提高和发展。

我志愿加入中国共产党,拥护党的纲领,遵守党的章程,履行党员义务,执行党的决议,严守党的纪律,保守党的秘密,对党忠诚,积极工作,为共产主义奋斗终生,随时为党和人民牺牲一切,永不叛党。

申请人:×××

××××年×月×日

【例文二】

入团申请书

敬爱的团支部:

唐代著名诗人王之涣曾经写道:"欲穷千里目,更上一层楼。"大致是说,一个人,在人生的道路上,需要不断的努力、不断的进步,才能够不断地获取新的知识,看到更多的新事物!

当我还是一名光荣的少先队员时,就对"中国共产主义青年团"这个响亮的名字如雷贯耳。中国少年主义青年团是中国共产党所领导的先进青年的群众组织,是广大青年在实践中学习中国特色社会主义和共产主义的学校,是中国共产主义的助手和后备军。

因此,中国共产主义青年团是一个团结、互助、积极向上的集体。在这样一个集体之中,我相信,我一定能够学习到更多的知识,充实现在这个还有很多缺点的自己,并在原有的基础上再有所提高!

当然,在平时的日常生活中,我也会尽自己所能,帮助其他需要我帮助的人,使大家共同进步。这样的帮助决不仅限于校园生活,在街头、马路边、公共汽车上……都会尽全力去帮助弱者。现在不是总有人说"人与人之间心灵上的距离越来越远了"吗?还有人说"人变得越来越冷漠了"。可是,我并不这样认为,我相信,只要从自己开始,敞开心扉去关心、爱护身边的每一个人,这样一来,身边的"热心肠"多了。渐渐的,人们之间的距离,不是也就靠近了吗?这就如鲁迅先生所说,"这个世界上本没有路,走的人多了,也便有了路"。

我们现在都还是一块未经雕琢的璞玉,生活的磨炼和学习上的充实,都会使我们未来要成为一个对社会有用的人而打下坚实的基础。"不经一番彻骨寒,怎得梅花扑鼻香"、"宝剑锋从磨砺出,梅花香自苦寒来",不也正是这个道理吗?

进入初中,对我也意味着一个新的开始。这不仅意味着我又长大了,同时,也说明了,我需要更加努力地学习!

恳请团组织早日批准我入团。

申请人:×××
××××年×月×日

【点评】 书写"入团申请书"稍不注意就可能落入窠臼,所以写出新意又不落入俗套,实际上很难。读完这篇例文,仿佛可以看到朝气蓬勃的年轻学子在学业、生活和政治上都严格要求自己、积极向上,还有他(或她)在团旗下坚毅的脸庞和郑重其事地宣誓的身影。本例文可以说是"入团申请书"中的佳作,严肃而认真,坚定而执着,且文采飞扬。

习题

1. 浏览相关招聘信息,根据所学专业选择意向单位,按照意向单位的招聘要求,撰写求职信或自荐信。

2. 寒假的一天下午,天气寒冷,有两个小男孩在桥边玩耍,一不小心两人都掉到了河里,两个孩子在水中挣扎,面临生命危险。这时候南京××学院老师×××闻声赶到河边,看到这一情景,不顾身体不好,毫不犹豫跳入河中,几经努力,终于将两个孩子从水中救起。两条小生命得救了,两个孩子的家长感动不已,当场目击这一幕的居民和过路人都为×××老师舍身救人的精神所感动。事后,两位家长请你代写一封感谢信,他们要亲自送到×××老师学院表示感谢。

3. ×××学术研究协会为了纪念×××一百周年诞辰,决定在200×年×月×日至

200×年×月×在××大学举行×××学术研讨会,需要邀请几位对×××学术成就素有研究的专家参加。请你代写一封邀请函。

4. 刘惠同学为苏州××职业学院物流系的三年级学生,欲去苏州恒通物流公司实习半年,但公司要求她出具相关证明,证明她是该校的学生,如果你是物流系秘书的话,请你为该同学出具证明书。

5. 某实验中学为进一步激发广大学生阅读和学习的热情,积极倡导全民阅读,终身学习,营造学习型社会的良好氛围,构建书香社会,全面推进文化实中建设。经研究决定每年的 11 月份在全校开展"读书月"活动,读书月活动期间,倡议广大师生捐献健康的、积极向上的书籍,捐献数量不限。捐献时间:2013 年 11 月 1 日—2013 年 11 月 30 日。捐献地点:校图书馆大厅。发起倡议的部门:实验中学团委。

6. 苏州××职业学院于 2012 年 9 月 10 日上午 9 点在学院报告厅举行建校 50 周年庆典活动,邀请职业教育界相关人士参加庆典,请你完成下列邀请函的填写。

邀 请 函

尊敬的_____:

　　您好!

_____单位将于____年____月____日在_____地,举办_____活动,特邀您参加,谢谢。

　　　　　　　　　　　　　　　　　　　　　　_____单位

　　　　　　　　　　　　　　　　　　　　　____年____月____日

---

7. 试分析两位求职者询问同样一个问题,为什么会产生不同的效果。

甲乙两位求职者都想向招聘单位提出"是否招聘女生"这一同样的问题。甲直截了当地问:"你们单位要女生吗?"用人单位回答"不要",顺水推舟地拒绝了甲同学的提问。乙则是这样问:"女大学毕业生到你们工作单位的多吗?"如果用人单位说"多",那么正合意,因为多就不在乎多增加一个;如果说"不多",则可以争取机会,因为既然"不多",再增加你一个岂不正好?

8. 谈谈求职信和自荐信的区别。

项目四　礼仪文书

第一节　礼仪文书概述

项目学习目的：

理解礼仪文书的概念；认识礼仪的作用；熟练掌握演讲稿、请柬、启事、声明、海报、图文传真的写作方法；了解开幕词、闭幕词的写作格式。

一、礼仪文书的概念

礼仪是礼节和仪式的总称。我国是文明古国，是世界上有名的礼仪之邦，人们的社会交往活动和思想感情的交流，有许多都是通过一定的礼仪形式和一定的文化活动方式来进行的。礼仪文书就是人们在各种礼节中使用的文体。

二、礼仪文书的分类

礼仪文书的分类很多，常用的是机关、团体和人民群众在节日和红白喜事中用的各种请柬、演讲词、欢迎词、祝词、题词、欢送词、悼词、祭文、贺信、贺电、讣告、唁电、碑文和对联等。

【例文一】

请　柬

××先生：

　　兹定于二月一日上午九时在政协礼堂举行春节茶话会，敬请届时出席。

　　致以

敬礼

中国人民政治协商会议　××市委员会
××××年元月××日

【例文二】

祝　词

1997 年 10 月 1 日《国庆酒会行政长官董建华致辞》

各位嘉宾，各位朋友：

　　我今天早上八点钟出席了回归之后第一次国庆的升旗仪式，听着我们的国歌，看到我们的国旗慢慢地升上去，我心情非常感动，因为香港终于回归祖国，我们香港人终于真真正正当家作主，在该时刻我是觉得非常之骄傲。

　　在香港特别行政区第一次举行庆祝活动，热烈庆祝中华人民共和国 48 周年成立的时刻，我代表香港特别行政区，向我们的祖国致敬；向所有的香港同胞，向所有的内地驻港机

· 101 ·

构人员,致以节日的祝贺!

48年前,中华人民共和国宣告成立,彻底结束了国家遭受外人欺凌、民生苦况不可堪言的一段历史,中华民族的历史进程,从此发生了巨大的变化。我们国家经过了近半个世纪的努力,尤其是经过最近20年来的发展和建设,无论是在政治上、在国际地位上,还是在经济上,人民的生活水平上,都得到了空前的稳定,蓬勃的发展和迅速的提高,取得了举世瞩目的成就。身为中国人,我们都为此受到鼓舞,深感自豪。

1997年7月1日,香港回归祖国,进入历史的新纪元。香港得以顺利回归祖国,是国家国势强大的象征;香港得以享有"一国两制"、"港人治港"和"高度自治"的安排,是国家对发展前景充满信心的标志。香港特别行政区成立三个月以来,政府运作如常,经济发展如常,市民自由的生活方式如常。较早前东南亚国家以及香港都受到金融风波的影响。香港凭着丰厚的财政储备、稳健的理财政策,安然渡过了此难关,成功经受了考验。世界银行和国际货币基金在香港举行年会,世界各国财经领袖所看到的香港特别行政区,是秩序井然的稳定景象,是欣欣向荣的繁荣景象,是"一国两制"切实得到执行的景象。面对香港的大好局面,不仅香港人,我相信,所有的中国人,都会感到由衷的高兴,都会感到无比的自豪。

刚刚结束的十五大,使我们被一股庄严的热情而激动,为一个宏伟的目标而振奋。江泽民主席向全世界表示,要将国家业已开创的民族振兴事业,全面推向21世纪;致力在共和国建立100周年的时候,成为世界上一个强大的国家。

国家在过去20多年实行改革开放政策,香港从中获得了巨大的利益。现在,国家放开的脚步更快,香港作为国家的一个部分,相信在我们的前面,一定有更加多的机会和更加优越的条件,有利于我们将香港的经济和社会发展得更加美好。特区政府一定会用宏观的视野,策划香港的发展方向;一定会目标明确、步伐坚定地带领香港全体市民,为保持香港的繁荣稳定,为我们子孙后代创造文明、民主和幸福的同时,为国家富强,为民族振兴作出我们的贡献。

现在,请允许我恭请主礼台上的安子介、霍英东副主席,姜恩柱社长,马毓真特派员,刘镇武司令员,特区政府各位同事和在场的嘉宾共同举杯:

为祖国欣欣向荣,

为香港繁荣安定,

干杯!

【例文三】

演 讲 词
《科学的颂歌》 爱因斯坦(1938)

我亲爱的朋友们:

我十分高兴看到我面前的你们——选择了科学作为职业,精力充沛的青年人队伍。

我将反复唱一首赞美歌,赞美在应用科学上我们已经取得的伟大成果,赞美你们即将带来的更大的进步。事实上,你们是在应用科学时代,也是在这样一个应用科学的国度。如果说我现在不合时宜地说话,那是错误的!恰像有人认为不开化的印第安人经济不丰富、生活不愉快一样,但我不这么想。事实上,开明国家的孩子是那样地喜欢"印第安人"

游戏,这具有深刻的意味。伟大的应用科学又使我们减少劳动,使生活变得安乐舒适,但为什么现在它带给我们的幸福这么少呢? 简单的答案就是:因为我们仍然没有把科学置于合理的应用之中。战争年代,科学为我们可能中毒和相互伤害服务;和平时期,它使我们的生活变得匆忙和不稳定。代替大规模从脑力消耗的劳动中解脱我们,它使人们成为机器的奴隶——人们的大部分时间给用在了漫长单调的令人厌恶的工作上,且还要继续担心自己的可怜的口粮。你们可能觉得我这个老头儿唱的歌不中听,可是我这么说具有一个良好的目的——为了指出科学的重要和前途。

为使你们的工作能够赐福于人类,仅仅懂得应用科学本身是不够的! 对人类本身及其命运的关心必然是培养出努力学习各种技术的兴趣;对尚未解决的巨大劳动起源和商品分配的问题的关心——为了我们思想意识的建立,将会给整个人类带来幸福而不是灾难。在你们的图表和方程式中千万不要忘记这一点。

第二节 电报 图文传真

一、电报

(一)电报的概念

电报是利用电讯技术在很短时间内传递文字、图片和图表的通讯方式。它是机关、团体、单位或个人有了喜庆之事,为了对其表示庆贺,或是向作出突出贡献;取得重大成就的机关、团体或个人表示祝贺,或是对某一次重大会议、某一项重大工程表示祝贺而写的电稿。对国家首脑任职,亦可发贺电。

(二)电报的分类

(1)根据编码的不同,分为密码电报和明码电报。

(2)根据发报主体的不同,分为公文电报、事务电报和私人电报。

(3)根据传递方式的不同,分为普通电报和加急电报。

三、电文的结构

1. 标题

即收报人的住址、姓名、称谓。

2. 正文

即电报的主要内容。

3. 落款

发报人的姓名、地址和电话。

(四)电报的写作要求

(1)要突出一个"准"字。即电报的内容要准确无误。

(2) 要突出一个"简"字。即在准确传递信息的前提下,行文要尽可能简洁。

(3) 要突出一个"朴"字。即一般电报的文风,以质朴为尚。

【例文一】

贺　新　年

1. 恭贺新春佳节祝二老身心健康女淑!

2. 恭贺新喜愿兄虎年开笔大吉弟文林!

【例文二】

贺　升　学

1. 电悉知炳孙考入南开甚慰老怀特电汇贰仟元助学并示贺。祖父

2. 欣闻令郎将赴美攻读博士学位特电致贺预祝学业有成鹏程万里。弟斯杰

【点评】　以上这则电报的事例行文简洁,内容清晰、条理清楚、格式规范,较好地说明了电报的特点和社会作用,具有很强的示范性,完全符合电报"准"、"简"、"朴"的行文风格。

二、图文传真

(一) 图文传真的概念

电传虽然方便,但它只能输送文字,无法传递图案和图表,无线电传真收发机也就是图文传真,弥补了这一不足。

(二) 图文传真的特点

(1) 方便迅速。

(2) 省缺费用。

(3) 真实。

(三) 图文传真的结构

(1) 在左上方第一行按下列顺序填写接受人的情况:

接收人所在国家名称和地区名称;

接收人单位名称;

接收人姓名;

接收人电话号码;

接收人 Fax 传真号码(国别代号、区号、电传号)。

(2) 在右上方第一行按下列顺序填写发报人的情况:

发报人所在的国家名称和地区名称;

发报人单位名称;

发报人姓名;

发报人电话号码;

发报人 Fax 传真号码(国别代号、区号、电传号);

发报日期;

(3) 正文:用语准确,篇幅短小,一看就懂。假如是重要的材料,署名处应有发报人的亲笔签名。

【例文】

报 价 交 涉

×××总经理：

你方×月×日传真收悉，确认订单×万部×型相机将于×月×日前交付。由于工厂是根据你方样品估价的，报价有错误，正确价格应为每部××美元，现速报上述价格是否接受。谢谢。

【点评】　以上这则图文传真的事例行文简洁，内容清晰、条理清楚、格式规范，较好地说明了图文传真的特点和社会作用，具有很强的示范性，做到了方便迅速、省缺费用。

第三节　启事　声明

一、启事

（一）启事的概念

启事的"启"有"陈述"的意思，"事"即"事情"。启事，就是公开陈述事情。机关团体或个人将需要向大众说明并请求予以支持的事情简要写出，通过传媒公开，这样的应用文书即启事。

（二）启事的分类

（1）征招类启事，包括招生、招聘、招标、招工、招领、征稿、征婚等。

（2）声明类启事，包括遗失、作废、解聘、辨伪、迁移、更名、开业等。

（3）寻找类启事，包括寻人、寻物等。

（三）启事的特点

（1）发布寻求参与、合作的事项，相关者可以自愿参与。

（2）应用广泛，机关、社会组织、个人都可以使用。

（3）宣布方式多样，可以通过媒体发布，也可以按照规定张贴。

（四）启事的结构

1. 标题

一般为写作事由＋文种"启事"二字，写于首行正中，字体醒目。

2. 正文

具体说明启事的内容，必须将有关事项交代清楚。正文一般包括启事目的、原因、具体事项和要求等。如果内容较多，逐一交代清楚。正文部分是体现启事不同性质和特点的关键部分，应依据不同启事的内容和要求，变通处理，注意突出启事的有关事项，不可一律强求。

3. 落款

写明启事单位名称或个人姓名和启事日期。

（五）启事的写作要求

（1）标题要简短、醒目。

（2）内容要严密、完整。

（3）用语要热情、恳切、文明。

【例文一】

寻 物 启 事

本人昨天上午在图书阅览室阅读，不慎将一串钥匙丢在桌子上，有拾到者请与本人联系，深表谢意！地址：3 号楼 218 室，电话：×××××××

××专业×班　沈燕
2006 年 5 月 15 日

【例文二】

招 领 启 事

本店服务员昨天中午打扫房间时，拾到皮夹一个，内有人民币数百元和银行信用卡一张。望失主速与我店联系。电话：×××××××

新风旅社　张先生
2012 年 6 月 4 日

【点评】 以上两则启事内容清晰、条理清楚、格式规范，较好地说明了启事的特点和社会作用，具有很强的示范性，行文简洁、符合启事的写作格式。

二、声明

（一）声明的概念

社会团体、企事业单位或者个人，就涉及自身的事项向社会公开表明态度、阐明观点、说明事实而写成的应用文即声明。

（二）声明的分类

声明大致分两类：一类是重要证件、票据遗失，须通过声明的方式发布在报刊、电台或电视上，言明作废，以防他人冒用；一类是当自身权益受到侵害，为保障自身合法利益而发布。

（三）声明的特点

（1）公开性。公开发表，引起公众关注；公开表明作者的观点、主张，或者澄清事实、解释原因。

（2）严肃性。发布者态度郑重、庄严，申明权益，说明事实真相，语气严肃，必要时援引相关法律作为依据。

（四）声明的结构

1. 标题

可以直接用"声明"两字；可以是"事由＋文种"，如"挂失声明"；可以是"单位名称＋文种"，如"××有限公司声明"；还可以是"单位名称＋事由＋文种"，如"××公司关于××问题的声明"。

2. 正文

内容较多的声明由引言、主体和结语三部分组成。引言写明发布声明的缘由和依据，主题可以列出条目，依此写明声明的要点。结语一般使用"特此声明"等。

3. 落款

落款置于正文右下方。标题中出现单位名称，可以省略。发布在报刊上的声明可以省略日期，以报刊印发日期为准。

（五）声明的写作要求

（1）合理合法。声明要有法律依据。

（2）事实确凿。声明的事实真实可靠、细节准确无误，这是理由的依据和基础。

（3）简洁明确。声明语言要简明清楚，不能含混其词。

（4）结构严谨。声明的说理要有层次，逻辑性强。

【例文一】

声　明

本报 7 月 5 日第三版刊登署名何陶的《对于失学儿童该怎么办》一文中有："××省×市儿童失学率为 2.3％"一句。该统计数字有误，经作者同意，更正为"××省×市儿童失学率为 1.39％"，特此勘误。

××日报社
2011 年 7 月 15 日

【例文二】

辞 职 声 明

自 1998 年以来，受××公司礼遇，被聘为该公司技术顾问，近因视力下降，身体虚弱，无力继续为该公司服务，经公司允许，辞去技术顾问一职。

特此声明。

张××
2008 年 6 月 4 日

【点评】 以上两则声明的事例条理清楚、格式规范，较好地说明了声明的特点和社会作用，事实确凿、内容简明、结构严谨，合理合法。

第四节　海　报

一、海报的概念

海报一词最早起源于上海。旧时，人们通常把职业性的戏剧表演称为"海"，把从事职业性的戏剧表演称为"下海"。后来，人们便把作为传递剧目演出信息的张贴物称为海报。

二、海报的分类

海报依据其内容性质可分为多种，如戏剧海报、电影电视海报、体育海报、音乐会海报以及各种学术报告、交流会海报等。

三、海报的特点

（1）是张贴性广告的一种，侧重于为大众的教育、娱乐服务。

（2）专用于向广大群众报道或介绍有关戏剧、电影、体育和报告会等消息。

（3）图文并茂，色彩鲜艳，娱乐性海报常用夸张性的语言和美术设计的画面进行宣传。

四、海报的结构

海报的写法没有很固定的格式。一般是先在纸的上方正中写上"海报"两字，字要稍大些，下面写明买票、领票的时间和地点。如果是文化、体育表演，要注明表演单位。有的还写上"欢迎"、"恭候"等字样。最后写发海报的单位和日期。

五、海报的写作要求

海报的宣传号召性很强，是希望公众参加，没有约束性，所以用语既要有鼓动性，又要实事求是。形式上要尽量活泼些，如用彩纸书写，还可配上与活动内容有关的宣传画或漫画等，以吸引观众。

【例文】

报告会海报

为进一步推动"向雷锋同志学习"活动的开展，我院团委特邀请雷锋生前所在连队指导员李××同志来校做报告。希全体团员、教工同志踊跃参加。

时间：×月×日×时

地点：本院礼堂

××师范大学团委

2012 年 2 月 15 日

【点评】　以上这则海报的事例行文简洁，内容清晰，较好地说明了海报的特点和社会作用；格式规范，符合海报的写作特点。

第五节　请柬　聘书

一、请柬

（一）请柬的概念

请柬是人们在节日和各种喜庆事中为邀请宾客参加某一活动时所使用的简便邀请信。发送请柬是为了表示举行的隆重，一般用于联谊会、与友好交往的各种纪念活动、婚宴、诞辰或重要会议等场合。请柬通常也称作请帖，内容单一，发出者既可是单位或团体，也可以是个人。

（二）请柬的特点

（1）具有庄重色彩。请柬主要用于隆重场合的礼节性通知，所以语言通常严谨，书写纸张有较高的装帧要求,一般使用有装饰图案或烫金的印刷卡纸。

(2)具有礼仪色彩。请柬的正文要求根据具体场合、内容、对象认真措辞,力图做到大方热情,使人感到快乐和亲切。

(三)请柬的结构

在写作上,一般请柬的格式由标题、称呼、正文、结尾和落款五部分构成。标题写上"请柬"即可,称呼写明被邀请的单位或个人,正文写清邀请事项,结尾写上礼节性的词语,落款即具名和日期。通常请柬已按照书信格式印制好,发文者只需填写正文而已。这样的请柬可分为封面和内芯正文两部分。封面通常就写"请柬"(请帖)两个字。内芯正文要求有抬头、活动内容、祝颂语、落款。抬头要写上被邀请者或单位的名称,如"某某先生"或"某某单位"等。活动内容要求交代邀请的性质,如开座谈会、联欢晚会、过生日等;交代活动的时间地点,如果是请看戏或其他表演还应将入场券附上;若有其他要求需要注明,如"请准备发言"、"请准备节目"等。祝颂语一般写上"敬请光临"或"望届时出席"等礼节性恭候语。落款要写明邀请者或单位的名称和发出请柬的时间。

四、请柬的写作要求

(1)请柬要在合适的场合发送。一般说来,举行重大的活动,对方又是作为宾客参加,才发送请柬。寻常聚会,或活动性质极其严肃、郑重,对方也不作为客人参加时,不应发请柬。

(2)请柬是邀请宾客用的,所以在款式设计上,要注意其艺术性,一帧精美的请柬会使人感到快乐和亲切。

(3)按照规范的格式要求,用庄重性的语言组织相关文字,并注意结构的完整性。

(4)检查有无不妥语句,及时发出请柬。

(5)在书写请柬时,措词务必简洁明确、文雅庄重、热情得体,突出"请"意,避免使用"务必"、"必须"之类带强制性的词语,不能有半点强求之意,并注意字体的大小疏密、排列等问题,务必做到美观大方。

【例文一】

请　　柬

　　××先生:

　　兹定于二月一日上午九时在××会堂举行迎新酒会,敬请届时出席。

　　此致

敬礼!

××市政府外务办公室
××××年××月××日

【简析】　本范例的主题是关于出席迎新酒会的,写作时充分考虑到政府外务办公室的招待性质,语言简约庄重,体现了政府机关的严肃性。在写作上,本范例主题明确,结构简洁,礼仪周全,热情文雅。

【例文二】

封面：

1985—2005
纪念××股份公司成立廿周年
请　束

内芯：

×××同志：
　　兹定于 10 月 8 日上午 9 时,在本公司三楼会议室举行公司成立廿周年纪念会。敬请光临。
　　此致
敬礼

×× 股份公司
××××年××月××日

【点评】　本范例是一份对折型请束。封面写明请束的性质,内芯交代了邀请事项,语言简洁明确,内容具体,邀请的对象有明确的针对性。从正文中也可看出被邀请者是××股份公司员工或是跟公司有业务往来的人,所以自然收到这封邀请书后,会清楚地知道这个纪念会对企业未来发展的积极意义,自然也会有针对性的发言。需要说明的是,这样的请束通常是被制作成有公司标记的印刷性精美请束。

二、聘书

(一) 聘书

聘书是一种特殊作用的文书,一般采用印刷式(即填表式)制作,分为聘请证书和聘任证书两类。两类证书篇幅都比较短小,行文简洁,内容概括性很强。

【例文一】

聘 任 证 书

敬聘
中国法律咨询中心魏家驹律师为中国人民建设银行常年法律顾问。
此聘

中国人民建设银行行长 周道炯
××××年×月×日

【例文二】

聘 请 证 书

为提高教学质量,本校总部成立出授教学研究会。特聘请湖南师专陈立副教授为指导教师,参加教学研究,指导本校的教学工作。

中南函授大学
××××年×月×日

【点评】　以上两则聘书行文简洁、内容清晰、条理清楚、格式规范,较好地说明了聘书的特点和社会作用,具有很强的实用性。

第六节　演讲　演讲稿

一、演讲稿

(一)演讲稿的概念

演讲是口语技巧训练的高级阶段,是借助有声语言和态势语言等手段,面对广大听众发表意见、抒发思想感情、感染听众的带有艺术性的一种口语表达形式。演讲稿是发表演讲前准备的文稿。

(二)演讲稿的分类

(1)有稿演讲,是充分利用事先准备好的演讲稿进行演讲。

(2)无稿演讲,包括有简单的文字提纲的演讲和"打腹稿"的即兴演讲。

(三)演讲稿的特点

(1)追求理念。求真、求善、求美是演讲追求的目标。

(2)塑造自我。演讲或演讲稿都偏重展示自我,有很强的主观色彩。

(3)注重表达。演讲与演讲稿,都要在语言表达方式上下工夫。

(4)以情感人。演讲时要讲实话、讲真话、表达身心、吐露真情。

(四)演讲稿的结构

演讲稿的格式不是十分固定,一般分为标题、署名和日期、正文和结尾四部分。

1. 标题

注意三个特点:① 意识点明中心;② 要有形象性;③ 富有感情色彩。

2. 署名和日期

作者署名,同一般文章作者署名一样,写在标题之下。演讲稿的日期写在演讲稿结尾的右下方。

3. 正文

做到以下三点:① 开头要破题,要点明演讲的主要内容;② 正文的部分要突出中心,使用典型材料,运用多种表达方式,确立鲜明的观点;③ 要注意层次的安排,使演讲的内容具有逻辑力量。

4. 结尾

演讲稿的结尾可以表达激情,富有号召力;可以含蓄深刻,富有启发性;可以评论阐发,富有哲理性。总之,结尾不论采用何种方法,都要叫人兴奋,使人深思,催人奋进、向前。

（五）演讲稿的写作要求

（1）根据演讲的对象选题造句。演讲稿要因人而写、因事而写。

（2）开门见山,阐发见解。好的演讲稿,应该开门见山,阐明主旨。

（3）扣紧主题,不离主旨。写演讲稿中心要突出。

（4）"选材要严,开掘要深"。材料选得有深度,才能保证演讲稿质量高演讲效果好。

（5）富有激情、富有哲理。演讲稿要做到富有激情、富有哲理,给人以深思和启迪。

（6）结尾着力,响鼓重锤。演讲稿的结尾,必须给人激励,令人鼓舞,或引人入胜,发人深省。

【例文】

人格是最高的学位

白岩松

很多年前,有一位学大提琴的年轻人去向20世纪最伟大的大提琴家卡萨尔斯讨教:我怎样才能成为一名优秀的大提琴家?卡萨尔斯面对雄心勃勃的年轻人,意味深长地回答:先成为优秀而大写的人,然后成为一名优秀而大写的音乐人,再然后就会成为一名优秀的大提琴家。

听到这个故事的时候,我还年少,对老人回答中所透露出的含义理解不多。然而,在以后的工作生涯中,随着采访接触的人越来越多,这个回答在我脑海中便越印越深。

在采访北大教授季羡林的时候,我听到一个关于他的真实故事。有一年秋天,北大新学期开学,一个外地来的学子背着大包小包走进了校园,实在太累了,就把包放在路边。这时正好一位老人走来,年轻学子就拜托老人替自己看一下包,自己则轻装便服去办手续,老人爽快地答应了,近一个小时过去,学子归来,老人还在尽职尽责地看守着,学子谢过老人,两人分别,几日后北大举行开学典礼,这位年轻的学子惊讶地发现,主席台就座的北大副校长季羡林,正是那一天替自己看行李的老人。

我不知道这为学子当时是一种怎样的心情,但我听过这个故事后却强烈地感觉到:人格才是最高的学位。后来,我又在医院采访了世纪老人冰心。我问她:您现在最关心的是什么?老人的回答简单而感人:是老年病人的状况。

当时的冰心已接近自己人生的终点,而这位在"五·四"运动中走上文学之路的老人,对芸芸众生的关爱之情历经80年的岁月而仍然未老。这又该是怎样的一种传统!

冰心的身躯并不强壮,然而她一生却用自己当笔,拿岁月当稿纸,写下了一篇关于爱是一种力量的文章,在离去之后给我们留下了一个伟大的背影。

当你有机会和经过"五四"或受过"五四"影响的老人接触,你就知道,历史和传统其实一直离我们很近,这些世纪老人身上所独具的人格力量是不是也该作为一种传统被我们延续下去呢?

不久前,我在北大又听到一个关于季先生的清新而感人的新故事,一批刚刚走进校园的年轻人,相约去看季先生,走到门口,却开始犹豫,他们怕冒失地打扰了先生,最后决定每人用竹子在季老家门口的地方留下问候的话语,然后才满意地离去。

　　这该是怎样美丽的一幅画面！在季老家不远，是北大的博雅塔在未名湖留下的投影，而在季老家门口的问候语中，是不是也有先生的人格魅力在学子心中留下的投影呢？

　　听多了这样的故事，便常常觉得自己像只气球，仿佛飞得很高，仔细一看却是被浮动的气流托着；外表看上去却也还饱满，但肚子里却是空空，这样想着就不免有些担心：这样怎么能走更长的路呢？于是"渴望老年"四个字，对于我就不再是幻想中的白发苍苍或身份证上改成 60 岁，而是如何在自己还年轻的时候，能吸取优秀老人身上所具有的种种优秀品质。于是，我也更加知道了卡萨尔斯回答中所具有的深意，怎样才能成为一个优秀的主持人呢？心中有个声音在回答：先成为一个优秀的人，然后成为一个优秀的新闻人，在然后就会成为一名优秀的节目主持人。

　　（本文荣获"演讲与口才杯全国新闻界做人与作文演讲比赛"特等奖）

　　【点评】　以上这则演讲稿的事例典型，内容完整，作者说理有力，事例详尽，用名人的生动事例现身说法，充分调动了读者的思维神经，有很强感染力和说服力，是一篇优秀的演讲稿。

第七节　开幕词　闭幕词

一、开幕词

（一）开幕词的概念

　　开幕词是指在大型的会议开始时由会议主持人或主要领导人所作的开宗明义的讲话，一般是领导同志代表组织向大会作带有提示性、指导性发言的讲话稿，包括宣布会议名称和出席会议的单位和人员、说明会议的中心议题和会议的背景和意义、提出会议的开法和要求、表示讲话人对会议的期望和祝愿等，起到指导大会的进程、渲染大会的气氛的作用。

　　开幕词按内容可以分为侧重性开幕词和一般性开幕词两种。侧重性开幕词往往对会议召开的历史背景、重大意义或会议的中心议题等作重点阐述，其他问题一带而过。一般性开幕词则只对会议的目的、议程、基本精神和来宾等作简要概述。

（二）开幕词的特点

　　（1）内容简明热烈。开幕词要简洁明了、短小精悍、言必由衷，且多使用祈使句，表示祝贺和希望。

　　（2）语言通俗上口。开幕式的场合决定了开幕词必须简洁明快，语言明了流畅，音色优美自然，语速平和适中。

（三）开幕词的结构

　　开幕词的格式通常由标题、称谓及正文三部分组成。标题通常有三种写法：一是用会议名称作标题；二是前边再加上领导人姓名；三是用提示内容中心或主旨的标题，在后面通常加上副标题。称谓通常用"同志们"、"朋友们"、"各位代表"等。正文一般包括开头、主体和结尾三部分。开头写宣布开幕之类的话;主体部分一般包括会议的筹备和出席会议人员情况、会议召开的背景和意义、会议的性质目的及主要任务、会议的主要议程及要求、会议的奋斗目标及深远影响等;结尾部分一般都是"祝大会圆满成功"之类的祝语。

(四) 开幕词的写作要求

(1) 内容集中主题鲜明。开幕词总是有明确的目的性的,所以即使语言再炫饰,核心话题也必须符合相关会议或活动的精神,只有这样才可能真正营造出积极的气氛。

(2) 讲话方式贴合时代。开幕词必须具有时代气息,所以遣词造句上必须注意有分寸、有尺度地使用语言,既不能过于时尚,也不能固执于陈词,要尽量使用喜闻乐见的群众性语言方式。

(3) 语言辞藻热情友好。既为营造气氛,开幕词的语言就要参照已往的经验,注重语言的鼓动力、号召力和感染力,并兼顾现场活动的民族性、国际性等特殊氛围。

(4) 全面了解会议或活动的进程情况,根据宾客情况选定合适话题和合适语调,成文后多加修改,以达到可诵读的语言感觉。写作和发言时,总体上要做到行文明快流畅、评议坚定有力、语感热情有力。篇幅要求简短,切忌重复啰嗦。

【例文一】

在"中国国际××展览会"开幕式上的讲话

女士们、先生们:

早上好! 由新加坡××有限公司主办,中国××协会与我分会所属的上海市国际贸易信息和展览公司承办的"中国国际××展览会"今天在这里开幕了。我谨代表中国国际贸易促进委员会上海市分会、中国国际商会上海分会表示热烈祝贺! 向前来上海参展的西班牙、比利时、中国台湾省、香港地区以及我国各省的中外厂商表示热烈的欢迎!

本届展览会将集中展示具有国际水准的各类××产品及生产设备,为来自全国各地的科技人员提供一次不出国的技术考察机会;同时,也为海内外同行共同切磋技艺创造了条件。

朋友们,同志们,上海是中国最重要的工业基地之一,也是经济、金融、贸易、科技和信息中心。上海作为长江流域乃至全国对外开放的重要窗口,将实行全方位的开放。我国政府已将浦东的开发开放列为中国今后十年发展的重点,上海南浦大桥的正式通车,将标志着浦东新区的开发已经进入实质性的启动阶段。上海将进一步改善投资环境,扩大与各国各地区的合作领域。我真诚地欢迎各位展商到上海的开发区和浦东新区参观,寻求贸易和投资机会,寻找合作伙伴。作为上海市的对外商会——中国国际贸易促进会上海市分会将为各位朋友提供卓有成效的服务。

最后,预祝"中国国际××展览会"圆满成功! 感谢大家!

【点评】 本范例是一份专业性很强的开幕词。该文主题是关于某国际展览会的,涉及产品、生产设备等内容的,所以在语言上特别注重对参展各厂家、商会等的关注;在行文上,语言热情诚恳,注重使用感叹语句,并概要介绍这次展览的规模和预期成效,充分展出主办方的诚意。

二、闭幕词

（一）闭幕词的概念

闭幕词是一种在代表大会或其他较为隆重的会议的最后程序——闭幕式上，会议主持人向会议的致词，其目的在于总结会议成果、祝贺大会成功结束。

（二）闭幕词的结构

1. 标题

写明是什么会议的闭幕词或只写"闭幕词"三个字。

2. 称呼

同开幕词使用相同，要顶格写。

3. 正文

首先，要简明地回顾会议的全过程，着重对会议各项主要议程的结果逐一明确交代，并加以纲领性的评价；其次，对贯彻会议精神和落实会议提出的各项任务，提出切实可行的意见。

4. 结束语

多采用号召性的语句，号召为实现会议提出的各项任务而奋斗。

【例文】

在中国共产党第十五次全国代表大会闭幕式上的讲话
（1997 年 9 月 18 日）

江泽民

同志们：

中国共产党第十五次全国代表大会的各项议程到今天已经全部进行完毕。在全体代表的共同努力下，这次大会开得很成功，是一次团结的大会，胜利的大会。

这次代表大会具有重大的历史意义。

大会期间，许多国家的政党和组织来电对我们的大会表示祝贺，国内各民主党派、工商联和各界人士也向大会表示祝贺，广大人民群众通过各种方式向大会表示祝贺，大会主席团谨向他们表示衷心的感谢。

全体起立，奏《国际歌》。

现在我宣布，中国共产党第十五次全国代表大会胜利闭幕！

【点评】　以上这则闭幕词的事例条理清楚、格式规范，较好地说明了闭幕词的特点和社会作用，具有很强的示范性。因为是国家领导人在国家重要会议的闭幕式上的闭幕词，内容清晰、语言规范，具有特别重要的意义。

第八节　祝词　贺词

一、祝词

（一）祝词的概念

祝词和贺词在某些场合可以互用，但两者所包含的意义并不完全相同：祝词通常是对事物的开始表示希冀，例如某合资企业开业典礼；贺词一般用于对事物有了结果表示庆贺，例如某项科研成果通过了国家鉴定。

（二）祝词的结构

祝词通常有称呼、正文、结尾、署名和日期等五部分。

1. 标题

不要标题或通常只写文种，如"祝词"、"贺词"、"贺电"、"贺信"、"祝寿词"或"祝酒词"等，但也有"××××年新年贺词"、"×××电贺×××"等形式。

2. 称呼

一般要用全称，称谓要得体；有时还要注意具体场合，尽可能在称呼中包括全部在场的人。

3. 正文

首先应根据具体情况，或对会议的召开、活动的举行、工厂的开工，或对对方的喜庆、事业有成，或对贵宾的来访等表示祝贺或欢迎。对重要会议或重大事件，还要用相当的篇幅介绍形势、背景及重要意义；对重要人物，还要概括其主要功绩，给予适当的评价；对某人的事业有成，也可以简要介绍一下其成就，分析一下取得成就的原因并给以鼓励。

4. 结尾

祝词的结尾一般都有固定的语言，如"祝会议取得圆满成功"，"祝开业大吉，生意兴隆"，"祝相亲相爱，白头偕老"，"祝健康长寿"或"福如东海，寿比南山"，"祝取得更大成就"或"更上一层楼"，"为……干杯"等等。当然，也可以根据双方的特殊关系，根据不同的场合、不同的事件，另拟更为合适的祝词。

5. 署名和日期

一般情况下，正式的、较为隆重的祝词，都要完整地在正文结尾后署上名字（单位要写明全称）和日期，有的还注明具体地点，也有的把日期写在标题下。

三、例文评析

【例文一】

祝　词	标题只写文种。
各位朋友：	称呼。
大家好！	问候。
非常荣幸,我受各位委托,代表大家向我们共同的朋友 ××× 先生祝贺生日。	正文先表明目的:受委托专程来祝贺。
相信大家和我一样,之所以专程赶来参加冯先生的生日晚会,是为了向他表达我们的敬重与谢意。	
能够成为 ××× 先生的朋友,是我们的一大幸事。他不仅具有出众的才干、令人景仰的成就,而且是我们可以患难与共、推心置腹的挚友与知己。	称颂、赞扬对方。
尊敬的 ××× 先生,愿您永葆青春,永远精神抖擞,事业与生活都永远顺心如意。年年有今日,岁岁有今朝。	结尾表示祝愿。
亲爱的 ××× 先生,我们衷心地祝您生日快乐！	全文字里行间充满着热烈、喜悦、愉快的气息。
××× ×年×月×日	署名和日期。

【例文二】

祝 酒 词	
女士们、先生们：	
晚上好！ 中国国际 ×× 展览会今天开幕了。今晚,我们有机会同各界朋友欢聚,感到很高兴。我谨代表中国国际贸易促进委员会 ×× 市分会,对各位朋友光临我们的招待会,表示热烈的欢迎！	与开幕词相仿,但更简单扼要,篇幅简短,语言口语化,态度热情。最后有举杯祝愿内容。
中国国际 ×× 展览会自上午开幕以来,已引起了我市及外地科技人员的浓厚兴趣。这次展览会在 ×× 市 举行,为来自世界各国和全国各地的科技人员提供了经济技术交流的好机会。我相信,展览会在推动这一领域的技术进步以及经济贸易的发展方面将起到积极作用。	
今晚,各国朋友欢聚一堂,我希望中外同行广交朋友,寻求合作,共同度过一个愉快的夜晚。	
最后,请大家举杯, 为中国国际 ×× 展览会的圆满成功, 为朋友们的健康, 干杯！	

【点评】　以上这两则祝词行文简洁,内容清晰、条理清楚,较好地说明了祝词的特点

和社会作用,具有很强的示范性。完全符合祝词的写作特点和行文要求。

二、贺词

(一)贺词的概念

单位、团体或个人应邀参加某一重大会议或活动时,常常要即时发表讲话,表示对主人的祝贺感激之意,这番讲话就称为贺词。它是贺电和贺信的统称。

(二)贺词的特点

一般在下列情况下发贺词:

(1)对重要活动举行和大会召开的祝贺。

(2)取得突出成绩时的祝贺。

(3)对担任新职的祝贺。

(4)对单位和个人的喜庆日子,比如开业典礼、节日纪念、乔迁之喜、婚礼或寿辰等表示祝贺。

(三)贺词的结构

1. 标题

直接以文种做标题,如"贺电"、"贺信"等;或者由"祝贺者＋被贺者＋文种"构成,如"×××给×××的贺寿信"等。

2. 称谓

写清楚接受单位的名称和个人的姓名、称呼。

3. 祝贺事由

写明需要祝贺的事项、缘由和意义。

4. 署名和日期

写发贺信(电)单位或个人的名称或姓名及日期。

(四)贺词的写作要求

贺词的写作,应以表达祝贺、赞颂为中心内容,简要写明对方的成就、功绩及其意义,并用简洁的语言表达衷心的祝贺和美好的祝愿。评价、赞美要实事求是,行文要感情热烈。

【例文】

婚 礼 贺 词

各位来宾、各位亲友:

今天,我们来参加李××、赖××同志的婚礼,心情舒畅、笑逐颜开。

在此,请李××、赖××同志接受我们衷心的祝愿:祝你们心心相印,白头偕老! 祝你们早生贵子、事业有成!

×××××建筑队
××××年×月×日

【点评】 以上这则贺词条理清楚、格式规范,较好地说明了贺词的特点和社会作用,具有很强的示范性;行文规范,语言有很强感染力。

 习题

1. 祝词和欢迎词在使用上有何相同和不同之处?

2. 为什么公共事务交往中,祝词和欢迎词更应把握好所用言辞的分寸,要尊重对方的风俗习惯、宗教信仰等,不讲对方忌讳的内容?

3. 收集祝词、欢迎词的各种体例,归纳写作特点,并分析其中的创意性。

4. 同学要去某心仪已久的单位工作了,请拟一份祝词。

5. 仔细阅读下列两则提示性材料,选择其中一则,替活动的主持人拟一份内容充实、感情热烈的欢迎词。

【其一】　自 10 月 17 日起,法国凡尔赛国立景观学院教授米歇尔·拉辛(Michel Racine)和法国《花园之友》(L'Ami des Jardins)杂志编辑德弗尔(Soazig-Francoise Default)女士将在北京林业大学举行为期 6 天的学术讲座。两位风景园林师此行带来了"从凡尔赛到普罗旺斯:法国古典风格的传播"、"当代法国的私家花园"等一系列主题讲座,涉及法国古典园林、文艺复兴园林以及现代园林等诸多内容。据知,法国凡尔赛国立景观学院是法国最著名的景观院校之一,其培养出的学生分布欧洲各地,对于欧洲景观的发展颇具影响。《花园之友》在法国也是一本深受园艺爱好者喜爱的科普性杂志。本次活动旨在搭建一个学术平台,加强两国间风景园林界的交流和沟通。讲座将于 10 月 25 日结束。

【其二】　"海派建筑百年后再次大规模兴起意味着什么?"这个话题日前引起了各路专家的兴趣。这个论坛是由沪港经济杂志社主办,上海建筑学会、上海恒和置业有限公司和中国成品房地产研究院协办。著名社会学家邓伟志,房地产专家张泓铭、华伟和唐豪,建筑学家吴之光,作家俞天白等出席会议。专家们认为,海派建筑是复合地产的演绎,它追求"无我"的境界。中国近十年来的建筑几乎是全球千年来建筑的总和,不存在谁是谁的榜样。松江新城泰晤士小镇以维多利亚时期的繁华景色为规划背景,不仅借鉴了伦敦郊外住宅的自然、典雅、和谐的特点,也吸取了现代英国住宅讲究环保、注重实用、追求现代的理念。如今一些设计师主动"洋为中用",从捷克小区、奥林匹花园、华尔兹花园到泰晤士小镇,其实也融入了上海的根本。

6. 联系自身实际,谈谈怎样才能设计好开幕词。

7. 开幕词和闭幕词之间有凤头豹尾式的相互照应作用。试找些例子分析比较开幕词和闭幕词的差异性,并归纳开幕词的写作中还有哪些要注意的地方。

8. 为什么开幕词的写作有许多表示谢意的语言?

9. 参照下列材料,拟写一份关于"制造业和现代服务业技能型紧缺人才培养培训工程"活动的开幕词。

党的十六大提出要走新型工业化道路,坚持以信息化带动工业化,以工业化促进信息化,加快发展现代服务业,全面建设小康社会。走新型工业化的道路,不仅需要一大批拔尖创新人才,也需要数以千万计的专门人才和数以亿计的高素质劳动者。技术、技能型人才是人才队伍重要的组成部分。最近一个时期以来,劳动力市场出现技能型人才短缺问题,引起中央领导和社会各界广泛关注,新闻媒体不断呼吁"高薪难聘高素质技术工人"。

职业教育承担着培养技术、技能型人才的重要责任,是我国教育中与经济发展联系最紧密、最直接的部分。劳动力市场上技能型人才的紧缺状况给职业教育的改革与发展带来了机遇和挑战。

为了抓住机遇、迎接挑战,从2003年初开始,教育部紧密联系有关部门和行业组织,认真组织有关行业部门、企业和职业院校的专家,对我国制造业和现代服务业发展对技术、技能型人才的实际需要进行了专题调研。调研结果表明,我国要成为"世界工厂",就需要造就和培训数十万数控技术应用领域的操作人员、编程人员和维修人员;在推进国民经济信息化中,全国计算机应用专业人才的需求每年将增加百万人左右;随着汽车保有量的大幅度上升,全国汽车维修行业每年需要新增近30万从业人员;在医疗服务领域,我国医生与护士的比例为1:0.61,而世界平均比例为1:2.7。按照到2015年我国的医护比例达到1:1进行预测和规划,我国每年需要培养各层次护士15万人。调研结果还表明,我国技能型人才的培养模式相对落后,迫切需要提高职业教育的培训的针对性和适应性。

根据上述调查研究和行业人力资源需求的分析预测,教育部等六部门提出优先在数控技术应用、计算机应用与软件技术、汽车运用与维修、护理等四个专业领域实施"制造业和现代服务业技能型紧缺人才培养培训工程"。这项"工程"的目标任务是,在全国确定500多所(其中高职院校250多所,中职学校340多所)职业院校作为技能型紧缺人才示范性培养培训基地,建立校企合作进行人才培养的新模式,有效加强相关职业院校与各地推荐的1400多个企事业单位的合作,不断加强基地建设,扩大基地培养培训能力,2003—2007年相关专业领域共输送毕业生100万人,在相关专业领域共提供短期技能提高培训300万人次,缓解劳动力市场上技能型人才的紧缺状况。发挥技能型紧缺人才培养培训基地在探索新的培养培训模式、优化教学与训练过程等方面的示范作用,提高职业教育对社会和企业需求的反应能力,促进整个职业教育事业的改革与发展。

10. 请借元旦、中秋节、教师节或生日向你心中要祝贺的人表达你的心愿。

项目五 电 子 文 书

项目学习目的：

理解电子文书的概念，了解电子文书的特点和分类，熟练掌握电子邮件、论坛帖子、手机短信、电子贺卡的写作方法。

第一节 电子文书概述

一、电子文书的概念

1946 年 2 月 15 日，第一台电子计算机"埃尼阿克"（ENIAC，即 Electronic Numerical Integrator and Calculator 的缩写）在美国宾西法尼亚大学诞生。计算机及网络技术的发展将人们带入了信息社会，彻底地改变了人们的的生活方式。社会生活的每一个领域几乎都受计算机的影响。随着信息化、网络化时代的来临，计算机也改变了传统的写作方式，产生了电子文书的写作。

电子文书是通过计算机制作、存储、传输等处理的数字化产物。计算机和网络是电子文书的基本工具。与传统的纸质文书相比，电子文书的突出特点是制作传输速度快，其排版、编辑功能使人们能够更加准确、快捷、方便地从事写作及文字编辑，极大地提高了写作的效率，而依靠互联网和数字化的信息中心，更加方便传输和保存。

二、电子文书的分类

电子文书根据写作内容和表现形式的不同，可以分为以下几类：

1. 电子公文

电子公文是伴随着电子政务的逐步深入推广和应用而产生的一种新的表现形式。随着电子政务的开展，政府将一部分职能通过网络来实现，并逐步实现政务的信息化。如很多政府工作部门内部实现了计算机无纸化办公，政府日常内部文件的起草、审批、流转通过计算机网络来实现电子公文信息化处理，大大地节省了资源和时间，提高了政府的办公效率。电子公文与纸质公文的格式与写法基本一致。

2. 电子邮件（E-mail）

电子邮件是电子形式的信件，是建立在计算机网络基础上的用户之间进行信息沟通的一种方式。具体地说，电子邮件就是通过计算机网络传送信件、单据、资料等信息的通信方法，这些电子邮件可以是文字、图像、声音等多种形式。同时，用户还可以得到大量免费的新闻、专题邮件，并实现轻松的信息搜索。目前，很多网络用户都在广泛地使用电子邮件，并取代了大部分的传统信件。

3. 论坛帖子(BBS)

论坛帖子是在互联网上开放的信息服务系统,用户可以在网络论坛上发表看法、交流信息、共享资源等。用户在论坛上发布的各种信息被称为"帖子"。

4. 手机短信

手机短信是伴随数字移动通信系统而产生的一种电信业务,通过移动通信系统的信令信道和信令网传送文字或数字短信息,属于一种非实时的、非语音的数据通信业务,因为篇幅短小而被称为"短信"。近年来,手机短信以其便捷、灵活的特点迅速成为人们日常沟通信息的主要方式之一。

5. 电子贺卡

电子贺卡是通过电子邮件传递祝福和表达情感的一种新型的贺卡。

它通过传递一张贺卡的网页链接,收卡人在收到这个链接地址后,点击就可打开贺卡图片。贺卡分类很多,有静态图片的,也可以是动画的,甚至带有美妙的音乐。

除此之外,网络日志(blog 或 Weblog,译名"博客"),即时通讯工具(MSN、Messenger等)中的"共享空间"等都给网络用户提供了一些表达思想、交流情感的新的渠道,浏览的人也可以发表观点、交换意见。

三、电子文书的特点

1. 电子文书是在一定现代信息管理技术的条件下进行的

电子文书是适应现代信息管理技术要求的组织体制、运行机制和工作人员的技术素质等基本要求的数据文件。与纸质文书相比,电子文书具有存储体积小、检索速度快、远距离快速传递及同时满足公众和组织资源共享等优点。

2. 电子文书是一种数字化的电子文件

电子文书是具有文件特征的数字信息,又是以数字信息为特征的文件。但与纸质文书相比,电子文书也存在自身无法克服的局限性,如信息与载体分离、不能直接阅读、必须依赖于软件和硬件才能识别和利用;电子文书容易被人修改、复制,修改之后几乎不留痕迹,在真实性、完整性和凭证性方面比较难认可。

因此,电子文书的写作必须具备写作信息、写作者、写作设备和写作环境等因素才能完成电子文书的写作。

四、电子文书写作的要素

电子文书作为一种新兴的写作方式,必须具备以下四个要素。

1. 硬件设备

电子文书的制作是物质基础是以计算机为中心、以数字化信息网络为依托,辅助以输入输出设备、各种系统软件和应用软件组成的现代化写作系统。大多数电脑至少包括主机、显示器、输入设备和输出设备等。

2. 软件系统

只有硬件设备,没有系统软件,计算机是无法进行工作的,当然也就无法制作电子文书了。计算机必须具有系统软件和应用软件。用来支持应用软件运行的软件称为系统软件。系统软件主要有操作系统如 DOS、WINDOWS、UNIX 等，数据库管理系统如 Fox-Pro、DB－2、Access 等，编译软件如 VB、C＋＋、JAVA 等。应用软件是专门为某一应用目的而编制的软件，较常见的有：文字处理软件，如 WORD、WPS；信息管理软件，如人事管理软件、计划管理软件等；辅助设计软件，如 CAD 等。

3. 技术设施

电子文书的形成必须基于数字通讯技术和邮件技术，前者是电子文档传输的物理基础，后者则是电子文档传输系统的软件平台。最后通过工作流技术，使人们可以通过手机或电脑等电子设备来收发电子邮件或上网发帖等，使电子文书处理处于电子化控制之下。

4. 操作者

电脑只是一个帮助人们工作的工具，如果没有具有电脑操作能力的人，它也无法发挥其作用。具有操作电脑能力的人，是指掌握一定的电脑基础知识，对操作系统有一定的了解，并能够使用各种办公软件能力的人。只有具备了这些能力，才能制作出电子文书。同理，用手机制作电子文书也离不开操作者。

第二节　电子邮件

一、电子邮件的概念

电子邮件（E-mail）是建立在计算机网络上的一种通信形式。计算机用户可以利用网络传递电子邮件，实现相互通信。进行电子邮件通信，必须在网络文件服务器（即计算机）上建立电子邮件的"邮局"，它是电子邮件的中心集散地，可为每个用户设置有地址的信箱。这里的"邮局"实际上是网络文件服务器上的一组数据库文件。

二、电子邮件的分类

1. Web 方式邮件系统

所谓 Web 方式邮件系统，是指在 Windows 系统中用浏览器电子邮件服务商的电子邮件系统网址，在该电子邮件系统网址上输入用户名和密码，进入用户的电子邮件信箱，处理用户的电子邮件。

Web 方式邮件系统的使用特点：用户无需特别的设备或软件，只要用户会浏览互联网，就可以利用电子邮件服务商提供的电子邮件服务功能。

2. 客户端方式邮件系统

所谓客户端方式邮件系统（POP3），是指用户使用一些安装在个人计算机上的支持电子邮件基本协议的软件产品，使用和管理电子邮件，如 Foxmail、Outlook 等。

客户端方式邮件系统的优点在于可以利用客户端软件，方便对邮件进行备份管理。用户在下载电子邮件前，对信箱中的电子邮件可以根据发信人、标题等内容进行筛选，防止用户把时间浪费在下载垃圾邮件上,防止病毒的侵袭。

三、电子邮件的特点

电子邮件是一种异步通讯方式。电子邮件的传递是以电讯号的方式传播,信息发送后并不需要即时回复,接受信息的人不一定要在场。发送的信息被存储在电子邮件服务器的硬盘上,当接收者想读它时,服务器会把消息传给客户机。电子邮件与普通邮件相比,有以下特点:

1. 发送速度快

电子邮件通常在数秒钟内即可送达至全球任意位置的收件人电子信箱中,传输速度之快是传统投递方式无法企及的。

2. 信息多样化

电子邮件发送的信件内容除普通文字内容外,还可以是软件、数据,甚至是录音、动画、电视或各类多媒体信息。

3. 收发方便

与电话通信或邮政信件发送不同,E-mail 采取的是异步工作方式,它在高速传输的同时允许收信人自由决定在什么时候、什么地点接收和回复,发送电子邮件时不会因"占线"或接收方不在而耽误时间,收件人无需固定守候在线路的另一端,可以在用户方便的任意时间、任意地点收取 E-mail,从而跨越了时间和空间的限制。

4. 费用低廉

和传统的邮寄信件相比,电子邮件在费用上的优势是显而易见的。用户花费极少的市内电话费用(或网络通信费)即可将重要的信息发送到远在地球另一端的用户手中。

5. 可以群发共享

我们利用电子邮件的"抄送"功能或邮件组功能可以实现群发共享,即同一个电子邮件可以通过网络极快地发送给网上指定的一人或多人,无论这些人在世界的哪个角落,且发送速度很快。

6. 安全

电子邮件软件是高效、可靠的,如果目的地的计算机正好关机或暂时从 Internet 断开,电子邮件软件会每隔一段时间自动重发;如果电子邮件在一段时间之内无法递交,电子邮件会自动通知发信人。

当然,电子邮件也有着自身无法克服的局限性,由于受到网络传输速度、用户电子邮箱容量等因素的限制,并不是所有信息都可以通过电子邮件来传递的。另外,垃圾邮件也是因电子邮件的方便、快捷而孽生的令人头痛的问题;还有,网络病毒也可能会破坏电子邮件。

四、电子邮件的格式与写作方法

电子邮件通常由信头、正文和签名区三部分构成。

1. 信头

(1) 地址(Address)

包括收件人（To）或发件人（From）的。写信时，在收件人（To）处写上对方的电子邮件地址。收信时，地址栏则体现出发件人的电子邮件地址及收件人地址。

（2）抄送（CC）

用户给收件人发送邮件的同时把该邮件抄送给另外的人。邮件是否要抄送给其他人，根据写信人实际需要而定。

（3）密送（BCC）

用户给收件人发出邮件的同时把该邮件暗中发送给另外的人，但"收件人"不会知道该邮件又发给了哪些人。邮件是否要密送给其他人，根据写信人实际需要而定。

（4）主题（Subject）

即邮件的标题，是对邮件件主要内容的概况。当然也可以不写标题，但对方在收到邮件的时候就显示"无主题"。当我们回复电子邮件时，如果不对主题加以修改的话，系统就会自动生成"Re：×××"的标题字样，意为对原邮件的回复。

（5）附件（Attachment）

同邮件一起发送的附加文件或图片资料等。邮件是否要添加附件，须根据写信人的实际需要而定。

2．正文

电子邮件的正文基本遵循传统纸质信件的书写格式及行文准则。正文包括称呼语、问候语、内容和结束语四部分。

（1）称呼语

第一行左侧顶格，加上冒号。称呼要根据写信人和收信人的关系，本着长幼有序、礼貌待人的原则，选择合适的称呼。有时候电子邮件只有几句话，甚至几个字，类似于聊天内容，称呼语可以省略。

（2）问候语

称号语下一行左空两格，一般是"你好"、"您好"之类的问候语

（3）内容。

问候语下一行左空两格，转行时顶格写。内容按照一事一段的原则来写，应条理清楚，详略得当。

（4）结束语

内容下一行左空两格，一般写上祝福语。结束语可以根据写信人和收件人的关系，或者写此邮件的目的和内容，写上不同的祝福语。

3．签名区

正文右下方签上写邮件人的名字，也可根据写邮件人与收邮件人之间的关系，加上合适的称呼。

要注意的是，一般商务电子邮件的称呼、正文、签名均为顶格书写，段与段之间空一行，签名档还包括写邮件人公司名称、职务、联系方式等信息。

五、电子邮件使用时的注意事项

电子邮件给我们的生活和工作带来了便利，但我们在使用电子邮件时，也有一些注意

事项：

（1）对来历不明的电子邮件不要轻易打开，以免病毒侵害我们的电脑。

（2）在公共场所，如网吧，尽量使用网页方式收发邮件，且不要保存密码。

（3）由于电子邮件信息的传输不是即时性的，如果比较重要的信息，一定要通过其他方式与收件人进行确认，提醒对方查收邮件。

【例文】

商务电子邮件

【点评】 这个电子邮件是标准的商务电子邮件，其格式非常规范，包含称呼、正文及签名区。商务邮件的签名档的信息十分全面，包括发件人姓名、公司名称、职务和联系方式等，便于客户能够及时沟通联系，洽谈业务。另外，行文上层次分明，语言简洁，表述清楚。

第三节　论坛帖子

一、论坛帖子的概念

论坛帖子（BBS）是电子布告栏系统（Bulletin Board System）的英文缩写，它是一种在

Internet 上开放的信息服务系统,模拟在公共场所中真实布告栏的功能,用户可以在这里自由地阅读布告栏上的信息,也可以张贴他们自己的信息,以达到发表观点、交流思想的目的。这些发布在论坛上的文章或者信息就被称为"帖子",在这里有简短的信息的含义。

二、论坛帖子(BBS)的分类

目前,论坛帖子(BBS)大致分为以下五类。

1. 校园 BBS

目前很多大学都有了 BBS,几乎遍及全国各地高校。像清华大学、北京大学等都建立了自己的 BBS 系统。北京大学的未名 BBS、清华大学的水木清华等高校 BBS 都很受学生和网民们的喜爱。大多数 BBS 是由各校的网络中心建立的,也有私人性质的 BBS。

2. 商业 BBS 站

主要是进行有关商品的商业宣传、产品推荐等的 BBS,目前这种商业 BBS 站比比皆是,如手机、电脑、房地产等的商业 BBS 站。

3. 专业 BBS 站

这里所说的专业 BBS 是指部委和公司的 BBS,它主要用于建立地域性的文件传输和信息发布系统。

4. 情感 BBS 站

情感 BBS 站主要用于用户之间的情感交流,这是许多娱乐网站的首选。

5. 个人 BBS 站

有些个人主页的制作者们在自己的个人主页上设立了 BBS,用于接受别人的想法,也更有利于与用户或好友进行沟通。

三、网络论坛的功能

网络论坛的功能大致有信息讨论、文件共享和在线交谈等。

1. 信息讨论

这是最受网民欢迎的一种功能,习惯上把在网络论坛上发表文章或意见称为"发帖子",这些文章或意见称为"帖子"。网络论坛设有专门的讨论区,如人文、旅游、情感、体育或游戏等,登陆的用户可以自由地发表意见,与别人交流心得和经验。

2. 文件共享

一般的网络论坛中,大多设有交流用的文件区,众多免费软件和各种最新消息都可以通过网络论坛获得。这不仅使用户得到合适的软件、了解及时的信息,也使软件开发者的成果和信息发布者由于公众使用软件或获取信息而得到肯定。

3. 在线交谈

有些网络论坛可以做到在线交谈:登录后,可与其他在线的用户即时联机交谈,有的只能进行文字交谈,有的甚至可以直接进行语音对话。

四、网络论坛的使用方法

1. 登陆某个网络论坛的网站，注册用户名

一般的网络论坛要求用户首先注册用户名。在上面发布信息、参与讨论等都要以这个注册用户名的名义。当然也可以不注册，用户以"游客"的身份进入论坛，但是只能阅读文章，不能发布信息、下载文件、在线交流等。

2. 阅读帖子

用户进入网络论坛后可以选择感兴趣的主题讨论区，点击帖子的标题即可阅读文章，每个讨论区的帖子都以列表的形式出现。通常我们把第一个发的帖子称为"主帖"，把发帖人称为"楼主"；把其他参与讨论、发表意见的帖子称为"回帖"或"跟帖"，其他发帖人根据他们各自所处的位置，称为"×楼"，如第一个回帖的人称为"一楼"，依此类推，相邻的两个回帖还可称为"楼上的"、"楼下的"。

3. 回复帖子

我们阅读了一个帖子后，也想参与讨论或发表意见，就可以回复该帖子，以便让别人了解你的看法。我们回复主帖，点击"回复此帖"；或者可以直接在窗口底部的"回帖区域"根据提示填写标题和具体内容，点击"发送"按钮；或者针对某个回帖发表意见，点击"引用回复"，将具体内容输入，点击"发送"就可将帖子发出。

4. 发表新帖子

在 BBS 讨论区的主页点击"我要发言"或"发新帖"按钮，就会出现一个新的写作窗口，根据提示填写标题和具体内容，最后点击"发送"按钮。

五、论坛帖子的格式与写作方法

论坛帖子的题材非常广泛,政治、经济、人文、地理、历史和情感等生活中各个方面的内容都有,可以就生活中的某一事件或问题进行评论,也可以发布信息,如"我想要出售房屋"。无论是评论性帖子,还是信息交流类帖子,一般包括三个部分,即标题、主体和结尾。

1. 标题

论坛帖子的标题要求准确概括、新颖独特,这样阅读帖子的人可以看到标题就清楚地了解发帖的目的,吸引读者的眼球。

2. 主体

如果是评论性帖子,首先要列出评论的问题或简要阐述具体问题或现象,其次要针对具体问题或现象发表自己的看法,做到观点鲜明、层次清晰、符合逻辑。如果是发布信息,希望与别人分享经验的帖子,要将问题或者经历按照一定的顺序叙述清楚。如果是求助类帖子,要把自己遇到的问题和希望得到的帮助写清楚。

3. 结尾

一般评论类帖子会针对某个具体问题发出呼吁或者提出希望。信息交流类帖子往往会留下联系方式,如 QQ、MSN 等,以方便他人的联系。

六、论坛帖子的写作要求

1. 内容要健康

在网络论坛上发帖子,由于其匿名性,所以发帖往往比较随意,但是不能因此发表或转发庸俗、下流的帖子。因为网络是一个公共媒体,论坛上的帖子在客观上会起到传播信息、影响他人的作用。

2. 语言要文明

网络论坛上的帖子语言丰富多彩,产生了很多富有网络特色和时代气息的"网络语言"。但是,网络论坛上也存在着许多不文明的语言,污染了网络论坛环境,我们应该自觉抵制这种不文明的行为。另外,网络论坛上也出现了很多不规范的语言,这也要予以纠正。

3. 遵守法律的原则

在网络论坛上发帖子必须遵守法律,严禁发表危害国家安全、破坏民族团结、破坏国家宗教政策、破坏社会稳定、侮辱、诽谤、教唆、淫秽等内容的作品。

【例文】

"天涯时空"忠言:神木县"免费医疗"招惹了谁?(原创)

作者:仲金秋 提交日期:2009—5—21 18:27:00 访问:154105 回复:1085

据《华商报》5 月 17 日报道,今年 3 月 1 日,在酝酿了一年多之后,陕西省神木县的《神木县全民免费医疗实施办法(试行)》如期推行。这项被媒体称为"开国内先河"的医疗保障制度推行两个多月以来,让全体神木人民真正体会到了"看得起病"的前所未有的实惠。然而,就是这样一个惠及广大百姓的非常好的改革举措,却遭到了一些"评论家"的非议,对这样的改革横挑鼻子竖挑眼,恨不得马上将其扼杀在摇篮里。对此,我感到非常的疑惑。

疑惑之一,不做调查妄下结论。让我们看看一些文章的标题:《京华时报》评论《神木免费医疗疑似大跃进》,《大众日报》评论《医疗需要保障而非免费》,中央电视台"新闻1十1"《陕西神木县免费医疗致医院爆满 惠民政策遇尴尬》,红网崔中波的评论《神木县"全民免费医疗"看上去很美》等等。看了标题,就大概了解这些文章的大体内容了。无非是指责神木县的改革是"理想主义","不切实际","多数人为少数人看病埋单",以及担心神木县"财政负担"。

其实,很多疑问,在关于神木县免费医疗的最初报道中早已做出回答:神木县去年人均生产总值达到了6.87万元,已经远远超过全面小康社会人均生产总值3000美元的标准。地方财政收入达到了16.7亿元,综合实力位居陕西省第一位,西部第五位。这样一个很有实力的先进县,是有足够经济基础做后盾的,而且经过论证酝酿1年多时间,根本不是什么领导拍脑瓜子的所谓"大跃进",而是符合当地实际情况、符合"发展为了人民、发展成果人民共享"的科学发展观的社会进步。全民免费医疗绝不是洪水猛兽,在欧洲一些发达国家,即使在一些亚非拉美的发展中国家也早已实现。神木县根据自己的实际,推行惠民的医疗改革又有什么不可以?何况神木县的医改远不是完全意义上的"免费医疗",只不过是报销的比例加大而已。

当然,神木县的医疗改革在实施过程中可能存在这样那样的新问题,这很正常,不断完善就是了。但总比某些官员拿人民血汗钱吃喝玩乐、出国旅游、贪污腐败要好得多。即使是理想主义,又有什么不可以?我们社会的发展进步,不就是要达到一个共产主义的理想境界吗?"看上去很美"更是比那些"看着都不美",因上不起学、看不起病、买不起房的民众们满脸愁容、毫无希望的生活要强百倍。

疑惑之二,不能透过现象看本质。中央电视台白岩松先生看到神木县实行"全民免费医疗"后医院爆满,就断言改革"遭遇尴尬",实属一种浅见甚至偏见。新的医疗改革仅仅施行两个月时间,看病的人很多,这是十分正常的。这也恰恰说明"免费医疗"的必要性。"看病难、看病贵"是多年来压在中国百姓身上的"三座大山"之一。尤其一些农民兄弟,一般小病舍不得看,大病又看不起,很多患重病大病的人实际上在默默地等死。而政府出台这样一个看病不花钱或少花钱的好政策,百姓们自然十分珍惜。医院病人爆满,只能说明过去政府对医疗卫生的投入太少了,亏欠老百姓的太多了。

而一些评论文章,却拿老百姓的素质和"道德"水准说事,说老百姓为了占便宜,无病呻吟、小病大养,有的病好了也不想出院,这未免有"小人之心度君子之腹"的味道。常言道,"是药三分毒"。我想,无病找病、没病乱吃药的不能说没有,但绝对少之又少。对医院爆满要做科学分析,如果是服务不够,就应在增加服务提高医疗水平上下工夫;如果是政策性的起始效应,就无须多虑和大惊小怪。一旦进入"免费医疗"的政策常态,医院病员爆满的现象,自然就会消失。

疑惑之三,改革只能市场化不能搞福利?中国的医疗改革已经走了很大弯路,国家新的医疗改革方案,摒弃过度市场化的弊端,提出新的医改要坚持医疗卫生事业的社会公益性质,这是非常正确的。在欧洲发达国家,医疗卫生费用80%—90%由政府负担,即使是美国那样市场经济高度发达、医疗卫生服务高度市场化的国家,政府卫生支出也占到整个社会医疗卫生支出的 45.6%。而我国对医疗费用负担由 20 世纪 80 年代前的 40% 多逐年下降,目前仅 8% 左右。医疗的市场化改革,使我国医疗公平性排名,在世界卫生组织的 191 个成员国中位列 188 位,即倒数第四,这与我国社会主义社会的大国形象极不相称。

一些人看到神木县改革没有走市场化的路子,心里很是不舒服。这种"市场拜物教"式的思维,其实是把改革的手段和目的搞颠倒了。不错,我们搞的是市场经济,但市场经济并不一定什么都要进市场。市场也不是解决所有问题的灵丹妙药,尤其是解决不了社会公平正义的问题,这已经被中外无数事实所证明。美国总统奥巴马上任之后,首先考虑的就是美国"政府太小",而市场"太大"的问题,他要勒勒市场这个"脱缰野马"。

疑惑之四,一些人总自以为很"高明"。有的人喜欢鸡蛋里面挑骨头,即便是好事也要给你找点毛病,甚至给你罗列莫须有的"罪名"横加指责。《京华时报》把神木医改说成"大跃进"就十分令人匪夷所思。而中央电视台"新闻 1+1"节目,白岩松先生拿出"世界上没有免费的午餐"调侃神木。但是"世界上没有免费午餐"不是绝对的真理。在河南南街村、江苏华西村、河北周家庄乡免费的"午餐"早就有了,在那里教育、住房、医疗基本免费,已经施行多年。这样"看上去很美"的理想社会有什么不好呢?这不正是我们中国共产党几代人为之奋斗和追求的吗?当然,免费的午餐背后,是人们团结一心地辛勤劳动、无私奉献和艰苦创业。

退一步说,那一个家庭里没有"免费午餐"?一家之人对家的贡献虽有大小,但老人曾为家做过贡献,孩子正在成长,他们都是家庭里平等的一员,他们都有吃"免费午餐"的理由。一个家庭的和谐之道如此,一个县区、一个省份、一个国家也理应如此。如果在家庭里成员之间没有无私的互助,一个国家的人民没有共同利益和追求,如果每个人只认钱不认人、极端地自私,这样的家庭或国家是不可能有凝聚力的。

总之,千方百计让老百姓"学有所教,住有所居,病有所医,老有所养",这样的干部就是好干部,这样的政策就是好政策。这是党和政府的目标,也是老百姓的期盼,神木县政府将人民创造的财富造福于民,功在当代、利在千秋,无可指责。

作者:仲金秋　回复日期:2009—05—21　18∶32∶44

千方百计让老百姓"学有所教,住有所居,病有所医,老有所养",这样的干部就是好干部,这样的政策就是好政策。这是党和政府的目标,也是老百姓的期盼,神木县政府将人民创造的财富造福于民,功在当代、利在千秋,无可指责。

作者:dear_121x　回复日期:2009—05—21　18∶45∶58

顶楼主,有些人就是看不惯别人好。吃不到葡萄说葡萄酸!

作者:ptgljzhs　回复日期:2009—05—22　08∶31∶29

说得到不等于做得到。要跑步进入共产主义?

作者:遥闻深巷中犬吠　回复日期:2009—05—22　09∶52∶16

"庙堂之上,朽木为官,殿陛之间,禽兽食禄;狼心狗肺之辈,滚滚当道,奴颜婢膝之徒,纷纷秉政。以致社稷丘墟,苍生涂炭。"

还是贴这个玩吧,禽兽总见不得人事,盖因其本来就没有人性,一窝子疯狗,当然要对着人狂吠了。

作者:w_waner 回复日期:2009—05—22 09:56:31

千方百计让老百姓"学有所教,住有所居,病有所医,老有所养",这样的干部就是好干部,这样的政策就是好政策。

【点评】 这篇帖子属于评论类帖子。作者首先简要地叙述了《神木县全民免费医疗实施办法(试行)》经过一年多的酝酿出台了,但是招致各路媒体的质疑这一事件。其次,作者针对媒体的各种评论,从四个角度提出了自己的不同看法,论证自己观点时,层次清楚,说理充分。

第四节 手 机 短 信

短信(SMS)是用户通过手机或其他电信终端直接发送或接收的文字或数字信息,它是伴随数字移动通信系统而产生的一种电信业务,通过移动通信系统的信令信道和信令网传送文字或数字短信息,属于一种非实时的、非语音的数据通信业务。

短信为人们之间相互交流提供了新的手段,它具有传递准确可靠、迅速及时、个性强、可保存等优点。随着技术的发展,手机短信不仅可以发送文本信息,也可以传送图像、声音和数据等内容。短信作为用文字传递信息和沟通的一种方式,让手指更加灵敏发达,让嘴巴休息,使现代电信的业务具有了技术和文化的双重色彩。

一、手机短信的特点

1. 自由随心

短信能够最大限度地将受众解放出来。与互联网相比,手机载体易携带,短信可以随时随地发送,不会影响别人,而这种无声的交流也给了发送双方更多的空间。手机短信易存储,易转移和反复传播,这样,人人都可以是接受者,也都可以是发送者,这种角色的自由互换使得"第五媒体"成为真正意义上的自由随心。

2. 经济实用

世界上第一条短信就是为了解决高昂的电话费而产生的。与手机通话费相比,短信的资费非常具有吸引力。对于尚未具备独立经济能力的年轻一代、校园一族来说,它更可以节约话费,尤其在漫游的情况下更是如此。为此,中国移动公司也不失时机地推出了专门针对在校学生的动感地带校园套餐等业务。

3. 覆盖面广

手机短信是能传输包含文字、图片、图像和声音在内的多媒体信息的媒介。越来越成熟的短信中心为消费者提供各种各样分类繁多的定制服务,使每个行业、每个阶层的用户都可以自由挑选和找到自己所需的信息,如收看热点新闻、股票行情、投注彩票、用短信息拜年、学习英语等。

4. 迅速便捷

手机短信不仅超越了地域和时间,而且超越了电脑终端设备的限制,其传播效率具有传统媒体及互联网不能比拟的优势。而短信的收发也非常方便快捷,只要在手机上轻轻一按,一个短信就可以在很短的时间内传播给你想发送的任何一个人。

当然,短信的发送也有一定的局限性,如信息的长度受到一定的限制、输入的方式费时费力等。

二、手机短信的分类

手机短信按照内容来分,大致可分为以下几类:

1. 日常短信

这是手机短信最基本的一种用途,包括商务短信、邀请短信、情感交流(感谢、道歉、友爱等)短信等。比如上海普通话测试中心发给测试员的短信:"请您于本周六 8 点钟在××中学参加普通话水平测试。能否参加,请于周二前回复,谢谢。——上海市普通话测试中心。"这是在公务上使用短信来沟通传递信息。再如约会迟到发一个:"路上堵车,等我10 分钟。"让朋友不要着急,拉近了与朋友之间的距离。

2. 祝福短信

祝福短信在日常生活中也占有重要一席,尤其是在节假日往往可以收到朋友、家人们来自四面八方的祝福。在这方面,短信已经逐渐取代了书信、电话、网络问候的作用,居统治地位。

3. 幽默短信

这一类短信在日常生活中也占了很大的一部分,往往通过幽默的语言博得收信者的一笑,给生活带来了愉悦。

4. 短信小说

手机小说其实是一个笼统的概念,其中包括短信小说和彩信小说。短信的局限在于70 个字,而彩信可以达到 5000 字。基于这种硬性限制,短信小说的作者不得不带着镣铐舞蹈。短信小说更像是一种微型小说,它必须不断以悬念等形式制造出可以吊起读者胃口的东西。同时,有限的字数对作者锻字炼句的功底又是一个严峻的考验。国内第一部手机短信小说是《城外》(作者千夫长)。

三、手机短信的写作要求

1. 格式简单

编辑短信时一般不加称呼,直接输入正文内容即可。由于短信在手机上显示收发者的手机号码,如果手机号码已经存储在手机上,则收发短信时会显示对方的名字,所以结束正文后一般不用署名,除非有必要。

2. 文字简洁

由于信息长度受到一定的限制,因此短信的制作要突出短小简洁的特点,力求用最少的文字表达最丰富的内涵。

3. 用语文明

目前短信也受到了"黄色风潮"的侵袭,一些不健康的内容在手机短信上流行。我们应自觉抵制这种不文明行为，做到不制造、不传播不文明的短信，以净化短信环境。

第五节　电子贺卡

一、电子贺卡的概念

电子贺卡是利用电子邮件传递的贺卡。它通过传递一张贺卡的网页链接，收卡人在收到这个链接地址后，点击就可打开贺卡图片。贺卡分类很多，有静态图片的，也可以是动画的，甚至带有美妙的音乐。大部分电子贺卡是免费的。

二、电子贺卡的历史

最早的电子贺卡实际就是一些图案漂亮、内容对应各种节日的普通图片，由发卡者通过网络将它送到收卡者的邮箱里，收卡者再通过电脑观看并保存。

20世纪90年代末，随着各大网站提供免费服务的风气日盛，越来越多的网站将注意力放到了电子贺卡身上。以美国数家网站为首，推出了一种在当时颇为吸引人的电子贺卡发送方式：发卡人发出的只是一段网络链接地址。它不再占据收发双方的硬盘空间，因为五花八门的贺卡全都保存在网站的服务器上，更加节省了收发时间。

电子贺卡DIY（英文Do It Yourself的缩写，又译为"自己动手做"）化是它发展过程中又一次极为重要的改进。当服务器寄存方式已经成为主流后，很多年轻用户并不满足于只能被迫接受网站人员的审美观，而使用他们提供的各种成型卡片，他们想用众多素材制作出属于自己和身边朋友的独特贺卡。于是，各家网站纷纷改变服务方式，从提供成型贺卡改为尽可能多地提供各种素材（图片、祝词等），由用户自己根据喜好组合。

第三次重要的改进是Flash技术在电子贺卡上的广泛应用。Flash在尽可能多的搭载视听内容的同时将文件体积控制到最小。Flash贺卡，是"动"的贺卡，它的内容更丰富、更生动。

三、电子贺卡的特点

电子贺卡发展到今天，使用它的人群遍布全球，主要是因为它具有以下几个特点：

1. 传输简单方便

电子贺卡只要填写收卡人的电子邮件就可以了，非常简单方便。不同的操作系统、不同的邮件软件的用户都能看到同一张贺卡。

2. 节省费用

电子贺卡最大限度地节省了用户的支出，因为大多数网站提供的是免费服务，用户只需缴纳少量的上网费便可以使世界各地的朋友收到自己的节日祝福。而传统贺卡纸质好，制作过程中不但需要大量优质木材，而且会严重污染环境。

3. 实现个性化主张

网站提供的DIY服务使得众多用户可以充分发挥自己的想象力和创造力，挑选、制作出自己心仪的电子贺卡。

四、电子贺卡的制作方式

1. 使用贺卡网站已经制作完成的电子贺卡

用户可以进入电子贺卡网页，选择自己喜欢的样式，写上祝福的话语，就可以把贺卡发送给亲朋好友了。除了发送文字之外，还可以贴上图片或自己的照片，或者附上音乐、动画文件等。

2. 自己动手制作电子贺卡

自己制作电子贺卡，首先可以从网站上下载 Flash、Photoshop 等软件，然后根据自己的喜好，选择图片、音乐、文字进行编辑，一张亲手制作的贺卡就完成了。

【例文】

母亲节贺卡

【点评】　这张贺卡是根据网易贺卡站提供的模板制作的一张母亲节贺卡。在 To 处写上收信人——母亲的邮箱，From 处写上寄信人——女儿的邮箱，文字部分为女儿的自由发挥，插入音乐处可以添加母亲喜欢的音乐，或者祝福母亲的音乐，以表达对母亲的感激之情。

习题

1. 电子文书的特点有哪些？
2. 使用电子邮件有哪些注意事项？
3. 到网站上申请一个电子邮件，然后给你的朋友发一封主题为"暑假我要去四川做志愿者"的电子邮件，并且抄送给两个朋友。
4. 如何使用网络论坛？请在网络论坛上注册一个用户名，并发表一个关于"世博会在上海举办的意义"的帖子。
5. 到网易贺卡站上制作一张贺卡，发送给你的朋友。

项目六 经济类文书

项目学习目的：

通过本章的学习，要求掌握经济类文书的概念和分类；认识经济类文书的特点和作用；熟练掌握市场调查报告、市场预测报告、经济活动分析报告、经济合同、招标书、投标书的结构和写作方法。

第一节 经济类文书的概述

一、经济类文书概念

经济文书是经济应用文的通称，是法人单位或个人在经济活动和经济交往过程中反映经济情况，处理经济事务，研究、解决经济实际问题的一种具有特定格式的专业应用文体。它是应用写作的一个重要分支。它广泛地应用于经济活动的各个领域，充当着重要角色，无论是单位还是个人，都应该努力运用好经济文书，使这一工具更好地为经济生活服务。

二、经济类文书的分类

1. 通用经济文书

通用经济文书是各类机关团体、企事业单位或个人普遍使用的经济文书的统称，包括经济公务文书、经济事务文书和经济研究文书等。

经济公务文书是机关团体、企事业单位在处理公务时所使用的，具有特定实用价值和一定惯用体式的文书。

经济事务文书是机关团体、企事业单位或个人在经济活动中交流沟通、处理事务时所使用的文书，如经济工作计划、经济工作总结和经济调查报告等。

经济研究文书是人们对经济活动和经济理论进行分析研究、观察探测所获得的经验成果或创新见解的科学记录、总结的书面文字材料，如经济论文和经济工作研究等。

2. 专用经济文书

专用经济文书是指在进行业务管理、生产经营、商贸往来等经济活动中，为处理经济事务、协调经济活动、传递经济信息而经常使用的具有较为固定的格式的专用文书，如经济活动中经常出现的经济合同，经济活动分析报告，经济预、决策报告，可行性研究报告，工商、税务、保险、房地产等经济部门经常使用的各专项报告等。

3. 经济诉讼文书

经济诉讼文书是指在各类诉讼或非诉讼法律事务中，由司法机关或当事人根据有关法律,按照法定的程序、手续而制作的具有法律效力或法律意义的文书,如经济诉状、经济答辩状和经济公证文书等。

4. 常见的经济文书

主要包括市场调查报告、市场预测报告、经济活动分析报告、经济合同、项目建议书、招标书、投标书、商品说明书等。

三、经济类文书的特点

1. 实用性

注重实用,讲究实效,重视解决实际问题。

2. 真实性

经济文书的内容必须"真"。真实是经济文书的生命,经济文书是反映经济活动规律、解决实际经济问题的,它应当从实际出发,原原本本反映客观事物的真实面貌,传递准确无误的信息。

3. 效益性

经济活动与其他活动相比的一个根本区别就在于它必须追求经济效益。文章是客观事物的反映,经济文书是直接反映、影响与作用于经济活动的,就必然与经济效益发生不解之缘。这就要求经济文书要从不同的角度、不同的方面,以不同的内容、形式和方法与经济效益挂钩,为提高经济效益服务。例如,市场调查报告要为解决企业产品适销对路服务,经济合同要为企业的切身经济利益着想。

4. 政策性

市场经济就是法制经济,有关的经济法规和经济政策就是经济运行的基本规则,也是经济文书写作的指导方针。这就要求经济文书的内容要体现和渗透经济法规和经济政策的精神,要以有关的法规和政策为依据去分析经济现象、研究经济形势、解决经济问题;要结合具体的经济工作任务、具体的事件、具体的问题去自觉贯彻宣传国家的有关法规和政策,反映国家政权的政治意向和根本利益。如签订经济合同,必须遵循《合同法》的有关规定,必须规范在国家法律以及有关税务、财务、物价等方面的政策允许的范围之内。

5. 程式性

不少经济文书都有它固定的格式。经济文书的固定格式,是人们在长期的写作交往实践中约定俗成的,各种文体都有自己大致的模式,写作也要按照一定的规格、程式、标准和要求进行,写作时必须共同遵守,不能随意更改。

规范化是实现经济文书统一性、完整性、准确性和有效性的重要保证,是提高经济写作的速度与效率的基本措施。

6. 时效性

经济文书要承担收集、编制、传递、应用经济信息的职能,发挥指导经济工作、解决实际问题的作用,在写作上就必须做到争分夺秒,不失时机。信息流通得越快,经济文书的指导性就越强,它的价值也就越大。如经济预测报告、经济决策报告等,必须适时写出,否则过期作废。

四、经济类文书的作用

1. 领导和指导作用

经济管理是一个多层次的系统结构,为了使各个部门各个环节的活动协调一致,就必须借助于经济文书及时地将党和国家的方针政策以及上级部门的指令、决策、任务、要求、计划等传达给下级部门,对基层单位的工作进行具体领导和指导,以便统一思想,统一行动,令行禁止,步调一致,用以维护正常的经济秩序、实现经济活动的有效管理。

2. 汇报和交流作用

基层单位要通过经济文书向上级部门汇报工作、反映情况、提出建议,主动接受上级机关的领导。单位之间、部门之间也要通过经济文书交流信息,加强横向联系,相互沟通.取长补短,促进竞争,获得支持和帮助。

3. 推广和宣传作用

推广和宣传作用主要表现在以下三个方面:

(1)对典型经验的推广与宣传。通过经济文书,可以对错综复杂的经济现象进行科学的研究与分析,以便总结经验,揭示规律,抓住典型,指导一般,对经济工作做正确导向。

(2)对商情的反映与宣传。通过经济文书,企业可以及时发布商品产、供、销方面的信息,加速商品流通,开拓市场,扩大销售,提高效益。

(3)对企业知名度与美誉度的推销与宣传。企业的发展与其社会知名度是分不开的,社会知名度越高,社会评价越好,其发展的社会环境就越优越,前景就越广阔;反之,在其发展的道路上便会遇到重重障碍和困难。怎样提高企业的社会知名度与美誉度呢?除了靠自身的业绩外,在很大程度上还得通过一定的形式来推销,这种推销,乃是通过相应的经济文书来实现的。

4. 依据和凭证作用

来自上级部门的经济文书常常是下级单位做出决策、开展工作的政策依据;来自下级单位的经济文书常常是上级机关制定政策、部署工作的情况依据;与有关方面发生权益关系而形成的经济文书则是维护自身合法权益的凭证,一旦发生经济纠纷,它们就会从法律的角度出现,成为处理纠纷、确定违约责任的依据。

在完成了特定的任务后,有些经济文书还需要归档保存,以备查考。这些文书作为珍贵的历史资料,将信息储存起来,供以后研究经济活动的规律、总结经营管理的经验教训、预测经济发展的趋势、制定经济规划参考之用。作为依据和凭证,它们将不但要发挥现实作用,而且将具有长远的历史作用。

五、经济类文书的写作要求

1. 提高自身的思想素质和政策水平

写经济文书的"外功",就是不断地学习和掌握党和国家的路线、方针和政策,提高自身的思想和理论素质。了解掌握了国家的方针政策,对各种经济现象,就能做到认识清、反应快、判断准。有了"外功",又有了以扎实的专业知识和写作基础知识、熟练的写作技能为铺垫的"内功",写起经济文书来,就能达到意到笔随的境界。

2. 努力掌握相关的经济专业知识

政策、法律,必需的经济方面的专业知识以及经济领域的实践经验对于经济文书的写作来说是至关重要的。

3. 注意培养与写作有关的各种能力

写作经济文书,必须特别注意调查取材能力、逻辑思维能力、安排结构能力、简明表达能力、修改文字能力的培养和提高。

4. 把握文体格式规范,掌握恰当表述方法

不同的文种有其约定俗成的惯用格式,这些格式一般来说是相对固定的。恰当的语言表达方式对于经济文书的写作来讲也是至关重要的。经济文书的语言要确保其准确与简洁,叙述事件,说明情况,表述问题要恰如其分,清楚简洁,避免使用容易产生歧义的笼统语言。此外,凡是引用人名、地名、数据、资料,要查对核实,确保准确无误。

第二节 市场调查报告

一、市场调查报告的概念

市场调查报告是指运用科学的方法,有目的、有系统地搜集、记录、整理商品生产、供应、需求等市场情况资料,经过综合整理、分析研究,提出合乎客观事物发展规律的结论,为市场预测和营销决策提供客观的、正确的、用书面形式表现出来的调查结果。

市场调查报告是经济写作中常用的文种。

二、市场调查报告的分类

市场调查报告所涉及的内容很多,范围很广,各企业的业务性质不同,经营范围与规模不同,经营过程中所需解决的问题不同,调查者对调查的目的、调查的内容各有侧重。

(一)市场调查报告的分类

市场调查报告的分类很多,根据不同的分类方式,市场调查报告主要有以下分类:

1. 按服务对象分

按服务对象可分为市场需求者调查报告(消费者调查报告)和市场供应者调查报告(生产者调查报告)。

2. 按调查范围分

按调查范围可分为全国性市场调查报告、区域性市场调查报告和国际性市场调查报告。

3. 按调查频率分

按调查频率可分为经常性市场调查报告、定期性市场调查报告和临时性市场调查报告。

4. 按调查对象分

按调查对象可分为商品市场调查报告、房地产市场调查报告、金融市场调查报告和投资市场调查报告等。

（二）常用的市场调查报告

1. 市场供求的调查报告

市场供求有其特定的含义，即一定的地理区域，一定的时间期限，一定的经营环境，一定的销售渠道，由顾客群体所购买商品的总数量。多了就供过于求，少了就供不应求。市场供求关系不是一成不变的，而是常常处于动态变化之中，某一因素变化，就会直接影响市场的供求。

市场供求的调查报告按不同标准可分为以下几类：

（1）按照对市场商品性质需求总量的不同可分为生活消费品需求总量的调查报告和生产消费需求总量的调查报告。

（2）按照货币支付能力对市场提供商品需求的对象的不同可分为城乡居民购买力的调查报告、集团消费购买力的调查报告和工农业生产资料购买力的调查报告。

通过上述的调查研究分析消费者的消费动态，即买什么、为什么买、怎样买、何时何地买等，从而了解消费者购买过程中的心态，这些来自家庭、群众、阶层等方面的因素，使经营者能够做出更加符合实际的经营决策。

2. 市场营销组合的调查报告

所谓营销组合的调查，指的是对产品、定价、销售渠道、促销手段等进行调查。这种调查，既可以营销组合调查，也可以分解调查，又可分为产品调查报告、定价调查报告、销售渠道的调查报告和促销调查报告。

3. 市场资源的调查报告

按产品性质和供给渠道可分为工业产品的调查报告、农副产品的调查报告和进口产品的调查报告。

三、市场调查报告的特点

1. 写实性

调查报告是在占有大量现实和历史资料的基础上，用叙述性的语言实事求是地反映某一客观事物。充分了解实情和全面掌握真实、可靠的素材是写好调查报告的基础。

2. 针对性

调查报告一般有比较明确的意向，相关的调查取证都是针对和围绕某一综合性或专题性问题展开的。因此，调查报告反映的问题集中而有深度。

3. 逻辑性

调查报告离不开确凿的事实，但又不是材料的机械堆砌，而是对核实无误的数据和事实进行严密的逻辑论证，探明事物发展变化的原因，预测事物发展变化的趋势，提示本质性和规律性的东西，得出科学的结论。

四、市场调查的方法

市场调查的方法有两种：一是基本调查法，包括普遍调查、抽样调查和典型调查；二是具体操作调查法，包括访问法和实验法等。

1. 基本调查法

（1）普遍调查。即对调查对象进行全面调查。这种调查法工作量大，费时费力费钱，一般比较少用。

（2）抽样调查。即从调查对象中随机抽取一部分对象进行调查，从部分调查对象调查结果推断全部对象的状况，作出合理论断。这种调查法有数理统计上的科学依据，操作上经济、迅速、省时省力，被普遍采用。

（3）典型调查法。即选取在市场经济运转过程中，比较突出的、有代表性的一种或数种对象，对其进行调查。这种调查方法比较深入，具有普遍意义，有利于以点带面做好工作。

2. 具体操作调查法

（1）访问法。是指访问被调查对象的有单位或个人，从中获取一些情报资料。访问法有两种，即口头访问和书面访问。口头访问是个体访问，到被调查对象的所在地面对面交谈，也可以通过电话与被调查对象交谈，这种方法范围小，费时费力，但比较实在。书面访问是群体访问的一种形式，先把所要询问的问题，设计好问卷，让被调查者迅速给予回答，距离近的派人分发收取，远距离通过邮政投递，也可以通过网络获取情报。

（2）观察法。是指对被调查对象不直接提出问题，而是通过录音、录像或照片等形式对其直接观察，从而得出实质性的结论。其优点是由于被调查者无知无觉，所得情况比较真实，被调查者不仅了解事物的全过程，而且感受到市场的环境与氛围，但又容易被表面现象所迷惑。

（3）实验法。这是引进科学实验求证的方法，在生产上叫试产，在经营管理上称试点，即确定试验对象，设计试验程序，采用试验方法。如对某项产品的设计、质量、价格、包装等是否符合市场的需求，进行反馈，来推断产品的市场地位，预测市场的销售量，从而决定批量生产。经营管理上，先制定一系列改革措施，通过具体实践收集情况，再补充修订，经多次反复，臻于成熟，再全面推广。

五、市场调查报告的结构和写法

市场调查报告包括标题、正文和署名三部分。

1. 标题

标题一般有以下几种形式：

（1）由调查单位或地区、时限、内容和文种四部分组成，如"湖北省1998年农村服装销售调查报告"。

（2）由调查单位或地区、内容和正文三部分组成，如"××市汗衫背心销售情况调查报告"。

（3）由正副标题组成，正标题务虚，副标题点出实质内容，如"电器商机看好——某县农村电器市场的调查"。

（4）文章式标题，即不要求作者、事由和文种齐全，而根据内容的需要取舍，标题只要能够突出主题即可，如"发展高速铁路势在必行"，"进口产品大兵压境，钢材产销体系受冲击"。

2. 正文

正文分为开头、主体和结尾三部分。

（1）开头。又称前言部分。这一部分是对调查情况的简要说明，包括调查的原因、时间、对象（地区、范围）、经过和方法（是普查，还是随机抽查）等。其具体形式有：① 说明式。也称为报道式，即用说明的方式，对调查或预测的时间、地点、对象、经过、方式进行简单介绍，使人对报告有一个总体印象。② 议论式。即将要调查或预测的中心问题提出来，并对该类问题的重要性以及问题的性质加以议论，以加深读者对该类问题的理解和重视。有关调查的时间、地点、对象、经过、方式暂不说明，而是随着后文的叙述予以说明。③ 结论式。即将报告所取得的基本结论先在前言中提出来，使读者先获得对调查的本质性认识。

（2）主体。是正文的核心部分，一般有以下三方面内容：① 基本情况。这部分可按时间顺序进行表述，有历史的情况、有现实的情况，也可按问题的性质归纳成几个类别加以表述。无论如何表述，都要求如实反映调查对象。其经济运行的具体情况，要有调查数字，表述可用叙述与图表相结合的方式。② 分析或预测。即通过分析研究所收集的资料，预测市场发展的趋势。市场调查报告虽然不以预测为重点，但很多报告的资料分析，都暗含对市场前景的判断。预测报告通常在资料分析之后，即说明要采用什么方法预测，并给出公式和结论。③ 建议或措施。这是这类报告的落脚点。根据分析或预测得出的结论，思考相应对策，既要有针对性，又要有可行性。

（3）结尾。这是全文的结束部分，对全文进行总结，一般写对未来的展望或再次强调全文的观点。这部分也可省略。

3. 署名

调查单位的名称和调查报告完成时间.

六、市场调查报告的写作要求

1. 要做好市场调查研究工作

写作前，要根据确定的调查目的，进行深入细致的市场调查，掌握充分的材料和数据，并运用科学的方法进行分析研究判断，为写作市场调查报告打下良好的基础。

2. 要实事求是，尊重客观事实

写作市场调查报告一定要从实际出发，实事求是地反映出市场的真实情况，不夸大、不缩小，要用真实、可靠、典型的材料反映市场的本来面貌。

3. 要中心突出，条理清楚

运用多种方式进行市场调查，得到的材料往往是大量而庞杂的，要善于根据主旨的需要对材料进行严格的鉴别和筛选，给材料归类，并分清材料的主次轻重，按照一定的条理，将有价值的材料组织到文章中去。要做到突出重点，观点与材料相统一，就要对材料进行去粗取精、去伪存真、由表及里、由此及彼的分析，这样才能得出比较符合实际的结论。

【例文一】

果汁及果汁饮料市场调查报告

中国饮料工业协会统计报告显示,2008年国内果汁及果汁饮料实际产量超过百万吨,同比增长33.1%,市场渗透率达36.5%,居饮料行业第四位。果汁及果汁饮料是近年发展较快的品种之一,果汁饮料在整个饮料市场中所占的比例也越来越大,预计此类型的饮料仍将保持高速增长的势头。另外,随着人们生活水平的不断提高,100%果汁将会得到越来越多消费者的认可,现市场上有口味齐全的100%葡萄汁、汇源的100%桃汁及100%橙汁,未来可能会出现更多的100%果汁品种。2009年饮料市场的战争锁定在"果汁篇"——前有可口可乐收购汇源,后有统一注资安德利。2009年,果汁市场或成为饮料巨头之间博弈的焦点,市场竞争也会愈发激烈。因此,寻找新的利润增长点,成为企业的当务之急。而要想在竞争激烈的果汁市场取得领先地位,适合市场需要的差异化经营则是关键。

从当前全球纯果汁和果汁饮料的发展趋势来看,同样面临着机遇和挑战。首先果汁饮料越来越表现出吸引力,主要如下:稳定的增长率,具有吸引力的每升价值,良好的形象,健康益处,相对分散的市场份额占有率。呈现出继续发展的趋势,如:产地及品种的差异化,对健康的普遍追求,添加钙、纤维的益处,越来越多的水果口味,新鲜压榨、非浓缩汁、冷藏果汁的多样化需求明显。但目前全球的经济问题对果汁的饮料消费带来了压力,发达国家信贷危机和物价上涨、发展中国家基础原料价格高、消费者不确定等因素会部分导致更少的可支出收入,果汁高价和低价的两极分化,食品零售商的利润增加,折扣店和超市赢得市场,在外消费和享受感到压力。

"十一五"期间,中国着重调整饮料产品结构,降低碳酸饮料的比例。饮料行业生产总量继续提高,重点发展果蔬汁饮料、植物蛋白饮料和茶饮料等产品,适度发展瓶(罐)装饮用矿泉水,逐步降低可乐等碳酸类饮料的发展。因此在利好政策的推动下,2009—2010年将是软饮料行业框架结构重构时期,功能饮料、果汁饮料、茶饮料等健康饮料将组成新的框架结构的主体。结合国外果汁饮料市场的发展规律及中国消费者的消费能力和消费习惯,未来我国果汁饮料市场的发展预计将会呈现下列特征:纯天然、高果汁含量是发展方向;复合果汁及复合果蔬汁大有市场;功能型果汁饮料值得期待;果汁奶饮料发展潜力巨大。

【点评】　这是一则果汁及果汁饮料市场的调查报告,用调查来的翔实数据和国内外果汁、果汁饮料市场现状和国家相关政策的调整来阐明果汁、果汁饮料市场的真实情况,从而得出果汁、果汁饮料市场潜力巨大的结论。

第三节　市场预测报告

一、市场预测报告的概念

市场预测报告是在经济理论指导下,运用科学方法,对市场的历史和现状作系统周密的调查研究,在此基础上,分析和预测市场需求的各种因素的变化和发展趋势,作出定性、定量的结论,并提出针对性措施的一种预见性报告。

市场预测报告可作为有关部门和企业制订计划和决策的依据。它实际上是调查报告的一种特殊形式,也是应用写作研究的文体之一。

理解这个概念,应从以下几方面入手:

(1)市场预测的前提,是对市场的历史与现状作出系统周密的调查研究。只有了解市场的昨天与今天的情况,方能对市场的明天作出科学的预测。因此,市场调查是市场预测的前提,而市场预测则是市场调查的延伸,二者是相辅相成的。

(2)市场是随着客观实际、时间、意识形态、思想观念的变化而变化的,它是变动的、不确定的。预测就是把这种变动的、不确定性极小化,减少对商品经营活动的影响,充当商品经营决策的基础。

(3)市场预测,作出定性、定量的结论,提出针对性措施,要考虑天时、气候、周边环境等客观条件。

二、市场预测报告的分类

1. 按预测的范围来分

(1)宏观市场预测报告。是广义的市场预测报告,是对整个市场供求关系以及与之相关因素的综合预测,即预测有关国民经济乃至世界范围内的各种全局性、整体性、综合性的经济问题,如国家、地区经济的发展,人们消费的变化等。

(2)微观市场预测报告。是狭义的市场预测报告,是某一部门或某一经济实体对特定市场商品供需变化情况、新产品开发前景等分析研究的预测报告。

2. 按预测的时间分

(1)长期市场预测报告。一般是指超过五年期限的经济前景的预测报告。

(2)中期市场预测报告。一般是指对两年至五年时间内经济发展前景的预测报告。

(3)短期市场预测报告。一般是指对一年内经济发展情况的预测报告。

3. 按预测的方法分

(1)定性预测报告。定性预测法也称为直观判断法,是市场预测中经常使用的方法。定性预测主要依靠预测人员所掌握的信息、经验和综合判断能力,预测市场未来的状况和发展趋势。这类预测方法简单易行,特别适用于那些难以获取全面的资料进行统计分析的问题。因此,定性预测方法在市场预测中得到广泛的应用。定性预测方法又包括专家会议法、德尔菲法、销售人员意见汇集法和顾客需求意向调查法。

定性预测报告是通过对市场中影响商品需求量的各种因素,如质量、价格、消费者、销售点等进行调查、分析研究,在此基础上预测未来市场的需求量而写成的预测报告。

定性预测法的优点是可以适用于预测对象的数据不很充足、发展还不稳定,但综合各种经验、因素,可以凭着自己的业务知识,长期积累的经验、能力,乃至心理因素,通过一定的分析研究来测定和推断预测对象未来发展趋势,而且预测时间快、费用少,简便易行。其缺点是常常要受到领导的倾向、专家学者的意见、周边人员的偏见所影响,有的甚至在"多听取意见"的无穷会议和马拉松式的讨论中被泯灭。

(2)定量预测报告。定量预测法是利用比较完备的历史资料,运用数学模型和计量方法来预测未来的市场需求。定量预测报告包括数字预测法预测报告和经济计量法预测报告。数字预测法预测报告,是采用对某一产品(商品)已有的大量数据进行分析研究,用统计数字表达,从中找出产品(商品)的发展趋势而写成的报告。经济计量法预测报告,是根据各种因素的制约关系用数学方法加以预测而写成的报告。

定量预测法的优点是比较客观,不受预测者主观倾向所左右。其缺点是,其使用的数据是死的,而市场是活的,市场状况总是受到政治、经济、社会、心理等诸多因素所影响,而这种影响是无法以数学运算所能包容的。因此,定量预测与定性预测结合使用,才能得到较好的预测效果。

三、市场预测报告的特点

1. 预见性

市场预测报告的性质就是对市场未来的发展趋势作出预见性的判断,它是在深入分析市场既往历史和现状的基础上的合理判断,目的是将市场需求的不确定性极小化,使预测结果和未来的实际情况的偏差概率达到最小化。

2. 科学性

市场预测报告在内容上必须占据充分、翔实的资料,并运用科学的预测理论和预测方法,以周密的调查研究为基础,充分搜集各种真实可靠的数据资料,才能找出预测对象的客观运行规律,得出合乎实际的结论,从而有效地指导实践。

3. 针对性

市场预测的内容十分广泛,每一次市场调查和预测,只能针对某一具体的经济活动或某一产品的发展前景,因此,市场预测报告的针对性很强。选定的预测对象愈明确,市场预测报告的现实指导意义就愈大。

四、市场预测报告的结构和写法

市场预测报告一般包括标题、正文和落款三部分。

1. 标题

市场预测报告的标题,一般由预测期限、预测对象、预测内容和文种组成,如"××××年武汉市彩色电视机购销情况的预测"。也有些标题由预测对象和预测结论组成,直接揭示报告观点和主题,如"我国黑白电视机供应量即将达到饱和"。标题要简明、醒目。

2. 正文

(1)前言

前言一般说明预测的目的和缘由,介绍预测的时间、地点、对象和预测方法。一般是概述经过,或概述预测对象的主要情况,或提出主要内容和观点,或指出预测活动的主要意义和影响等。

(2)主体

主体是市场预测报告的中心部分,它一般包括基本情况、分析与预测以及对策建议等三个部分。

基本情况部分,材料必须真实可靠,所用的材料一般是现实情况、数据,要求准确性、真实性、全面性、可比性,防止弄虚作假,以免形成错误的判断。

分析与预测部分,是针对大量的事实、数据,运用科学的分析方法,进行分析综合,准确预测发展趋势。

对策与建议部分,是根据分析、预测的结果,提出改进的意见、设想和措施。这些是写作市场预测报告的目的。这一部分内容在文字表述上要求具体可行。所谓具体,就是对策与建议清楚明白,行有目标,查有标准,而不是表面化、一般化、概念化或人云亦云的东西。所谓可行,就是从实际出发,实事求是,既不能脱离条件的可能提出毫无意义的建议,也不可妄自菲薄,看不到有利因素,忽视经过努力可以达到的目标。

（3）结尾

结尾是市场预测报告的收尾和结束,主要起到全文首尾呼应的作用。有的是以发展展望结尾,以引起读者的关注;有的是以预测中的问题结尾,以引起重视。总之,市场预测报告的结尾应简明扼要、干脆利落,切忌空喊口号。

3. 落款

落款一般是在正文后右下方写明单位名称或作者姓名,注明写作时间。有些在标题正下方已具名,这里可省略。

五、市场预测报告的写作要求

（1）掌握市场预测的基本程序和科学的预测方法。

（2）全面掌握材料,周密分析判断,突出预测重点目标。

（3）要采用准确无误、朴实无华的语言表述方式。

（4）准确、新颖、及时地反映市场动态。

（5）建议切实可行。

【例文】

2006 年下半年空调市场预测

一、2006 年上半年空调市场调查和分析

据国家统计局的统计,1—4 月空调器累计产量 2942.95 万台,比去年同期增长 6.82%;出口告别了去年的低迷状态,1—4 月出口 1586.07 万台,比去年同期增长 18.38%,但国内市场则出现了较高的负增长率约为—10.95%。据赛诺市场研究公司统计,1—4 月占有率排名在前 10 位的空调品牌中,除格力、松下外,其他品牌均出现负增长,其中奥克斯等个别品牌负增长高达 30% 以上。

而且,根据国家统计局的统计,1—4 月空调器应收账款继续攀升,约为 229.41 亿元,高于去年同期 25.51 个百分点;库存占用资金 136.18 亿元,比去年同期上升 5.55%。整个空调行业资金周转不仅没有好转反而在继续恶化,这一点严重弱化了空调器行业利润增长的利好作用。预计今年下半年或者是说在即将结束 2006 年冷冻年的这两个月内,受铜、铝原材料巨幅涨价的强烈冲击,空调器行业所面临的形势将愈益恶劣,极有可能无法扭转国内市场销量下滑的整体趋势。

1. 概况——国内出现负增长

据国家统计局的统计,1—4 月空调器出口告别了去年的低迷状态,1—4 月出口 1586.07 万台,比去年同期增长 18.38%。

相对于国际市场的大幅增长,国内市场销量却呈现出了严重的负增长局面。赛诺市场研究公司发布的1—4月调查数据显示,包括窗机、挂机、柜机在内的总零售量772.7万台,同比下降10.95%,零售额为209.5亿元,同比下降6.16%。零售额下降幅度略低于零售量,说明空调器行业正逐渐向高端转型,但这无法掩盖行业的国内市场整体下滑的局面。

在排名前10位的空调品牌中,累计零售量仅格力出现了0.9%的小幅度增长外,其他空调品牌均出现了平均在15%左右的大幅度下降,其中奥克斯高达42.6%;累计零售额虽好于零售量,但仍然是大面积的负增长,幅度平均上来看同样超过15%左右,其中奥克斯高达35.3%。

对于国内市场呈现的这一局面,中国家电协会副秘书长徐东生在接受《中国电子报》记者采访时分析认为,这主要是受两方面因素的影响:其一,五一之后至今没有出现酷热天气;其二,城市市场愈益饱和,但又未到产品更新换代时期,同时三、四级市场的开拓还没有取得应有的成效,在上下的挤压下,空调器在国内市场几乎没有释放的空间。

国外市场的快速增长,也与这两方面的因素有关,正是国内市场出现的这一压力,才致使空调企业加大了出口的力度。而在出口方面,一方面不受天气影响,另一方面程序简单。预计空调出口仍将继续稳步增长。

2. 产品——向高端过渡

据赛诺数据显示,与去年同期相比,2006年1—5月累计,2000元以上挂机和5000元以上柜机的份额均有明显上升,其中3000元以上机同比上升3.54个百分点,而6000元以上柜机份额上升了4.49个百分点;1500元以下的则下降了10.16%。

低端产品销量的下降及高端产品的增加,与厂家的实质性转型有着直接的关系。其实,当2005年7月末空调厂家提前一个月匆忙结束该冷冻年度,就已经预示着空调厂家要在经历过利润的滑坡之后必将开始转变战略。2005年,空调器行业的整体赢利能力平均仅有百分之零点几!这直接促使空调厂家开始向高端转型,并真正落实到实处。

2006年初空调厂家刚一亮相,便旗帜鲜明地打出了高端转型的口号,比如美的"天钻星"空调、志高"三超"空调,这是两个转型较为明显的主流空调品牌,因为在此之前两者均游离在中低端范围之内。

对于本已定位高端的品牌则加大了新品的投入,比如海尔推出的"三超双新风变频空调""鲜风宝"等,以及lg、三星、松下等外资空调品牌在外观上更加高端的打造,如韩系印花图案的运用、松下变频技术、健康功能的深度开掘;而另一个很明显的现象就是,大金空调对高端的直接切入,此以全面进入大卖场为主要表征。

对于1500元以下的空调,目前市场已不多见。

3. 价格——经历多次上调

向高端的过渡,直接带来价格的上涨,但近半年来,国内空调器市场价格并不只是因产品结构变化上调,而是出现多次涨幅,首次为年初推新品价格的调整,第二次调价是在三四月份,第三次调价则是在4月末并延续到5月末。后两次调价均因原材料铜、铝价格的暴涨,尤其是在五一过后数天,伦敦金属交易所期铜价格飞涨至每吨8185美元,而去年同期仅为3000美元。国美、苏宁等连锁卖场在接受《中国电子报》记者采访时甚至表示,有的空调厂家已经不止3次调价,从3月到5月末已经有多次调价的行为。

根据赛诺统计的数据显示,4月份空调器国内市场价格平均为2664元,同比增长了8.9%,1—4月累计平均价格为2745元,同比增长了7.1%。5月份的统计数据虽然没有公布,但据商家反映,5月份的这次涨价应该在4月价格基础上再涨5%以上,这样5月空调器价格同比增长的幅度大约15%左右。

除去原材料上涨压力的原因,空调器涨价的另一大主因还是上述行业向高端的转型,即产品本身附加值的提升,如全面达标2.6最低能效等级,以及健康技术的升级等。业内人士对价格的上涨普遍持肯定态度。中国家电协会秘书长姜凤在一次接受《中国电子报》记者采访时明确表示:"今年空调行业不得不涨价。"

4. 资金——利润和应收账款均攀升

在全行业转型高端、价格普遍上涨的近半年内,利润率开始有所回升。据国家统计局的统计,1—4月份空调行业主营业务收入656.58亿元,比上年同期增长16.35%,利税总额27.56亿元,比去年增长12%;利润总额14.69亿元,比去年同期增长16.94%。

青岛海尔2006年第一季报发布公告称,开发了一系列高附加值、差异化的产品,在"三超双新风变频空调"等产品的拉动下,使得公司2006年首季主营利润同比有较大增幅,实现净利润8385.81万元,同比增长32.63%。美的空调方面也表示,利润的增长与其施行的高端战略有着直接的关系。据美的空调第一季度财报公告,空调净利润同比增长30%。

与利润增长类似的是,空调器行业的应收账款也在继续攀升。根据国家统计局的统计,1—4月家用空调器应收账款229.41亿元,4月比上月上升8.14个百分点,高于去年同期25.51个百分点。

在应收账款攀升的同时,空调器库存占用资金的问题也显现出来,根据国家统计局的统计,1—4月空调器厂家成品存货占用资金136.18亿元,比上月上升2.62%,比去年同期上升5.55%。

这两组数据暴露出了整个空调器行业在资金周转上的危机。而对于空调业来说,资金的良性周转是空调器厂家生存的关键,乐华、澳柯玛等空调器厂家的轰然倒下无一不是因资金问题。因此,出口和整体利润率的上升局面,都难以掩盖空调器行业潜伏的危机。

5. 品牌——前三占有率超四成

空调器行业所面临的严峻考验从行业洗牌的加剧也可窥见一斑。据中怡康统计的数据显示,1—5月份前10位空调器品牌的市场零售量占有率已经高达77.28%,市场零售额占有率也已经高达74.91%。前三位的空调品牌市场零售量占有率都已经高达43.16%,接下来这种集中度必然还将进一步提升,二线以下品牌的生存空间愈益狭窄。

同时,赛诺和中怡康的数据同时显示,前三位分别是海尔、美的和格力,赛诺数据显示的1—4月累计销售量分别是:263579台、213520台和181031台(仅为赛诺市场研究公司监测到的数据),中怡康数据显示的1—5月份累计零售量市场占有率分别是:16.09%、13.82%和13.25%;外资品牌仅松下和LG进入前10分别位列第8位和第9位,赛诺数据显示的1—4月累计销售量分别是:76987台和52875台,中怡康数据显示的1—5月份累计零售量市场占有率分别是:5.17%和3.65%。

可以看出,空调器市场虽然全面向高端过渡,但并没有因此影响国产品牌的占有量。

这与产品有关,因为从市场来看,国产品牌在产品的更新上并不逊于外资品牌,在关键技术上也都有差异性表现,比如海信在变频技术上的领先性。而部分外资品牌在外观上的改进并不会对空调产品产生根本性变化。向高端转化,对国产品牌来说难度不大。

需要指出的是,这些数据均是赛诺、中怡康监测一、二级市场数据获得,并不全面。如果加上三、四级市场的量,这一排名顺位会有些许变化。

二、2006 年下半年空调市场预测

2006 年下半年空调市场趋势:严峻考验在即。

从以上的分析可以看出,国内市场销量的难以释放、应收账款和库存占用资金的继续攀升、原材料价格未见下降的趋势以及品牌之间的残酷竞争,都将集合起来严重考验今年的空调器行业。

虽然空调器出口目前表现出大幅度增长的态势,但是专家表示,越来越多的贸易壁垒以及环保壁垒亦正在考验中国空调业的出口。日前土耳其反倾销案已经显现了这一趋势,此外 7 月 1 日正式实施的 rohs 指令也将进一步加大空调器的成本,挤压中国空调业的利润。出口利润下滑的潜在危机,有可能令空调器行业目前的利润增长失去光彩。

但也需要指出的是,若空调器行业顶住现阶段的压力,顺利完成行业洗牌以及高端转型的过渡,未来将可进入良性发展期。目前的任务是共同维护空调器产业安全,正如中国家电协会理事长霍杜芳在年初接受《中国电子报》记者采访时所说:"要提高产业集中度,保持合理的出口速度,尽量避免贸易壁垒,严格产业技术标准,特别是加强主导企业的沟通和建立正常的竞争合作关系,用整体的力量维护产业的安全。"

【点评】 这是一份市场需求预测报告,预测对象是 2006 年下半年空调市场供求情况,属于短期预测。本文是在深入调查研究的基础上,从概况、产品、价格、资金和品牌五个方面详尽分析了 2006 年上半年空调市场情况,对 2006 年下半年空调市场需求情况作出了预测,并提出了很好的建议。本预测报告,结构规范完整,语言准确、平实。写作的科学态度也值得称道,比如:"需要指出的是,这些数据均是赛诺、中怡康监测一、二级市场数据获得,并不全面。如果加上三、四级市场的量,这一排名顺位会有些许变化。"

第四节 经济活动分析报告

一、经济活动分析报告的概念

经济活动分析是运用科学的经济理论,以现实和历史的计划、会计统计等资料,以及有关原始记录和调查材料为依据,对一个地区、一个行业、一个单位或一个部门的经济活动,或某一项经济活动的情况进行系统或客观的分析、总结的一种行为,反映这种分析内容和结果的书面报告,就是经济活动分析报告。

企业经济活动分析报告是从企业的计划指标、会计核算、统计核算等资料入手,通过调查研究分析企业完成计划过程所产生的结果,用书面形式写出来的报告。

理解这个概念,应从经济活动分析报告的内容入手。一个企业在一定时期的经济活动,主要表现在生产、销售、分配和消费这四个方面,即生产计划指标完成情况、产品成本计划完成情况、劳动计划完成情况、固定资产的利用情况,销售计划完成情况、企业财务状况等总的评价,并以货币形式反映上述种种活动的效益,从而考核一定时期经济运转情况,找出各个环节完成或没有完成的原因,挖掘各方面的潜力,提出合理化建议,加强和完善企业生产经营管理。

二、经济活动分析报告的分类

经济活动分析报告的分类,通常是按其范围、内容和性质三方面来划分的。

1. 按其范围分类

(1)从企业内部进行分析,即企业的生产计划、劳动计划、产品成本计划、原辅材料供应计划、销售计划、固定资产利用情况和财务状况等的研究分析。

(2)从企业外部进行分析,即企业主管部门、财税、银行和审计部门协助主管部门与该企业上下结合来研究分析。

2. 按其内容分类

(1)全面分析报告,即利用会计核算、统计核算和财务核算等资料,以货币的形式反映企业的经济活动,检查企业经济指标完成情况,如《××××企业2007年度生产经营情况综述》。

(2)局部分析报告,即围绕某一财务指标或抓住一两个重要问题进行分析、观察经济活动的趋势、工作进程及经济效益,如生产、销售、成本和财务等方面的分析报告。

(3)专题分析报告是指对经济活动中的某一特定问题或重要问题进行专门分析、研究后写成的书面报告,如在清仓查库时对仓库结构的分析报告。

3. 按其性质分类

(1)综合性分析,即企业在某一特定时期的经济活动,依据各项计划指标,系统地、综合地研究分析。

(2)专题性分析,即对企业经济活动中,实施某种重大的经济措施,或企业业务内容的重大变化,或企业经营管理过程中某些薄弱环节,或企业生产过程中某些关键性问题所进行的专题性分析。

三、经济活动分析报告的特点

经济活动分析报告是以经济活动数据的分析说明为主要内容的书面报告。报告的关键在于分析说明,即对过去、现在的经济情况加以分析研究。其特点如下:

1. 分析性

经济活动分析报告不仅要将各种数据进行定量、定性、定时的分析,以便找出相互间的关系,而且要从不同的侧面、角度对宏观和微观的、全面和局部的、有利和不利的因素进行深入的分析和比较说明,这样才能综合地反映出一个时期以来的经济、金融形势,以及银行或工商企业的经营活动情况,因此,分析性是经济活动分析报告的主要特点。

2. 说明性

报告中必须对所涉及的经济现象、特征、指标、数据等进行详细的说明,以此揭示经济活动的变化规律,为银行工作者提供管理的依据。

3. 目的性

经济活动分析报告的写作具有明显的目的性,它通过分析研究,说明经济活动的过程和内在联系,揭示其本质并对内在的问题提出具体的解决办法,以提高管理水平和经济效益。

四、经济活动分析的方法

1. 比较分析法

又称对比分析法,是将同一经济活动中两个或两个以上的同类指标,在时间、内容、项目和条件等相同基础上进行数字对比,借以确定可比对象之间的差异,为深入分析形成差异的原因提供依据。

2. 因素分析法

因素分析法是对某一经济现象的各种因素进行分析,而决定某一经济现象的因素纷繁复杂,务必从众多的因素中,抓住某一关键的起决定作用的因素进行分析。

3. 动态分析法

企业的经济活动要在竞争中保持生存与发展,最重要的是必须研究市场的动态。在市场经济中,产、供、销各个环节,最重要的环节是对销售领域作科学分析。消费者常常受到主客观因素的制约,主观因素有社会习俗、传统消费观念等;客观因素有经济收入、社会周边环境等。不管是主观因素还是客观因素,都是在动态中发展变化的。因此,从消费动态中分析有关经济活动变化的规律,为经营决策提供有价值的建议,是动态分析的任务。

4. 平衡分析法

又称综合比较法,是指利用有关相对应的指标间的平衡关系进行分析的方法。

5. 调查分析法

是指通过调查分析,从而了解经济指标完成因素的来龙去脉,找出原因的方法。

以上几种经济活动分析的方法,是进行经济活动分析时常用的几种方法。一篇分析报告,可以运用一种分析方法,也可以同时将几种方法综合运用。一般来说,简单的经济活动现象,分析法可以单一而复杂的经济活动,就要求多侧面、多角度、多层次进行分析。

五、经济活动分析报告的结构和写法

市场预测报告包括标题、前言、正文和结尾四部分。

1. 标题

(1) 公文式标题

这类标题一般是由单位名称、时间和分析对象等要素组成,如"××公司××季度财务分析报告"、"××公司商品流通计划执行情况分析"等。

(2) 非公文式标题

这类标题用得比较多,标题上并不一定都标上"情况分析"、"情况总评"或"……分析"的字样,是否是经济活动分析报告,完全由内容决定。如"武汉市场消费呈现三大转变"、

"国有商业银行向何处去?"、"怎样看待我国的地区差距"等,这些标题,从表现上看,并不一定马上就能看出它是经济活动分析报告,但接触具体内容,就可以看出它的确是经济活动分析报告。

(3) 经济活动分析报告标题的拟定要注意以下三点

① 标题的表述要与报告的内容相符。② 标题要具体明确、简洁醒目。标题不能含糊不清,也不能用字过多;标题过长的,可用正副标题相结合的手法,如"加强管理 兴利抑弊"为正标题,副标题为"——对我国个体、私营经济的一些看法"。③ 标题要新颖。标题新颖才能引起人们的兴趣,使人产生阅读的欲望。如"彩电:大屏幕是方向吗?"、"空调:究竟谁领风骚?"、"山地车:占尽风流到几时?",这些标题都是运用疑问句,就很能吸引人,引起读者的阅读兴趣。

2. 正文

(1) 前言

这部分的写法多样,有的是以简洁的语言介绍经济活动的背景;有的是说明分析对象的基本情况;有的是交代分析的原因和目的;有的是明确分析的范围和时间;有的提出问题;有的揭示分析结论;也有许多经济活动分析报告省略了前言部分,开始便直截了当地表述中心内容。

(2) 情况

详写经济活动的情况,包括主要经济指标完成情况、技术和管理措施情况和业务工作开展的情况等。写情况是为了总结经验、揭示问题,为下文的分析作好铺垫。为了把情况写得具体,这部分通常要使用一些各方面的统计数据,以便把情况说得更加清楚明白。

(3) 分析

经济活动分析报告要以"分析"为主,而不能只堆砌材料,罗列事实。缺乏有理有据、深入细致的分析,写作就不能算是成功的。只有分析得当,才能对经济活动作出正确的评价,才能对其成败的原因有所认识,也才有可能把握经济活动的本质和规律。

(4) 建议

一般根据分析的结果,回答今后的经济活动将会"怎么样"或"怎么办"的问题。在不同的经济活动分析报告中,这部分内容的侧重点是有所不同的。如果报告是以说明成绩、总结经验为主,应着重写明推广经验、提高经济效益的途径;如果以揭露问题、总结教训为主,应着重写明解决问题、改进工作的措施;有的分析报告则着重于对经济活动的前景和趋势作出预测。这部分是经济活动分析报告的精华所在,应特别注意其结构安排和语言表述。

(5) 结尾

经济活动分析报告的结尾要视具体情况而定。有的报告可省去结尾这一部分。如果需要有结尾,一般情况下,多是回应标题,提出希望和要求,对全文作一个简略的总结。

3. 落款

落款一般是写明撰写经济活动分析报告的单位名称或作者姓名,加盖印章并标明年、月、日等,有的还需要单位负责人签署。

六、经济活动分析报告的写作要求

(1) 分析对象要集中,重点要突出。

(2) 数据要精确,材料要典型。

(3) 既要报喜,又要报忧。

(4) 要加强科学性。

【例文】

一季度国内生产总值与工业增长率分析

一季度,随着国家扩大内需各项综合性政策举措效应的进一步显现,国民经济整体开局良好,工业生产、固定资产投资、市场销售、出口等的增长均程度不同地有所加快。但经济回升的基础尚不牢固,经济增长的内在活力仍然不足。

一、一季度经济增长的基本情况

国民经济出现回暖趋向,增长速度有所加快。初步测算,一季度国内生产总值达到18173亿元,按可比价格计算,同比增长8.1%,比去年第四季度加快1.3个百分点。其中,第一产业增加值1542亿元,同比增长3%;第二产业增加值9930亿元,增长9.3%;第三产业增加值6701亿元,增长7.5%。

工业生产保持较快增长。一季度完成工业增加值5012亿元,同比增长10.7%,增幅比去年四季度加快3.4个百分点。各种经济成分的生产均有所加快,其中国有及国有控股企业增长8.6%,集体企业增长7.7%,股份制企业增长13.3%,三资企业增长14.4%。

二、一季度经济增长分析

一季度经济增长的回升,只是相对于去年二季度以来经济增长明显减速而言(去年一至四季度国内生产总值分别增长8.3%、7.1%、7%和6.8%),是一种恢复性的增长。从90年代中后期以来一季度同期经济增速对比情况看,今年除略高于1998年外,均低于其他年份。1995—1999年一季度国内生产总值分别增长11.2%、10.2%、9.4%、7.2%和8.3%。由于一季度中,增速较低的农业占国内生产总值的比重较低,约为10%,比全年20%左右的比重约低10个百分点;同期增速较高的工业占国内生产总值的比重较高,约为50%(全年约为42%—43%)。因此,在一般情况下,一季度经济增速往往高于全年增速。1995—1999年(除1998年因特殊情况影响外)全年经济增速分别比同年一季度增速低1、0.5、0.6和1.2个百分点。由此可以推断,如果保持目前的调控力度不变,随着农业比重的逐渐提高,年内后几个季度的经济增速将低于第一季度。

从供给方面看,一季度农业增长有所放慢,第三产业基本保持平稳增长,工业生产的较快增长是经济增长主要的推动力量。一季度农业增长3%,增速低于去年同期1个百分点;所占比重为8.5%,比去年同期下降了0.9个百分点;第三产业中,房地产业明显升温(增速由去年1季度的3%加快到8%),批发零售业有所加快,但运输邮电业增长略有放慢,总体第三产业增速和其所占比重基本保持上年同期水平。工业的持续加快增长,使一季度工业所占份额达50.1%,比去年同期提高0.9个百分点。

进一步从工业内部结构分析,一季度工业增长加快主要受以下两个因素的拉动:一是新技术产业已成为促进工业生产增长的新动力。近年来,新技术产业快速发展,对经济的拉动作用日益显现出来。今年一季度,新技术产业仍然保持快速发展的势头。载波通讯设备、光通讯设备、程控交换机、电子计算机、微机以及集成电路等分别增长16.3％—73.1％；移动电话机增长1.4倍。据测算，今年一季度，仅电子通讯类产品的增长，即拉动整个工业生产增长1.6个百分点。二是重工业生产加快的带动。国家增加投资、加强基础设施建设，推动了重工业生产增长加快。一季度重工业生产增长11.5％，增速比轻工业快1.7个百分点。重工业产品中，原油加工量比上年同期增长18.1％，成品钢材增长8.6％，十种有色金属增长17.5％。重工业占全部工业的比重达58.4％，比往年平均水平提高了8—10个百分点。

从需求方面看，国外需求对经济的拉动作用明显增强，这是今年一季度经济运行的一个突出特点。今年一季度固定资产投资增速明显低于上年同期水平（今年1季度增长8.5％，去年1季度增长22.7％），出口的大幅度回升是一季度经济增长的主要拉动力量。一季度出口增长39.1％，贸易顺差达52.2亿美元，比去年同期增长21.4％。另据测算，由于一季度工业出口交货值增长较快，拉动整个工业生产增长2.8个百分点。也就是说，一季度工业生产的增长，近四分之一是由于出口的快速增长拉动的。此外，消费的稳中趋活也在一定程度上刺激了经济的增长。一季度社会消费品零售总额增长10.4％，考虑价格下降因素，实际增长12.5％，增幅比去年同期提高了1.9个百分点。

三、下阶段走势分析

上半年经济走势如何，从产业方面看，农业生产在稳定增长的同时其比重将比一季度平均提高3—4个百分点，第三产业总体上仍将基本保持一季度的态势，工业受去年同期对比基数的影响（去年一季度工业增长10.1％，2季度增长9％），总体增速有可能略高于一季度或基本保持一季度的水平。上半年经济能否继续保持一季度的增长态势，关键取得于工业增速能否加，其加快的程度能否抵消农业比重上升对经济增速的不利影响。

从需求方面看，快开局良好，生产与需求双双出现回升，结构调整取得新的进展，经济运行质量也有所提高，为实现全年目标奠定了良好的基础。下阶段经济发展还面临许多有利条件，推动一季度经济增长的各种有利因素将继续发挥积极的效应。但同时也应看到，一季度经济增长的加快，主要是由于国外需求快速增长和继续实施积极财政政策等短期性因素的影响，经济增长的内在活力和持久动力仍然不足，阻碍经济良性循环的一些深层次矛盾依然比较突出。受相当一部分企业生产经营困难、自我积累能力弱以及融资渠道、市场前景等多种因素的影响，微观主体自主投资的积极性依然不高，社会投资增长乏力问题仍比较突出。从消费领域看，一些促进消费增长的政策效应会逐步减弱，而制约消费增长的主要矛盾并未缓解，城镇住房、医疗、教育等的改革对居民支出预期的影响依然较强，农村市场受农民收入增长缓慢、农村消费环境差等因素的制约，开拓面临较大难度。经济生活中长期存在的一些深层次矛盾，如体制不顺，经济结构不合理，劳动就业压力大等依然没有得到很好的解决，改革、调整面临的任务依然十分艰巨。综合考虑上述有利不利因素，我们认为，年内后几个季度经济仍可望继续保持较快增长，但增速将有所放慢，预计上半年经济增速为7.6％—7.7％左右。

【点评】 这是一份比较规范的经济活动分析报告，围绕国内生产总值及工业增长率这一主旨，运用数据资料进行分析，材料翔实，数据准确，分析问题中肯透彻。本文结构清晰分明，是一篇值得模仿的例文。

第五节　经济合同

一、经济合同的概念

《合同法》第2条第1款规定："合同是平等主体的自然人、法人、其他组织之间设立、变更、终止民事权利义务关系的协议。"

经济合同是合同的一个重要分类。经济合同是指在经济活动中，平等民事主体的法人、其他经济组织、个体工商户、农村承包经营户双方或多方之间，为实现各自的经济目的，按法律规定，通过平等协商，彼此明确相互权利和义务关系而共同订立和遵守的具有经济关系的协议。

二、经济合同的分类

经济合同的分类可以从不同的角度进行划分。

1. 按内容性质分

（1）购销合同：是供需双方有偿转让一定数量的物质财产而明确双方权利和义务的协议。按其标准可分为工矿产品购销合同和农副产品购销合同两大类。

（2）建设工程承包合同：是承包者和发包者以基本建设为目的，根据经批准的计划和设计标准规定的基本建设程序而签订的规定相互权利和义务关系的协议，包括勘察设计和建筑安装两种。

（3）加工承揽合同：是定作方根据自己的品名、项目、质量和数量等方面的要求，由承揽方给予加工、定作修缮等，双方为明确权利义务关系而签订的协议。

（4）货物运输合同：是承运方和托运方按照国家运输的管理法规，托运方委托承运方将指定的货物运达约定的地点，托运方支付一定的报酬而确定双方权利义务关系的协议。

（5）仓储保管合同：是工业、农业、商业或物质部门与仓储保管部门之间签订的材料、设备、产品等物质的储存合同。

（6）财产租赁合同：是出租方将出租物资交给承租方临时使用，承租方按照约定向出租方支付一定的租金或报酬，在租赁关系结束后将原租物返还给出租方。它常分为生产资料租赁合同和生活资料租赁合同两大类。

（7）借款合同：指企业、个人、机关团体在生产过程、商品流通过程或其工作中，因其资金紧缺，临时性与银行和信用社签订的借贷资金协议。

（8）财产保险合同：是投保方向保险方交纳规定的保险费，保险方在发生保险事故时负赔偿责任的合同，包括财产保险、农业保险、责任保险、运输工具保险和货物运输保险等。

（9）供用电合同：是供电方按照规定的供电标准和电力分配计划，保质保量地向用电方输送电力，用电方按规定用电并支付电费的合同。

（10）科技协作合同：是委托人或技术授让方委托受托方或技术转让方进行科研、测试、成果转让、技术协作等付给一定报酬而确定相互权利和义务关系的协议。

2. 按表现形式分

（1）条款式经济合同，是用文字叙述的形式，把双方协商一致同意的合同内容，一条一条地记载下来。

（2）表格式经济合同，是把某些合同关系必然涉及、必须明确规定的内容设计印制成固定的表格，当订立这些合同时，按表格项目一一填写就可以了。

（3）表格条款结合式经济合同，是把条款式合同和表格式合同结合起来，既有文字叙述的条款，又有固定的表格，使用机动灵活，运用范围广。

3. 按有效期限分

按有效期限分，主要可分为长期合同、中期合同、短期合同和临时合同。

4. 按范围分

按范围分，可分为国内合同、涉外合同和中外合资合同。

三、经济合同的特点

1. 合法性

经济合同是当事人各方按法律要求达成的协议，签订之后就具有法律效力，受到法律的承认和保护，所以合同各方当事人和合同的内容都应具有合法的资格。

2. 规范性

经济合同有必备的条款和惯用的格式，在签订的时候，要注意规范，不能有随意性。

3. 约束性

经济合同是当事人各方在经济交往中为明确各自权利义务签订的具有约束力的协议，如依法成立，即具有法律的约束力，任何一方不得违约，否则就要承担法律责任。

4. 平等性

当事人是为实现一定的经济目的订立合同，双方的法律地位是平等的，是一种平等互利的伙伴关系，任何一方不得将自己的意志强加给另一方，必须遵守平等互利、协商一致的原则。

5. 明确性

经济合同的条款内容十分明确。在订立合同时，当事人各方一定要注意双方权利、义务及违约责任的明确，否则极易产生合同纠纷。

6. 严密性

经济合同的语言表达必须严密准确，不能模棱两可，含糊不清，字、词、句甚至标点都要仔细斟酌，避免因疏忽或不当造成不必要的经济损失和纠纷。

四、经济合同的作用

1. 保障作用

当事人签订经济合同，不但是为了实现特定的经济目的，同时还是为了保证某一项经济活动的顺利完成，更是为了取得一定的经济效益。而合同所定的内容恰恰反映着双方当事人的权益,是为双方当事人经济目的的实现服务的。因此,市场经济条件下的经济合同对当事人实现经济目的起着保障作用。

2. 凭证作用

依法订立的经济合同具有法律的约束力,如果当事人之间发生纠纷,为维护各自的合法权益,可把合同作为依据,对照条款进行交涉,甚至诉诸法律。

3. 维护作用

经济合同的签订、履行是促进社会主义市场经济繁荣、维护社会经济秩序的重要措施。通过经济合同制度的实施,能够促使双方当事人按照合同的规定履行义务,从而有效地组织生产经营,使市场经济活动处于有序的状态之下。

五、经济合同的结构和写法

合同的内容是合同应该具备的基本条款,《中华人民共和国合同法》第十二条规定:"合同的内容由当事人约定,一般包括以下条款:当事人的名称或姓名和住所;标的;数量;质量;价款或酬金;履行的期限、地点和方式;违约责任;解决争议的方法。当事人可以参照各类合同的示范文本订立合同。"

合同一般都有着固定的结构形式,就经济合同而言,一份完整的条款式经济合同应该包括标题、合同首部、正文、落款等 4 项内容。

1. 标题

标题即经济合同的名称,一般是由合同事由加合同两字组成,应表明合同的业务性质和分类,如购销合同、保险合同等;有时还需要进一步写出内容,如"电冰箱购销合同"、"机动车辆保险合同"等。

2. 合同首部

合同首部写明签订合同的双方当事人,也叫立合同人。签订合同的当事人的名称应按照其法定核准的名称写全称,不能写别人不了解的代称、代号或简称,也不能用"你方"或"我方"代替,这样容易造成歧义。有的合同还有合同的编号,签订的时间、地点,一般写在合同标题之下、立合同人右侧或右上方。

为了方便表述,习惯上常在双方当事人名称后括号内注明甲方、乙方,如有第三方,可以简称为"丙方"。在对外贸易合同中,也可称一方为"买方"、另一方为"卖方"。

3. 正文

正文通常由开头、主体和结尾三部分组成。

(1) 开头。简要说明签订合同的目的或依据,以引起下文。依据多指法律依据及实际情况,多数合同只要写出签订合同的目的即可。一般表述为"根据……,××方与××方××……为明确双方责任,经充分协商,特订立本合同,以资共同遵守"。

(2) 主体。主体是反映合同正文内容的核心部分,是双方行使权利、履行义务的法律依据,所以要逐条写明双方议定的各项条款。经济合同应该具备的主要条款包括以下五项:

① 标的。标的是合同双方当事人权利和义务所共同指向的对象,即双方当事人要求

实现的目的。它可以是某种实物或货币,也可以是工程项目、劳务或专利权等。任何分类的合同都必须有明确的标的,在签订经济合同时,应该写明商品的准确名称、规格、型号和商标等内容。

② 数量和质量。数量是衡量标的的尺度,如贷款金额和购买货物数量,是确定双方权利和义务大小的标准,是履行经济合同的具体条件之一,所以标的的数量一定要标注明确、准确,而且一定要使用法定计量单位计量。质量是合同标的的内在和外在的综合性指标,包括产品的规格、型号、轻重、大小、性能等,也是履行经济合同的具体条件之一。在合同中应详尽、准确地标明质量要求及检验、验收方法,有法定标准的用法定标准。有些产品分等级的,要规定等级品率。

③ 价款或酬金。价款是根据经济合同,取得标的物的一方当事人向另一方当事人支付的代价。酬金是根据经济合同,取得劳务的一方当事人向对方当事人支付的报酬。价款和酬金的标准,双方当事人应该协商确定,有政府定价的,应该执行政府定价。

④ 履行合同的期限、地点和方式。履行的期限是当事人完成合同规定的时间规定。履行地点是交付、提取合同标的物的具体地理位置。履行方式是当事人履行合同的方式,一般包括交付方式(自提、送货)、验收方式(验收规范、验收标准、质量检验标准)、价款和结算方式等。

⑤ 违约责任和解决争议的方法。违约责任又称经济罚则,是指合同当事人一方或双方因过错造成合同不能履行或不能完全履行时所承担的经济和法律责任。违约责任是合同不可缺少的最重要的部分,是履行合同的重要保证,是出现分歧时解决合同纠纷的可靠依据。要写明制裁措施及违约金和赔偿金的数额等。

对违约责任的追究,可以采用支付违约金、支付赔偿金或继续履行合同的方式解决。当合同一方或双方违约产生争议时,当事人可以通过和解或者调解解决合同争议。当事人不愿和解、调解或和解、调解不成的,可以根据仲裁协议向仲裁机构申请仲裁。当事人没有订立仲裁协议的,可以向人民法院起诉。当事人应当履行发生法律效力的判决、仲裁裁决和调解书;拒不履行的,对方可以请求人民法院执行。

(3) 结尾。这个部分主要写明的主要内容包括不可抗力条款、解决争议的方式、附件说明、合同的有效期限、需报送的主管机关、合同文本份数及其保存等内容。这些也是合同的重要组成部分。

这部分内容对于履行起来简单、时间较短、标的额较小的合同一般没有。它是相对于履行时间较长、标的额较大、过程比较复杂的合同而言的。

4. 落款

落款应写明双方当事人的有关情况:

(1) 双方当事人各自的名称,双方代表的签名,并加盖印章。

(2) 双方的地址、法人代表、委托代理人、开户银行、银行账号、电话号码和邮政编码等。

(3) 签订合同的日期。

(4) 如果合同请有关机构鉴证或公证的,要写明机构的名称,并加盖印章。

六、经济合同的写作要求

1. 内容必须合法

经济合同所涉及的内容必须符合国家的有关法律、法规和有关职能部门或行业的管理规定,这样,合同的内容才可能建立在合法的基础上。同时,合同的内容应是当事人意愿的共同体现。

2. 内容具体,格式规范

合同的内容是双方当事人履行合同的依据,为了使合同能够顺利地履行,签订合同时,一定要做到内容具体明确,切忌含糊不清、模棱两可。撰写时还需采用规范格式,保证合同条款的齐全。

3. 语言准确,表述清晰

经济合同的语言要严谨准确,表意明确,且合乎语法规范。对合同内容的撰写要表述清晰,不能使人产生歧义,以免出现不必要的合同纠纷。

【例文】

购 销 合 同

购货方:领先药品公司(以下简称甲方)

销货方:青田园艺场　(以下简称乙方)

双方经过充分协商,订立以下条款,以资共同遵守。

一、标的:山东乐陵金丝小枣。

二、质量标准:特级。

三、数量和价款:总计贰佰公斤,每公斤单价拾元,总计金额贰仟元。

四、包装及包装费:小枣必须用大塑料外包,纸袋内装,外用纸箱包。包装费仍由青田园艺场负责。

五、交货时间、地点和验收方式:2008 年 6 月 10 日之前交货,由乙方直接运往甲方所在地,并由甲方质量检验员验收。

六、运费:运费由乙方负责。

七、付款方式和时间:甲方于收货 7 天内通过银行托付货款。

八、违约责任

1. 合同签订后,在正常情况下,乙方拒不交货或甲方拒付款都须处以货款 20% 的罚金。

2. 乙方迟交货或甲方迟付款,则每天以货款的 0.03% 罚滞纳金。

3. 乙方货物数量不足,扣除不足数量的货款后,按其不足部分的货款,罚 20% 的赔偿金。

4. 乙方货物质量验收不合格,则或由双方重新酌价,或由乙方更换。

5. 如遇特殊情况,任何一方无法履约,则应提前 30 天通知对方,并赔偿损失费为约定货款的 10%。

九、合同纠纷的解决方式:

本合同一旦出现纠纷,采用仲裁方式解决。

十、本合同一式叁份,甲方和乙方各执壹份。本合同甲乙双方自愿由山东省××县工商行政管理所鉴证,并在该所存合同副本壹份。

购货方:领先药品公司(甲方)　　　销货方:青田园艺场(乙方)

法人代表:李华　　　　　　　　　　法人代表:钱永建

地址:天津市××区××路××号　　地址:山东省××县

电话:略　　　　　　　　　　　　　电话:略

开户银行:天津市工商银行　　　　　开户银行:××县农业银行

账号:8825431　　　　　　　　　　　账号:420514

鉴证机关:山东省××县

　　　　　工商行政管理所

　　　　　(盖章)

二〇〇八年三月十日

【点评】 这是一份购销合同,标题表明了合同的性质;正文部分用条款分别标明了标的、质量、数量和价款、包装方式、交货时间及方式,同时标明了违约责任和仲裁方式等内容。合同条款齐全、规范,双方权利义务明确,语言表述准确周密。

第六节　项目建议书

一、项目建议书的概念

项目建议书是指企业经有关部门批准新项目或企业的下属部门向企业管理部门建议设立新开发项目时提交的陈述立项申请、建议的书面报告。简单地说,所谓项目建议书是呈报上级请求批准对某一项目进行可行性研究的专用文书。如公司或分公司的设立、组建企业集团、合并、联营、合营、引进技术、建设项目、争取各种科技、发展立项基金等,一般都需要向上级部门提交项目建议书。

对于大中型项目,有的工艺技术复杂、涉及面广、协调量大的项目,还要编制可行性研究报告,作为项目建议书的主要附件之一。项目建议书是项目发展周期的初始阶段,是国家选择项目的依据,也是可行性研究的依据,涉及利用外资的项目,在项目建议书批准后,方可开展对外工作。

二、项目建议书的分类

项目建议书的分类较多,常用的有工业项目建议书、农业项目建议书、水利水电项目建议书、社会发展项目建议书、城市基础设施项目建议书等。

三、项目建议书的特点

1. 缜密的科学性

项目的内容必须是经过市场考察、分析论证得出的建议,项目建议书不仅要说明拟建项目在技术上和经济上所依据的理论和原理,还必须符合有关事物的本质与规律,因而具有缜密的科学性。

2. 项目的可行性

任何项目都必须建立在对企业发展有利的基础上的,其初步可行性分析应该是实事求是的,如有疏漏和不实即影响项目的报批,更影响项目的实施和操作。

四、项目建议书的作用

项目建议书的主要作用表现在以下三个方面:

(1) 在宏观上考察拟建项目是否符合国家长远规划、宏观经济政策和国民经济发展的要求,初步说明项目建设的必要性;初步分析人力、物力和财力投入等建设条件的可能性与具备程度;

(2) 对于批准立项的投资项目即可列入项目前期工作计划,开展可行性研究工作;

(3) 对于涉及利用外资的项目,项目建议书还应从宏观上论述合资、独资项目设立的必要性和可能性。

五、项目建议书的内容

1. 投资项目建设的必要性和依据

(1) 阐明拟建项目提出的背景、拟建地点,提出与项目有关的长远规划或行业、地区规划资料,说明项目建设的必要性。

(2) 对改扩建项目要说明企业概况。

(3) 对于引进技术和设备的项目,还要说明国内外技术的差距和概况以及进口的理由、工艺流程和生产条件概要等。

2. 产品方案、拟建规模、建设地点和初步设想

(1) 产品市场的预测,包括国内外同类产品的生产能力、销售情况分析和预测、产品销售方向和销售价格的初步分析。

(2) 说明产品的年产量、一次建成规模和分期建设的设想,以及对拟建规模经济合理性的评价。

(3) 产品方案设想,包括主要产品和副产品的规模、质量标准等。

(4) 建设地点论证,分析项目拟建地点的自然条件和社会经济条件,论证建设地点是否符合布局的要求。

3. 资源情况、交通运输及其他建设条件和协作关系的初步分析

(1) 拟利用的资源供应的可能性和可靠性。

(2) 主要协作条件情况、项目拟建地点水电及其他公用设施、地方材料的供应情况分析。

(3) 对于技术引进和设备进口项目应说明主要原材料、电力、燃料、交通运输及协作配套等方面的近期和远期要求,以及目前已具备的条件和资源落实情况。

4. 主要工艺技术方案的设想

(1) 主要生产技术与工艺。如拟引进国外技术,应说明引进的国别以及国内技术与之相比存在的差距、技术来源、技术鉴定及转让等概况。

（2）主要专用设备来源。如拟采用国外设备，应说明引进理由以及拟引进设备的国外厂商的概况。

5. 投资估算和资金筹措设想

（1）投资估算既可根据掌握数据的情况进行详细估算，也可按单位生产能力或类似企业情况进行估算或匡算。投资估算中应包括建设期利息、投资方向调节税和考虑一定时期内的涨价影响因素（即涨价预备金），流动资金可参照同类企业情况进行估算。

（2）资金筹措计划中应说明资金来源，利用贷款的需要附上贷款意向书、分析贷款条件及利率、说明偿还方式、测算偿还能力。对于技术引进和设备进口项目应估算项目的外汇总用汇额及其用途、外汇的资金来源与偿还方式，以及国内费用的估算和来源。

6. 项目的进度安排

（1）建设前期工作的安排，应包括涉外项目的询价、考察、谈判、设计等。

（2）项目建设需要的时间和生产经营时间。

7. 经济效果和社会效益的初步估计

（应含有初步的财务评价和国民经济评价的内容）

（1）计算项目全部投资的内部收益率、贷款偿还期等指标及其他必要的指标，进行盈利能力、清偿能力初步分析。

（2）项目的社会效益和社会影响的初步分析。

8. 有关的初步结论和建议

技术引进和设备进口项目建议书，还应具备邀请外国厂商来华进行技术交流的计划、出国考察计划，以及可行性研究工作的计划（如聘请外国专家指导或委托咨询的计划）等附件。

六、项目建议书的书面格式

1. 工业项目建议书格式

（1）总论：

① 项目名称；② 承办单位概况（新建项目指筹建单位情况，技术改造项目指原企业情况）；③ 拟建地点；④ 建设内容与规模；⑤ 建设年限；⑥ 概算投资；⑦ 效益分析。

（2）项目建设的必要性和条件：

① 建设的必要性分析；② 建设条件分析：包括场址建设条件（地质、气候、交通、公用设施、征地拆迁工作、施工等）、其他条件分析（政策、资源、法律法规等）；③ 资源条件评价（指资源开发项目）：包括资源可利用量（矿产地质储量、可采储量等）、资源品质情况（矿产品位、物理性能等）、资源赋存条件（矿体结构、埋藏深度、岩体性质等）。

（3）建设规模与产品方案：

① 建设规模（达产达标后的规模）；② 产品方案（拟开发产品方案）。

（4）技术方案、设备方案和工程方案：

① 技术方案：生产方法（包括原料路线）和工艺流程。② 主要设备方案：主要设备选型（列出清单表）和主要设备来源。③ 工程方案：建、构筑物的建筑特征、结构及面积方案

（附平面图、规划图）；建筑安装工程量及"三材"用量估算；主要建、构筑物工程一览表。

（5）投资估算及资金筹措：

① 投资估算：建设投资估算（先总述总投资，后分述建筑工程费、设备购置安装费等）；流动资金估算；投资估算表（总资金估算表、单项工程投资估算表）。② 资金筹措：自筹资金；其他来源。

（6）效益分析：

① 经济效益：销售收入估算（编制销售收入估算表）；成本费用估算（编制总成本费用表和分项成本估算表）；利润与税收分析；投资回收期；投资利润率。② 社会效益。

（7）结论。

2. 城市基础设施项目建议书格式

（1）总论：

① 项目名称；② 承办单位概况（新建项目指筹建单位情况，技术改造项目指原企业情况）；③ 拟建地点；④ 建设规模；⑤ 建设年限；⑥ 概算投资；⑦ 效益分析。

（2）市场预测：

① 供应现状（本系统现有设施规模、能力及问题）；② 供应预测（本系统在建的和规划建设的设施规模、能力）；③ 需求预测（根据当前城市社会经济发展对系统设施需求情况，预测城市社会经济发展对系统设施需求量分析）。

（3）建设规模：

① 建设规模与方案比选；② 推荐建设规模及理由。

（4）项目选址：

① 场址现状（地点与地理位置、土地可能性类别及占地面积等）；② 场址建设条件（地质、气候、交通、公用设施、政策、资源、法律法规征地拆迁工作、施工等）。

（5）技术方案、设备方案和工程方案：

① 技术方案：技术方案选择；主要工艺流程图，主要技术经济指标表。② 主要设备方案。③ 工程方案：建、构筑物的建筑特征、结构方案（附总平面图、规划图）；建筑安装工程量及"三材"用量估算；主要建、构筑物工程一览表。

（6）投资估算及资金筹措：

① 投资估算：建设投资估算（先总述总投资，后分述建筑工程费、设备购置安装费等）；流动资金估算；投资估算表（总资金估算表、单项工程投资估算表）。② 资金筹措：自筹资金；其他来源。

（7）效益分析：

① 经济效益：基础数据与参数选取；成本费用估算（编制总成本费用表和分项成本估算表）；财务分析。② 社会效益：项目对社会的影响分析；项目与所在地互适性分析（不同利益群体对项目的态度及参与程度；各级组织对项目的态度及支持程度）。③ 社会风险分析。④ 社会评价结论。

（8）结论。

【例文一】

公交公司公交候车亭项目建议书

项目性质：新建

企业性质：私营

项目负责人：××

申报日期：2006年3月

一、项目提出的理由：××公交公司于2006年11月正式成立运营，现共开公交线路7条，车辆40台，为城乡人民提供了安全、舒适、快捷、廉价的公交服务，填补了县城公交的空白，进一步完善了城区基础设施水平，提高了城镇化水平。公司的运营状况也进一步规范，为了使城区公交事业配套设施更完备，服务更周到，人民更满意，恒新公交公司计划今年在1、2、3、6路部分站点建设高标准候车亭30处，彻底改善公交候车站点无遮阴避雨设施的状况，以方便群众出行，解决谁为候车人打伞的问题。

二、项目实施基础：此项工程属城市公交性设施，建设局规划定点，无偿提供建设用地，行政上纳入市政统一管理，庄浪县恒新公交公司投资建设经营。

三、项目建设范围：根据县城公交路线实际情况计划建设候车亭30处：一路车沿线14处；二路车沿线14处；三路车沿线设1处，六路车沿线1处。

四、环境保护：该项目属城市基础设施建设，无污染。

五、项目总投资及资金来源 该项目概算总投资500万元，固定资产投资300万元。资金来源：××公交公司自筹资金22万元，请求市建设局解决项目建设资金50万元。

六、固定资产投资估算：固定资产投资400万元，其中设备购置80万元，土建工程20万元。

七、经济效益：项目正常生产后年可实现租金收入、广告代理及发布费用150万元，解决就业岗位300个。

八、结论：该项目能进一步提升城市功能，改善人民群众出行条件的好项目，应尽快支持建议，促其尽早建成。

【点评】 这是一则城市基础设施建设项目建议书，格式规范，内容清晰，条款分明，行文虽简洁但重点突出。

【例文二】

"农家乐"生态旅游项目建议书

一、项目单位基本情况

人员众多，科研力量雄厚。在职人员990人，专业技术人员140多人，具有中高级职称的30多人，初级职称的110多人，并且与科研机构、高等院校有着广泛的联系，具有丰富的项目管理经验，可保证项目建设的顺利实施。

项目建设单项目主管单位(略)，主管全区的林业生产、资源管理，技术位以其优越的地理位置，良好的自然条件，为项目建设提供了坚实的基础。项目建设单位生产条件较好，技术力量较强，交通便利，基础设施(水、电、通讯)等比较完善，区位优势明显。

二、项目背景

(一)项目区概况

项目区太平湖位于我区人口密度最大、景色优美的江南旅游中心，坐落在安徽省黄山市黄山区境北,东依黄山,此邻九华,原系青弋江上游,舒溪河流域,位于东经117055′—188013′,北纬30014—30029′,东西长约60公里。南北最宽处6公里,最窄处仅200余米,最大水面面积94平方公里,最小水面面积88平方公里,景区面积275平方公里,自然保护区面积430平方公里,横跨两区县(黄山区、泾县)乡镇(新明、龙门、新华、永丰、广阳、乌石、清溪、平湖、桃源)。项目区依山傍水,景色宜人,人文景观丰富,以原汁原味的民俗风情,依托原始的、自然的风光,让人们尽情领略农家的田园风情。

(二)项目建设的必要性

为充分发挥资源优势和区位优势,不断拓宽旅游服务领域,积极适应城市居民休闲旅游消费,促进农民增收,我们以生态优势和农家特色为依托,以农家院落为载体,以促进农民增收和城乡交流为目标,大力发展"农家乐"新型休闲旅游,拉动居民旅游消费,逐步提高旅游经济在区域经济中的份额。

(三)编制依据

1.《全国生态环境建设规划》(林业专题),国家林业局,1992年2月。

2.《中华人民共和国水土保持法》。

3.《黄山市黄山区生态示范区建设总体规划》。

三、项目建设方案

(一)市场分析

"农家乐"旅游面向的是大中城市的中老年人。他们长期生活在喧闹的城市,向往宁静的乡村生活。中老人中间有的有许多兄妹和亲朋,长年生活在不同的城市、不同的家庭、城市居住条件又很不方便相会,"农家乐"给他们提供了相聚的空间。他们中有的童年在农村度过,对农村有美好的回忆,步入中老年后,渴望回归自然。也有少数浪漫的青年男女,来到乡下,寻找一种新的生活乐趣。

"农家乐"旅游是一种感情旅游,有的游客通过一次旅游便与农户建立了很深的感情,有不少"回头客"。

"农家乐"旅游成本低,收费少,很容易被人接受。

随着中国经济的不断发展,人口老龄化,身体状况越来越好,旅游业越来越兴旺,"农家乐"生态旅游项目发展空间很大,市场前景看好。

(二)技术方案(资料收集→调查论证→总体规划→详细规划→组织实施→项目管理→项目验收)

(三)建设条件

1. 社会经济条件

黄山区土地总面积1639平方公里,辖19个乡镇,116个村,总户数5.26万户,总人口16.30万人,其中农业人口13.39万人,农村劳动力7.70万人,人口密度97人/平方公里。2000年全区工农业生产总值为11.76亿元,财政收入8088万元,农民人均年收入2416元。

2. 林业生产经营管理条件

黄山区有19个乡镇林业站,4个国有林场,2个省级自然保护区,国有采育场、苗圃、林科所、国家森林公园各1个。全区林业职工总数990余人,技术人员147人,其中副高级技术职称 6 人,中级职称 25 人,初级技术职称人。

通过近年来林业重点工程项目的成功实施,我区林业生产管理水平有了较大幅度的提高,并培训出一批懂技术、善经营的项目管理人,为项目建设打下了坚实的基础。

3. 交通、运输条件

近几年,黄山区交通运输条件不断改善,特别是铜陵长江大桥和太平湖大桥先后通车,进一步缩短了黄山区与外界的距离。目前,区内有国道一条,长 40.7 公里,省道三条,总长度 153.6 公里,县乡道五条,总长度 139.4 公里,基本实现"乡乡通油路"的目标,随着"两山一湖"战略逐步推行,九华山—黄山公路、环黄山公路等重点项目的开工建设,将进一步改善我区交通基础设施。

4. 外部协作条件

省委、省政府作出的"两山一湖"发展战略,进一步提高了黄山区的地位。区委、区政府适时提出要在全市率先基本实现"三最"目标,建立国际一流的生态旅游区,这就为"农家乐"生态旅游项目提供了一个良好的发展空间。

(四)环境保护

基础设施建设应因形就势,尽可能减少对环境的破坏。

四、项目主要建设内容及规模

(一)项目建设内容及规模

1. 道路建设:2000 米。

2. "三改"(改水、改厕、改圈)50 户。

3. 接待设施。

项目建成后,游人可进行垂钓、尝试干农家活等多种形式的旅游活动,亲身感受"吃农家饭、住农家屋、干农家活、享农家乐"以及"当一天农民,做一回山里人"的乐趣。

(二)建设期:2 年(2003 年—2004 年)。

五、投资估算及筹资方案

项目总投资:100 万元。

资金筹措方式:引进外资 80 万元,自筹资金 20 万元。

六、效益分析

(一)直接经济效益

项目以 10 年为计算期(2003 年—2012 年),项目建成达正常经营年份时,年均收入 80.0 万元(以年接待 8000 人次,人均消费 100 元计),该项目经营的税费主要有营业税(3%),年上缴税费 2.4 万元,年总成本费用 60.0 万元,年均利润 17.6 万元,10 年内累计经营收入 800.0 万元,累计利润总额 176.0 万元,累计上缴税费总额 24.0 万元。

(二)间接经济效益

通过项目建设,不仅优化了旅游产业结构,带动第三产业发展,而且使人们休闲、养身有了一个好去处,在促进人民身心健康等方面都发挥着积极的作用,由此而产生的间接经济效益更是难以估算。

(三)社会效益

通过项目建设,优化了我区旅游结构,并为人们休憩和养身创造了一个天然环境,项目建设对促进我区产业结构调整,带动相关产业发展都有重要意义。

由于"农家乐"生态旅游项目是通过组织农户兴办旅游,这就增加了劳动力的就业门路,随着旅游等第三产业的扩大,群众的就业渠道更加广阔,这些都将有益于农民增加收入,提高群众的生活水平。

（四）财务评价

年利润率＝利润总额/收入总额×100％＝22.0％

投资利润率＝年平均利润/项目总投资×100％＝17.6％

投资利税率＝年利税总额/，项目总投资×100％＝2.4％

投资回收期 n＝k/p＝100/17.6＝5.7年(k 为项目总投资 p 为项目年均收入)

收益率 r＝p/k×100％＝17.6/100×100％＝17.6％

（五）结论与建议

项目建成后,按计算期 10 年计算,累计收入 800 万元,累计上缴税金 24.0 万元,扣除成本和税金后累计可得纯收入 176.0 万元,年均纯收入 17.6 万元,其经济效益是可行的。

项目建成后,可为人们提供多元化、多功能的休闲、养身场所,具有稳定而长远的市场前景和良好的经济效益,而且项目有很好的抗风险性,因此该项目是切实可行的。

建议上级主管部门批准立项。

七、项目进展情况

目前正进行项目的前期准备工作

八、合作方式

合作、合资

九、联系方式

项目单位:略

地　　　址:略

法人代表:略　　　　　电话:略

联　系　人:略　　　　　电话:略

传　　　真:略

【点评】 这是一则旅游项目建议书,格式非常规范,语言明白晓畅,经过了认真地调查、分析和研究,是一篇较好的项目建议书范文。

第七节　招标书　投标书

一、招标书和投标书的概念

招标书和投标书是政府、单位或者企业在招、投标时所使用的文书。

1. 招标

是指政府、单位或企业在兴建工程、合作经营某项业务或进行大宗商品交易时,以建设单位、商品购买人或定作人、项目出资人为招标人，或由他们委托专门的招标代理机构，公布标准和条件，公开招人承包或承买，从中选择价格和条件最优者为中标人的经济活动。

2. 招标书

是用于招标活动的书面文件，是通过公开招标的办法聘请其他单位或个人协助办理的告知性文书。招标书通常以招标广告、招标通告、招标启事和招标通知书等名目出现。

3. 投标

是指意愿按招标书的要求和条件承包或进行交易的单位或企业报出价格，拟就详细方案，开列清单，向招标人投函的经济活动。

4. 投标书

又称"投标申请"或"投标申请书"，是投标者按照招标单位招标文件中提出的标准和条件，结合自己的主观条件估价后，拟就详细方案，开列清单，向招标单位提出承包工程项目或承买大宗商品等所写的书面文书。

招标、投标是国际上广泛采用的一种贸易方式，是现代经济活动中一种引入竞争机制的经济活动方式，能够最大限度地保证社会的公平竞争，保证资金得到合理、有效的使用，保证项目质量，保护国家利益、社会利益和当事人的合法利益。我国的招标、投标是在改革开放后开始推广开来的。目前，面对经济全球化浪潮的兴起和我国对外经济活动的日益频繁，招标和投标工作已成为各级政府、企业经济活动制度化和规范化的重要方面。

二、招标书、投标书的分类

1. 按时间划分

有长期招、投标书和短期招、投标书。

2. 按内容划分

有企业承包招、投标书；工程招、投标书；大宗商品交易招、投标书。

3. 按招标的范围划分

有国际招、投标书和国内招和投标书。

三、招标书、投标书的特点

1. 公开性

公开性主要表现在招标书一般通过一定的媒体广泛传播，招标者将自己的标的物、招标意图、招标范围、招标条件和招标步骤等公布于众，投标者可参与公开竞争。此外，招标人要当众公开标的。

2. 明确性

招标人对招标的项目或者工程基本情况要给予明确的说明，例如项目或工程的主要目的、基本情况、产品要求、人员素质和具体规定等，必须在招标书中给予清晰的描述。投标书要对所采取的方式、方法，实施措施，所要达到的目标和标准，采用的科学技术方法，以及可以获得的经济和社会效益等，都要明确、清晰地进行说明。

3. 竞争性

招标的目的是寻求经济活动中最理想的合作伙伴，必须使用各种手段造成最广泛的竞争局面，从而扩大选择的对象，增加比对性，以获得更好的经济效益。

4. 保密性

① 标的在公布之前不得泄密，否则对责任者要严肃处理，直至追究法律责任；② 投标书在开标之前也要保密，在规定的开标时间之前不得启封。未密封、未盖印及过期的投标书无效。

5. 制约性

招标书是招标人向投标单位提出的约定性文字资料，一旦发出就不能随意改动，否则违背了条款就要承担法律责任。投标单位必须认真地对招标单位提出的条件和要求作出郑重承诺，同意招标书中的各项制约性条款，投标书寄出以后，投标人便不能更改，一旦签订了合同，就要认真履行，否则就要承担相应的法律责任。

四、招标书、投标书的结构和写法

1. 招标书

招标书一般由标题、正文、结尾和附件四部分组成。

（1）标题

从形式上看，标题有完全性标题、不完全性标题和简明性标题几类。

完全性标题由招标单位名称、招标事由（即承包工程或承包货物名称）和文种（即招标公告、招标通告或招标启事）三部分组成；不完全性标题往往是不写招标性质和内容，只写招标单位和招标形式，如"××集团招标公告"；简明性标题多不写招标性质、内容和单位，只写招标文件的文种名称，如"招标公告"、"招标书"等。

（2）正文

正文由前言和主体部分构成。

前言部分要求写清楚招标单位项目、招标依据、招标目的、招标范围和招标单位的基本情况。文字要精练，开宗明义。

主体部分是招标书的核心，主要包括：① 招标方式：公开招标还是邀请招标。② 招标范围：限定在国内、国际，还是省内、市内等。③ 招标内容和要求：如果是基层单位招标承包，应该写清地理位置、固定资产、流动资金、人员情况、经营情况等；如果是工程项目，须写综合说明。无论何种招标，都要清楚无误地写明承包者在承包期内要达到的各项指标。④ 招标程序：针对招标的实际情况，写清楚招标、议标、开标、定标的方法和步骤，标注时间和地点；双方签订合同的原则；明确双方的权利和义务等。⑤ 双方签订合同的原则，明确双方的权利和义务。⑥ 其他事项，一般指上述内容未尽事宜。

招标项目的表达方式有条款式和表格式，前者逐条写明招标的有关内容；后者是表格式结构，将招标项目编制成图表，使招标项目简明扼要、一目了然。

（3）结尾

这是招标书重要的组成部分，要详细而具体地写清楚招标单位的名称、地址、电话、传真号码、联系人、邮政编码、发文日期等；招标单位加盖公章，在招标单位的右下角，另起一行署上制发的日期。

（4）附件

附件是为了使正文简洁，而把繁复的专门内容作为附件列于文后或作为另发的文件，如项目的具体内容数量、工程一览表、设计勘察资料及有关的说明书等。

2. 投标书

投标书主要有条文式和表格式两种，格式大体相同。主要区别在于表格式投标书的正文主体部分主要采用表格的形式，并辅以适当的文字说明；条文式对主要内容采用分段陈述的方式，逐条进行说明。

投标书一般由标题、正文、落款和附件等部分组成。

（1）标题

标题一般有四种写法：① 由投标方和文种组成，如"××信托投资公司投标书"；② 由投标项目名称和文种组成，如"××工程项目投标书"；③ 只有文种的标题，一般只写上"投标书"即可；④ 灵活性标题，如"有实力，讲信誉——我的投标书"。

（2）正文

投标书的正文内容一般包括前言和主体两个部分。

前言主要交代投标的目的和依据、介绍投标单位的基本情况及对该投标项目的态度。主体主要写清楚投标报价，工程项目开工、竣工日期，具体提出完成该项目所要采取的措施，如专业技术、组织管理及安全生产措施等。

首先，对投标企业（个人）的现状进行分析，包括企业规模、级别、固定资产、设备状况、服务质量、以往业绩等。其次，要详细说明投标项目的具体指标，明确投标方式和投标期限。如果是投标大宗货物，应写明保证按合同履行责任和义务；如果是投标承包经营项目，应写明几项经济指标；如果是投标建筑工程，就要写明工程总报价及对价格组成的分析，保证达到的工程质量标准等。最后，实现指标、完成任务的措施（组织、管理、技术等）。要求措施具体明确，切实可行，这部分是指标任务完成的保障。

（3）落款和附件

落款写明单位的全称及法人代表姓名、联系人并加盖印章，单位的地址、电报、电话、邮编和制作日期等。

（4）附件

有时需要附上担保单位的担保书和图样、表格等。

五、招标书、投标书的写作要求

招标、投标书的写作是一项严肃的工作，要求注意以下几点：

1. 遵守规定，合法合理

招标、投标活动是现代经济活动的重要形式，国家为此颁布了一系列法律法规，招标投标活动既受其保护，也受其监督。要保证招标投标活动公平、公正、公开，以激励竞争，提高经济效益，招标、投标方案既要科学、先进，又要适度、可行。

2. 吃透情况，内容周密严谨

招标人要了解市场信息及投标人的情况，才能根据时间确定招标项目的标准、标底；投标人要全面了解招标项目情况、市场情况和竞争者情况，才能知己知彼，报价恰当，具有竞争力，以保证中标后取得一定的经济效益。不论是招标文书，还是投标文书，各个项目内容都要书写周全、写细、写具体，不得疏漏，以防钻空子。

3. 表述规范、简明、准确，重点突出

由于招标、投标多数是一次性成交，没有反复磋商的余地，因此各类招标书和投标书之间要相互统一、对应，各种提法、概念、用语、数字都要规范。文字表达要考究，方案要高度概括，简明易懂，要做到准确无误，避免含糊不清，以免产生歧义。

4. 注意礼貌

招标、投标书涉及的是交易贸易活动，要遵守平等、诚信的原则。要求措辞诚恳语气平和，尽量避免带上个人主观色彩。

【例文一】

××市综合商品贸易大厦设计招标书

根据市场需求，本公司准备新建××市综合商品贸易大厦。为了提高工程的建设水平，提高城市品位，公司对综合商品贸易大厦工程的设计进行公开招标。

一、设计内容：

建筑面积为 40000 平方米，楼高 22 层，建筑地点在××区××路中段的综合商品贸易大厦。

二、投标单位资质要求：

投标单位应具有一级设计单位资质，并具有必要的设计条件和成功地设计过类似项目的设计经验。

三、报名日期：

2007 年 5 月 20 日前。

四、报名地点：

××市综合商品贸易大厦筹建处。

五、注意事项：

报名时请携带投标资料。

招标单位：××市金亨贸易有限公司

联　系　人：××先生

联系地址：汉廷酒店 313 房间。

联系电话：××××××××。

二○○七年五月二十日

【点评】　这是一则就××市综合商品贸易大厦设计进行的公开招标，标题由招标内容和文种组成，非常醒目。从正文看，此招标书格式规范，内容具体明确，表达准确。其缺点在于设计内容一项过于简单了，可能会造成投标单位不好把握。

【例文二】

投 标 书

工程名称：××××

投标单位：××××

一、标书综合说明

根据××市××局建设工程招标管理处 2007 年×月×日发布的《××单位办公楼建设安装工程招标公告》，以及××市建筑设计院设计的图纸内容，我公司具备建设施工条件，决定对以上工程进行投标。

本公司经历了长期建筑安装工程实践，1998 年经市建委审定为具有一级资质的建筑安装公司，公司共有职工××人，并设有××个建筑安装分公司，并配有全钢架现浇，大弯度钢架，预应力工艺等项目的施工能力和经验，具备大型土石方工程、建筑工程和水电安装工程总承包安装能力。

我们决心在此建筑工程中以全面质量管理为中心，严格编制施工组织设计程序，发挥企业固有的优势，保证缩短工期，力争在该项目上创优良、优质工程。

二、工程标价

预算总造价为五千万元，标价在预算总造价的基础上降低 1‰，即五万元（详见报价表）

三、建设工期

接到"中标通知书"后十五天进场，做好开工前的一切准备工作。2007 年×月×日动工，2009 年×月×日竣工，总工期为××天（详见工程进度计划）。

四、合理的施工措施

1. 制定质量目标，建立各单位工程中分部分项工程质量预控网络体系。
2. 健全技术档案，做到工程技术资料完备，提高施工管理科学性。
3. 安全生产，搞好安全教育，加强安全检查监督，防范事故于未然。
4. 各工种工程，分部分项实行挂牌施工，落实岗位责任。

××公司

负责人：××

2007 年×月×日

【点评】 这是一则工程项目投标书，标题简洁明了，正文部分包括标书综合说明、工程标价、建设工期、合理的施工措施等内容。行文思路清晰，结构基本完整，语言简洁准确。其缺点是未将"工程进度计划""质量目标"和"安全生产措施"作为附件附上。

第八节　商品说明书

一、商品说明书的概念

商品说明书是一种以说明为主要表达方式,概括介绍商品(包括服务等)的用途、性能、特征、使用和保管方法等知识的应用文体。商品说明书有时也叫使用说明书。其写作目的是教人以知,教人以用。

二、商品说明书的分类及作用

(一)商品说明书的分类

1. 以内容为标准

说明书可以分为解说阐述性说明书和介绍简述性说明书。

2. 以篇幅的长短为标准

说明书可以分为完整性说明书和简约性说明书。

3. 以表达的形式为标准

说明书可以分为文字式说明书、图表式说明书和音像式说明书。

三、商品说明书的特点

1. 指导性

说明书用以解释说明商品的相关信息,将有关的参数、功能、使用方式方法和注意事项等进行全面的罗列,使使用者清楚地了解这些信息,因此具有指导性。

2. 科学性

说明书必须客观具体地介绍商品的相关信息,这些解释和介绍都是以严谨的科学态度作为基础的。

3. 条理性

任何商品的使用必须遵循商品固有的特性,而这种特性往往是商品自己具有的规律的。因此在说明时,要条理清晰,层次分明。

(二)商品说明书的主要作用

(1) 说明指导作用;

(2) 宣传促销作用;

(3) 信息交流作用;

(4) 强制指令作用。

四、商品说明书的结构和写法

商品说明书的写作一般包括标题、正文和落款三个部分。

1. 标题

商品说明书常见的标题有以下三种:

（1）直接以文种做标题，例如"商品说明书"、"产品说明书"、"使用说明书"、《使用指南》等。

（2）以商品名称做标题，例如"三九胃泰"、"紫光扫描仪"等。

（3）以商品名称加文种做标题，例如"盖中盖口服液产品说明书"、"步步高 DVD 使用说明书"等。

2. 正文

正文是商品说明书的核心部分，商品不同，需要说明的内容也不同，有的说明商品的用法、有的说明商品的功能、有的说明其构造、有的说明其成分等，千差万别，各有侧重。例如，食品说明书重在说明其成分、使用方法及保质期限；药物说明书重在说明其构成成分、基本效用及用量；电器说明书重在说明其使用和保养方法等。一般情况下，正文包括以下几个方面的内容：

（1）产品的概况（如名称、产地、规格、发展史、制作方法等）。

（2）产品的性能、规格和用途。

（3）安装和使用方法。

（4）保养和维修方法。

（5）附件、备件及其他需要说明的内容。

以上内容，可以根据实际需求取舍详略和变动前后顺序。

正文的表现形式多种多样，一般采用概述式、条款式、短文式和图文综合式四种。

（1）概述式。一般只有一两段文字，简明扼要地对商品作概括介绍。

（2）条款式。是指把说明的内容分条列款逐一说明的方式。它的特点是层次分明，条理清晰，要点明确。常用的家用电器说明书多采用这种方式。

（3）短文式。即采用概括和叙述的方式把要说明的内容以简洁的文字形成一篇结构完整的短文。它的特点是内容完整、意思连贯、信息量大。

（4）图文综合式。即图文并茂地介绍商品。既有详尽的文字说明，又有照片和图示解说，辅之以电路图、构造图、分子式（医药）等。这种商品的说明书往往印成小册子作为商品附件。

3. 落款

商品说明书的落款应当写明商品生产单位的名称、地址、联系电话、商品批号、生产批准部门、专利号和质量等级等内容。不同的商品说明书，落款的项目有所不同，应根据实际需要落款。

五、商品说明书的写作要求

1. 内容科学真实

商品说明书的内容必须真实可信，符合科学原理，要以商品自身的特点、性能等相关材料为依据，以科学客观的态度，实事求是地介绍商品，不夸大其词，不弄虚作假。商品说明书的一项主要用途就是为消费者提供有关产品的信息，因此它必须用准确的语言传达出真实、完整的信息。

2. 语言通俗，表述简洁

商品说明书的读者主要是使用者，使用者的知识水平、接受能力有很大差异，所以商品说明书的语言表述要力求通俗、易懂，便于使用者理解。对于一些专业性较强的科学术语，也要尽量选择日常用语，简洁明白地表述说明。

【例文一】

浓缩维生素 E 胶丸说明书

维生素 E 是一种促进人体生长、发育，促进健康与预防衰老有关的营养要素。早在 1992 年 Evens 等已发现它的功能，可调节生育机能，防治流产和不育。半个世纪以来，就生理和机理作用，近代分子生物学学者作了详尽的研究，在营养及医疗上有了重要发现。

1. 本品能促进人体能量代谢，增强人的体质和活力：

2. 本品能预防因多不饱和脂肪酸(PuFA)异常氧化所致的有害物质积累而损伤正常组织引起的早衰，有延迟衰老的作用。

3. 本品能改善血液循环，促进溃疡愈合。

4. 本品能防止胆固醇沉积，能预防治疗动脉硬化。

5. 本品能调整性机能，愿更年期综合症。

6. 本品能保护肝脏。

［适应范围］　动脉硬化、脑血管硬化、冠心病、间歇性跛行、胃肠溃疡、皮肤溃疡、血栓性静动脉炎、静脉曲张、肝功能障碍、肌肉萎缩、不孕、习惯性流产、性机能衰退、烧伤、冻伤、贫血以及预防衰老。

［用法与用量］

日服量：每次 50 mg—100 mg，每日三次或遵医嘱。

［规格］　50 mg，100 mg。

［贮藏］　密闭、遮光、阴凉处保存。

京卫药健字(83)第 26 号

北京制药厂

【点评】　这是一篇条款式药品说明书，说明内容全面而详尽，条理清楚，表述简洁，语言规范，易于使用者正确理解和使用。

 习题

1. 根据所学知识，撰写一份大学生消费情况调查报告。

2. 下面是一份修缮合同的条款部分，请指出其文字表述的不当之处并修改。

一、甲方委托乙方修缮若干仓库。

二、上冻前必须完工，交付使用。

三、包工包料，保证质量。

四、修缮费先付 15％，其余完工后付。

五、双方不得违约，违者罚款。

3. 根据下述材料撰写一份经济合同，相关问题可自拟。

××研究所向××家具厂订购一批办公用品，其中，书橱××只，单价××元；书桌×

××只,单价××元,总计金额××元。要求家具厂在 2007 年×月×日前把书橱和书桌运往研究所,运费由家具厂负责,货品检验合格后,研究所在七天之内通过银行转账交付货款。××研究所地址为上海市××区××路××号,开户银行为上海市××区工商银行,账号 932641,电话××××。××家具厂地址为上海市××区××路××号,开户银行为上海市××区农业银行,账号为 918512,电话××××。合同签订后,如双方不履行,在正常情况下拒不交货或拒付款都须处以货款 10%的罚金。本合同如果产生纠纷,采用仲裁方式解决。

4. 请为你就读的学校写一份招标书,内容可选建设一座教学楼或购置一批实训设备等,必须符合招标书的写作规范,同时根据招标书的内容写一份相应的投标书,并且符合投标书的写作规范。

5. 我国城市家庭已广泛使用电视、电话、冰箱、洗衣机、电磁炉、微波炉等家用电器,但对农村偏远地区的人家来说,这些家用电器有的还很陌生。小王的母亲是甘肃农村一名小学退休教师,最近要来上海儿子家帮忙照料小孙子,可是她不会使用这些电器,颇多不便。请代小王为这些电器编写简明易学又安全的使用说明书,以便小王母亲按图索骥,学会使用,可以任选其一。

项目七　法律文书

项目学习目的：

理解法律文书的概念；认识法律文书的特点、分类及写作要求；熟练掌握起诉状、上诉状、申诉状、答辩状和仲裁申请书的写作方法。

第一节　法律文书概述

一、法律文书的概念

法律文书是指公安机关、检察机关、法院、司法行政机关及公民、法人等在解决法律问题的过程中，为实现法律规定的权利或义务而依法制作的具有法律效力或法律意义的各种文书的总称。这一概念有以下四点要注意：

1. 法律文书的制作主体

法律文书的制作主体主要是公安机关、检察机关和审判机关，但又不限于这三个机关，其他如监狱、公证处、仲裁机构等制作的有关文书也属于法律文书范畴。

2. 法律文书的作用

法律文书主要是在诉讼活动中发挥作用，如起诉书、判决书等都是直接为诉讼活动服务的；还有一部分法律文书不是在诉讼活动中产生的，或者说它的直接目的不是为了顺利进行各项诉讼活动，如公证文书等。

3. 法律文书的效力

法律文书一般具有一定的法律效力，体现国家意志和国家权力，具有国家强制力、约束力和执行力，但并非所有的法律文书都具有以上所述的效力，对于公证文书、律师事务文书等来说，它们或者具备上述效力的一部分，或者完全不具备上述效力。

在实践中，与法律文书相似的、易混淆的概念有司法文书、诉讼文书等。司法文书和诉讼文书的意义是一样的，都是指公安机关、检察机关、审判机关在诉讼活动中依法制作和发布的具有法律效力的各种公文。法律文书与它们的不同点在于：法律文书不仅包括上述三机关在诉讼活动中依法制作和发布的各类公文，还包括其他特定组织和个人依法制作的具有法律意义的相关文书，如公证机关制作的公证书、律师制作的诉状等。由此可见，法律文书是比司法文书和诉讼文书更大的一个概念。

三、法律文书的分类

法律文书分类繁多，是一个庞大的系统，可以从不同的角度按不同的标准对其进行分类。

1. 整体分类

从整体看,法律文书可以分为两大类:一类是执法文书,即公安机关、检察机关、法院、司法行政机关等国家机关为实现其工作职能而制作的法律文书;另一类是用法文书,即公安机关、检察机关、法院、司法行政机关以外的国家机关、法定的组织和公民等,在运用法律手段处理法律事务的过程中所制作的法律文书。

2. 根据制作主体分类

这是一种以法律关系主体的职能活动为标准的一种分类方法,它体现了法律文书之间的一定的横向联系,主要有公安机关刑事诉讼活动中的侦察文书类、检察机关的检察文书类、审判机关人民法院的诉讼文书类、律师事务机构的代书、狱政管理机关的监狱法律文书、仲裁机构的仲裁文书、公证机关的公证文书及经济领域中平等主体之间签订的各种合同文书。

3. 根据诉讼程序分类

这是按诉讼程序的不同级别为标准进行分类的一种方法,其优点在于便于体现每类文书之间在法律程序上的纵向关系。

（1）一审程序（含引起一审程序的有关文书）文书

这类文书主要有公安机关关于刑事案件的侦查、预审文书,检察机关关于刑事案件的批捕、审查起诉等文书,刑事自诉案件的自诉人、民事案件或行政诉讼案件的原告提出的起诉状等,以及人民法院在一审程序中制作的判决书、裁定书、调解书等。

（2）二审程序文书

这类文书主要有刑事案件、民事案件、行政诉讼案件中的当事人不服一审裁判所提交的上诉状,人民检察院按上诉程序提出抗诉的抗诉书,以及人民法院在二审程序中所制作的二审判决书、裁定书、调解书等。

（3）再审程序文书

这类文书主要有刑事案件、民事案件、行政诉讼案件的当事人对已经发生法律效力的裁判文书不服提出申诉而制作的申诉状,人民检察院按审判程序提出抗诉的文书,以及人民法院依照审判程序制作的判决书、裁定书、调解书等。

（4）执行程序文书

这类文书主要有民事、行政诉讼案件中胜诉方当事人对败诉方当事人不履行判决、裁定、调解结果,对公证机关赋予强制执行效力的债权文书不予履行,对仲裁机构的仲裁决定书仲裁结果不予履行而向人民法院提出的申请强制执行文书,法院在执行程序中制作的各类执行文书如执行笔录、查封笔录、扣押财物清单、中止或终结执行裁定书等,以及劳动改造机关制作的劳改执法文书等。

4. 按文种分类

这是一种以文书性质为标准的分类方法,体现同一类文书的基本性质和特点。其主要类型有起诉类文书、书状类文书、法庭论辩类文书、法律事务类文书、笔录类文书、通知类文书、告示类文书、批复类文书、公证类文书、仲裁类文书和合同类文书等。

三、法律文书的特点

1. 形式的规范性

法律文书在形式上具有明显的规范性的特点，它的结构形式比较固定且程式化。最高人民检察院、最高人民法院、公安部、司法部都公布有诉讼文书格式，必须按照规定的格式制作。具体体现在以下两个方面：

（1）结构固定化

在法律文书的制作中，绝大部分的文书可以划分为首部、正文和尾部三部分。首部主要包括文书标题，当事人基本情况和案由等；正文主要包括案情事实、处理理由和处理决定等；尾部主要包括交代有关事项、签署、日期和用印等。

（2）用语成文化

法律文书中的许多用语往往是固定的。如判决书交代上诉权部分一般表述为：如不服本判决，可在接到判决书的第二日起×内，向本院提出上诉状及副本×份，上诉于××人民法院。

2. 内容的客观性

法律文书的主体内容必须是经过调查证实的事实，既不能夸大也不能缩小，更不能虚构和歪曲，一定要具有客观性。

3. 法律的约束性

法律文书具有法律的约束力，它的制作必须用具体的法律法规条文作依据，必须准确地体现法律法规精神，不允许有丝毫违背法律法规的现象存在。例如，制作刑事案件文书时必须严格区分罪与非罪的界限，不能把思想道德方面的缺点或不构成犯罪的事实写进去。

4. 制作的合法性

由于法律文书是法律实施的产生，它的制作必须符合法律规定。具体体现在以下两个方面：

（1）要正确适用实体法

大多数法律文书都是为了解决实体问题而制作的，因此其制作必须恪守"以事实为根据，以法律为准绳"的原则，无论对事实的叙述、材料的分析，还是理由的阐述、结论的归纳，都必须符合实体法的规定。

（2）要符合法定程序

法律文书的制作要依照程序法的有关规定制作。不同性质的诉讼法律关系，不同的诉讼环节需要制作与之相应的有关法律文书。文书在提交、移送、拟稿、审核、签发、宣布和送达等具体运行上，也要合乎法定的手续。

5. 制作的连环性

法律文书在诉讼中具体运用时，各文书之间具有连环性的特点，即各个系统或序列的法律文书自成体系，按一定的法律程序形成的法律文书之间有一种承接关系，前一文书往往可以引出后一文书，而后一文书是以前一文书为基础的。如在民事诉讼中，民事起诉状可以引出民事答辩状,而两者又可共同引出判决书、裁定书或调解书等。

6. 制作的时效性

在诉讼阶段中,有的法律文书的制作应严格遵循法律有关时限的规定,逾期即丧失效力。有的法律文书,虽然法律没有作出明确的时限规定,但是办案贵在及时,不能拖延诉讼。从总体上说,法律对侦查、起诉、审判机关诉讼阶段都有严格的时限规定,各个具体诉讼环节的法律文书也相对要受制于这一总的时限要求。

四、法律文书的写作要求

1. 尊重客观事实,恪守国家法律

"以事实为根据,以法律为准绳"是法律文书制作的指导思想。法律文书制作的好坏以及制作质量的高低,直接关系到国家法律能否有效地贯彻执行,关系到国家、集体、公民的合法权益能否得到切实的保障,关系到国家的尊严、法律的严肃性,关系到能否正确适用法律打击犯罪、保护人民、维护法治的重要问题。因此,制作法律文书必须从客观事实出发,绝对尊重客观事实,如实反映案件的本来面目,这是写好法律文书的基本前提。

2. 叙事清楚,说理充分,适用法律准确

事实是案件成立的基础,也是司法人员依法处理案件的依据。具体要做到以下几点:

（1）分歧的焦点要抓准、记清

分歧的焦点是指在刑事、民事、行政判决书事实的开头部分所写明的控辩双方及民事诉讼当事人各自提供的事实、意见的对立观点。刑事诉讼中,确认被告人罪名成立或罪名不成立所依据的情节往往很多,但归结起来最终都势必集中到对罪与非罪、此罪与彼罪、重罪与轻罪如何予以科学认定上,这也就成为控辩双方分歧的焦点所在。民事、行政判决书事实的开头则必须抓住原、被告及第三方提供事实的实质要点,即各方争议的要害问题去写。

（2）构成事实的要素要完备,内容要完整

要素是构成事实存在的基本成分,要素按照一定的次序组织起来,就构成了案件的完整情节。刑事案件的要素有犯罪时间、地点、动机、手段、行为过程及造成的后果等。民事案件的要素有纠纷发生的时间、地点、标的、案件的当事人,以及纠纷发生的起因、经过、造成的后果等。叙述事实时要明确地将这些要素交代清楚、完整,按照事件发生的先后顺序一一交代,紧紧抓住叙述的基本线索,突出重要情节。并非所有的案件都必须具备上述要素,可以根据实际情况来决定写或不写某一要素。

（3）说理要充分,准确引用法律条文

理由是法律文书的重要组成部分,是以犯罪事实及民事纠纷事实为基础所阐明的确认被告人有罪无罪、罪重罪轻,以及民事责任能否承担、承担多少的分析文字,集中体现了司法机关对本案做如何处理的观点、认识。具体来说,说理要充分,阐明事理时要将事实概括得准确、全面,而且要一语中的,切中要害;说理要论证严密,思维严谨,结构清晰,表达清楚;援引法律条款要准确、全面、排列顺序要得体。

3. 语言要准确,表述要简练,行文要朴实

法律文书不同于一般的书面语言,它有着其特定的运用要求。

　　法律文书是国家执法机关为实施法律处理案件而制作的文书，所以语体上往往显得庄重而质朴，通过使用大量的"法言法语"来体现这一语体特征。法律的适用及认定要求准确无误决定了法律文书语言也必须做到准确。具体而言，即用词准确，符合语法规范，造句通顺，戒方言土语，杜绝黑话，讲求用语文明，人称指代要清晰明确，标点符号使用要正确，杜绝错别字。行文时语言要简明扼要，所谓的"简"是建立在文义完备的基础之上的。法律文书追求的是法律效果，而非艺术效果，法律的严肃性、实用性、客观性决定了法律语言要求朴实。因此，文笔朴实无华，不追求浓艳华丽的色彩，不故作高深，如实反映案件事实，恰当表达理由、处理意见，最终使人明白，读得顺口。

　　4. 材料要真实、准确

　　法律文书的材料包括三个方面：① 案件的事实和证据材料；② 用于论证的法学理论和法律条款的材料；③ 制作文书的主体、当事人和其他诉讼参与人的基本情况。这些都必须真实、准确，它是对案情事实材料的第一要求。

　　5. 结构要严谨、规范

　　法律文书的结构必须符合文种规范格式的要求。一般的法律文书在结构上分首部、主体（正文）和尾部三个部分。首部的内容包括制作机关（单位）、文种名称、编号，当事人基本情况，案由、案件来源、审理经过等。主体（正文）部分的内容包括案件的事实情况、证据情况和处理（请求）意见。尾部的内容包括交代有关事项，签署、日期、印章，附注事项。

第二节　起　诉　状

一、起诉状的概念

　　起诉状是公民、法人或其他组织直接向人民法院提起民事诉讼、行政诉讼及法律规定的部分刑事案件的诉讼时所使用的法律文书。起诉状是人民法院对案件进行审理或调解的依据和基础，对法院正确了解案情、处理好案情具有十分重要的意义。

二、起诉状的分类

1. 刑事起诉状

　　刑事起诉状又称刑事自诉状或刑事自诉书，是指法律规定的刑事自诉案件的自诉人或其法定代理人根据事实和法律，直接向人民法院起诉，控告被告人的犯罪行为侵犯自身权益，要求人民法院追究其刑事责任的诉讼文书。

　　刑事诉讼案件的类型有两类：一类为公诉案件，另一类为自诉案件。刑事自诉状和人民检察院提起公诉的起诉书在法律上具有相同的性质和作用，所不同的是，提起公诉的起诉书是人民检察院以国家公诉人的名义向人民法院提起诉讼的文书，刑事自诉状则是以自诉人个人名义向法院提起诉讼的文书。我国刑事诉讼实行以公诉为主、自诉为辅的犯罪追诉机制，绝大部分案件由人民检察院代表国家向人民法院提出公诉，只有部分刑事案件由被害人及其法定代理人、近亲属直接向人民法院提起自诉,由人民法院直接受理。刑事自诉是国家公诉以外的一种补充。

根据我国刑事诉讼法的规定,刑事自诉案件包括三类案件:① 告诉才处理的案件;② 被害人有证据证明的轻微刑事案件;③ 被害人有证据证明对被告人侵犯自己人身、财产权利的行为应当追究刑事责任,而公安机关或者人民检察院不予追究被告人刑事责任的案件。对这类案件,人民法院采取"不告不理"的原则。刑事自诉人向人民法院起诉,只要有证据证明被告人具有犯罪事实的,人民法院应予受理,自诉人可以自己写自诉状,也可以由律师代写。

刑事自诉状是人民法院受理上述案件,追究被告人刑事责任的主要依据。

2. 民事起诉状

民事起诉状是指民事诉讼案件的原告或其法定代理人,认为原告的民事权益受到侵害或与他人发生争执时,为维护自己的合法权益,依据事实和法律,向人民法院提起诉讼,请求依法保护的诉讼文书。任何自然人、法人及其他社会组织都依法享有起诉权,国家机关在作为民事纠纷的当事人时也可以作为民事主体制作民事起诉状。

民事起诉状的适用范围主要涉及三类案件:① 婚姻家庭纠纷案,如离婚、收养、继承等纠纷案件;② 财产权益纠纷案件,如所有权、损害赔偿、合同等纠纷案件;③ 知识产权纠纷案件,如专利权、商品权等纠纷案件。

根据《民事诉讼法》的规定,提起民事诉讼必须符合四个条件:① 原告必须是与本案有直接利害关系的自然人、法人和其他社会组织;② 有明确的被告;③ 有具体的诉讼请求和事实、理由;④ 必须属于人民法院受理民事诉讼的范围和受诉人民法院管辖。

民事起诉状是人民法院受理民事诉讼案件、启动民事一审程序的依据。人民法院对符合上述规定的起诉,必须予以受理。

3. 行政起诉状

行政起诉状,是指自然人、法人或者其他组织认为行政机关和行政机关工作人员的具体行政行为侵犯其合法权益,请求人民法院依照法定诉讼程序审理和裁判,以维护其合法权益而使用的诉讼文书。

行政起诉状主要有如下特点:第一,原告必须是行政管理关系中的行政相对人,即依法接受行政机关的行政管理,承担相应的行政义务的自然人、法人或其他组织。第二,原告认为行政机关的具体行政行为侵犯了自己的合法权益。行政起诉状中原告对具体行政行为的违法性不负举证责任。第三,有明确的被告,被告必须是作出具体行政行为的行政机关或法律法规授权可以作出具体行政行为的组织。第四,必须属于人民法院受案范围和受诉人民法院管辖。

三、起诉状的格式和写作方法

起诉状由首部、正文、尾部和附项四部分组成。

1. 首部

首部包括标题及当事人的基本情况。

(1) 标题

居中写明"刑事起诉状"、"民事起诉状"、"行政起诉状"。

（2）当事人的基本情况

根据提出诉讼的原告类别不同，当事人的基本情况的写法不同。如果原告是自然人的，应依次写明原告的姓名、性别、出生年月日、民族、籍贯、职业或工作单位和职务、住址等。如果原告无诉讼行为能力，如未成年人，则应在原告下一项写明：法定代理人的姓名、性别等基本情况及与原告的关系。原告是法人或其他组织的，应依次写明：原告的单位全称，所在地址，法定代表人（或代表人）姓名、职务、电话；原告是企业的还应该同时写明企业性质、工商登记核准号、经营范围和方式、开户银行和账号等。原告有诉讼代理人的，则在原告的下方另起一行说明诉讼代理人的姓名、性别等基本情况及与原告的关系；由律师担任代理人的，则只写律师的姓名、所在律师事务所名称和职务。原告不止一人的，根据其在案件中的地位和作用、享受权利的大小依次排列，各原告的代理人要分别写在各原告的后面。

被告的基本情况也根据其类别不同要求有不同的写法。如果是自然人的，写法与原告相同。如果是法人或其他组织的，则只需写明单位名称、地址和电话，还可写明其法定代表人的姓名、职务。被告不止一人的，根据他们在案件中的地位和作用、其责任的大小依次排列。

2. 正文

正文是起诉状的主体，包括诉讼请求、事实与理由、证据和证据来源三部分内容。

（1）诉讼请求

诉讼请求又叫请求事项。诉讼请求是诉讼的目的和要求。一件案件中，如果有两个或两个以上诉讼请求，应当逐一列出。

不同性质的案件，其诉讼请求各不相同。刑事起诉状的诉讼请求，主要写明自诉人控告被告人犯了什么罪，请求人民法院依法追究被告人的刑事责任。民事起诉状的诉讼请求是请求人民法院解决民事权益争议问题，可分为给付之诉确认之诉、变更之诉，要具体写明对被告的要求，如请求履行合同、归还产权、清偿债务、赔偿损失等，如果涉及钱款，应写明其具体数额。行政起诉状的诉讼请求一般有三种类型：①"变更之诉"，即请求法院判决变更原告认为不当的具体行政行为；②"撤销之诉"，即请求人民法院判决撤销或部分撤销违法的具体行政行为；③"履行之诉"，即请求人民法院判决被告在一定期限内履行法定职责。另外，如果由于不当的行政行为、违法的行政行为或行政机关应当履行而不履行造成原告财产损失的，可以同时在诉讼请求中列出，要求赔偿。

（2）事实与理由

这部分是起诉状的核心部分，也是法院受理案件和依法裁决当事人之间权益纠纷和争议的重要依据。

刑事案件的事实部分，要写明被告犯罪的具体事实，包括犯罪时间、地点、动机、目的、手段、情节、危害结果和证实其实施犯罪行为的证据。民事案件主要写明被告侵犯原告民事权益的事实或当事人双方争议的事实，包括当事人之间的法律关系，当事人之间纠纷的产生的原因、发展的全过程和双方争执的焦点，被告应当承担的民事责任及提供充分的证据。行政案件，要着重写明案件事实的六个要素，即时间、地点、人物、事件、原因、结果，具体而言，要说明原告在何时何地实施了何种行为，被告作出具体行政行为的经过、具体行政行为的内容及其法律依据。

起诉状的理由包括认定案件事实的理由和提出法律根据的理由。刑事案件一般先概况案件事实,再结合证据,援引相应的法律条款,分析被告人犯罪行为已具备所指控的罪名。民事案件一般在叙事的基础上,概况地分析纠纷的性质、行为的危害及后果,明确责任,然后提出法律依据,以证明诉讼请求的合法性。行政案件首先提出对具体行政行为的不服之处,然后援引法律条款,结合事实进行论证,最后得出行政机关具体行政行为不当、违法或应当履行而不履行的结论,从而支持变更、撤销或履行的诉讼请求。在陈述理由的最后部分,通常还有一段结束语,"请求人民法院依法予以裁决"。

（3）证据和证据来源

证据是证明所述事实真实性、可靠性的依据,它直接关系到案件的事实和理由能否成立,是诉讼成败的关键。刑事自诉案件的自诉人负有证明被告人犯罪的举证义务,自述人在陈述事实和理由时,要充分提供证据。证据的类型有书证、物证、人证、视听资料及其他能证明案件真相的证明材料。举证时,证据名称、证据来源、证人姓名和住址要单列在事实与理由项下。在民事诉讼中,当事人对自己的诉讼也负有举证责任,举证时要写明证据来源,证明何事。在列举书证时,要附列举证人,写明证人姓名、住址等,以便人民法院调查核对。在行政诉讼中,原告不负有举证责任,但是如果原告可以向人民法院提供支持其诉讼请求的有关材料,也应当在起诉状中一并说明。

3. 尾部

（1）致送人民法院的名称。

（2）起诉人签名。起诉人如果是法人或其他组织,要写明其全称,并加盖公章。

（3）要写明起诉日期,注明年月日。如果起诉状是请律师代书,应在起诉时间下写明律师姓名及所在的律师事务所名称。

4. 附项

（1）起诉状副本,根据被告人人数提供。

（2）证据的名称和数量。

（3）其他材料,如身份证明书、授权委托书等。

四、起诉状的写作要求

1. 陈述事实要实事求是、全面完整、条理清晰

起诉状的制作要做到真实、准确、合法、有条理。陈述案情要有针对性,突出争议焦点,不允许歪曲事实,主观臆断;分析是非要有理有据,要"以事实为根据,以法律为准绳",坚持以理服人,举证要确凿可靠;叙述事实要理顺思路,在基本脉络清晰的前提下,先写什么,后写什么,要合理安排材料,恰当表达。

2. 诉讼请求要具体明确、合情合理、切实可行

文书制作者要明白通过起诉达到什么目的、解决什么问题,因此起诉状中的诉讼请求要具体明确、合情合理、切实可行,不要只笼统地写"请求法院主持公道"、"依法处理"等。如离婚诉状,不能够仅写"请法院依法判决我与×××离婚"一项内容,因为一旦婚姻关系

解除,必定涉及子女扶养、财产分割等问题,所以在请求事项中还必须将这些内容写清楚。

3. 书写格式要符合规范

起诉状有固定的格式,制作时要尽量按照其基本规范去安排内容结构,特定的项目要齐全,前后不能颠倒或者残缺不全。起诉状中对当事人的称谓,法律有明确规定,必须依法书写。起诉书中的特定事项,缺一不可。

4. 语言表达要用词准确、严谨

由于起诉书是严肃的法律文书,涉及的内容是严肃的法律问题,牵涉到各方当事人的权利与义务,因此对其中的文字的解释应当具有单一性、确定性,要恰当运用规范的法律专用术语,要高度准确,不可模棱两可。

【例文】

民事起诉状

原告:刘××,男,50 岁,××市人,××造纸厂下岗职工,现无业,住××区××路××小区 5 号楼 2 单元 303 室。联系电话:58143694(宅)、13060370561

被告:××市××旅游公司。所在地址:××市××路××大厦 15 楼。邮编:501317
联系电话:68150708

法定代表人:杨××,系该公司总经理

诉讼请求

原告刘××与被告××市××旅游公司债务纠纷一案,诉请人民法院依法判决:

1. 要求被告立即返还原告所交押金人民币 1 万元整。
2. 要求支付原告为被告所垫付的办理汽车过户手续费、停车管理费等计 7370 元。
3. 要求被告支付原告为被告垫付的加油费用人民币 6744 元。
4. 诉讼费用由被告承担。

事实与理由

2006 年 6 月份,原告经人介绍来到被告单位工作(未正式签订劳动合同,事实上已形成劳动法律关系),之后按被告的要求原告即向被告支付了押金人民币 2 万元整,被告原经办人李××将其中的 1 万元押金给予原告,作为原告替单位办理车辆转移手续、交付停车管理费等费用的支出,被告即开具了收取押金 1 万元的收据,后原告用此款为被告先后办理车辆移交事宜,交费 3000 元,停车管理费 4000 元,及其他费用 370 元,共计 7370 元。劳动关系履行期间原告不仅领取不到工资,反而多次为被告垫付加油费共计人民币 6744 元,被告始终未给予报销。在无任何效益情况下,加之后来车队解散,原告失去了工作,前去索要押金及其垫付费用,但被告拒不给付。以后原告多次索要均无结果。

综上所述,具状人认为:公民的合法权益理应受到法律保护,原被告之间的劳动关系自成立至解除,被告不仅不尽给付劳动报酬之义务,反而拒付原告交付的押金及其为被告垫付的各项费用,其行为直接侵害了原告的合法权益。为此,依据《中华人民共和国民法通则》第 106 条的规定,特向你院起诉,请人民法院依法作出判决。

此致
××市××区人民法院

附:1. 本诉状副本 1 份
　　2.证据材料 8 份

起诉人:刘××

×年×月×日

【点评】 这份民事诉讼状格式规范、项目完整,诉求清晰明确,叙述事实被告侵权之事实清楚明了,被告侵权之责一目了然。理由部分也能针对事实,说理充分,并引用相关的法律依据,故诉讼请求显得有分量。

第三节　上　诉　状

一、上诉状的概念

上诉是法律赋予当事人的一种诉讼权利,是二审人民法院进行审理的依据。上诉状是指案件的当事人或其法定代理人不服地方各级人民法院的第一审判决或裁定,按照法定的诉讼程序,在法定的期限内,向上一级人民法院提出上诉,请求撤销、变更原审裁判或重新审理的诉讼文书。

上诉状只能由具有法定身份的人提出才具有法律效力。有权提出上诉的,除案件的当事人外,还包括他们的法定代理人和有独立请求的第三人。经特别授权的委托代理人,也可以用被代理人的名义上诉。上诉状中的当事人双方分别被称为上诉人和被上诉人,但在刑事公诉案件中无被上诉人,因为公诉案件是由人民检察院代表国家提出诉讼。

二、上诉状的分类

1. 刑事上诉状

刑事上诉状是刑事诉讼当事人及其法定代理人,或经被告人同意的辩护人或近亲属,或刑事附带民事诉讼的当事人,不服第一审人民法院作出的判决、裁定,在上诉期限内依照法定程序请求上一级人民法院撤销、变更原裁判的法律文书。刑事上诉状是二审人民法院受理案件进行审理的依据,有利于保证审判工作质量,有利于保护刑事案件当事人的合法权益。

2. 民事上诉状

民事上诉状,是民事案件当事人或者其法定代理人不服第一审人民法院的民事判决、裁定,在上诉期限内,要求上一级人民法院进行审理,撤销、变更原裁判所提出的法律文书。根据《民事诉讼法》的规定,我国审判审判实行两审终审制,第一审案件中的当事人,包括原告、被告和第三人,不服审判的均可以提出民事上诉。这既有利于当事人维护自身的合法权益,又有利于二审法院对一审法院审判工作进行监督,保证办案质量。

3. 行政上诉状

行政上诉状是行政诉讼当事人不服人民法院的第一审行政判决、裁定,在法定期限内要求上一级人民法院重新审理,撤销或变更原审裁判的法律文书。《行政诉讼法》规定的当事人的上诉权是一项绝对权,当事人提起上诉的,原审法院的上一级人民法院必须受理,没有自由裁量的余地。这对保护当事人的合法权益十分重要,尤其对于行政关系中处于弱势的行政相对人来说显得更为重要。

三、上诉状的格式和写作方法

上诉状由首部、正文、尾部和附项四部分组成。

1. 首部

(1)标题

居中写明"刑事上诉状"、"民事上诉状"、"行政上诉讼"。

(2)当事人的基本情况

写法与起诉状基本相同。上诉人、被上诉人的基本情况,包括姓名、性别、出生年月日、民族、籍贯、工作单位、职业和住址。刑事公诉案件无被上诉人,所以只需写出上诉人的基本情况。上诉人若有法定代理人,还需写明法定代理人的基本情况及与上诉人的关系。

(3)案由

写明不服原审判决或裁定的事由,具体包括原审人民法院名称、处理时间、文书编号、文书名称和上诉表示。通常表示为"上诉人因××一案,不服××法院于×年×月×日第×号判决(或裁定),现提出上诉,上诉的请求和理由如下"。

2. 正文

(1)上诉请求

上诉请求是上诉人针对第一审人民法院裁判的不当之处,向第二审人民法院表明自己的上诉目的和要求,明确提出自己的诉讼主张,要求上一级法院撤销或部分撤销或变更原审裁判,或要求重新审理案件。上诉请求只有一项的,写清即可;如有多项的,应分项列明。

(2)上诉理由

这是上诉状的核心部分。上诉理由是否充分,直接关系到上诉请求能否成立。上诉理由应围绕上诉请求,针对原审裁判中的不当之处展开论述。上诉理由可以从以下四方面提出:① 原审裁判在事实认定上是否有错。如果上诉人认为原审裁判所认定的事实错误,包括行为根本不存在,或有重大出入,或缺乏证据,就应用确凿的证据说明事实真相,全部或部分地否定原审裁判认定的事实。② 原审裁判定性、处分尺度是否有误。上诉人可以针对原审裁判对案件的性质认定是否准确、在处分尺度上是否合理,依据法律提出自己的观点,从而指出原审裁判的错误所在。如果能够说明原审法院对案件的定性错误,就会导致变更或撤销原审判决的结果。③ 原审裁判是在适用法律上是否恰当。如果原审裁判在认定事实上并无不妥,但在适用法律方面违反了法律条文,或引用法律条文不准确,或者曲解了法律条文的含义,上诉人可指出原审裁判在适用法律上的不当之处,说明应当运用的正确的法律条文,指明原审裁判在适用法律方面的错误。④ 原审裁判在诉讼程序上是否存在问题。如果原审法院在受理案件和最后的裁判中存在违反诉讼程序的错误,包括是否应当回避、是否应指定辩护人、审判方式是否公开、审判组织是否合法等方面的问题,根据有关的法律规定,指明原审在违反程序上的错误,影响了案件的公正判决。

在上诉理由时,前三点可以单独作为上诉理由,但最后一点,如果原审法院在案件审理中违反了法定程序,但是处理结果并无不当,就不能把它作为唯一的上诉理由。

3. 尾部

(1)致送人民法院的名称。

(2)上诉人签名。上诉人如果是法人或其他组织,要写明其全称,并加盖公章。

(3)具状日期。

4. 附项

本上诉状副本份数。

四、上诉状的写作要求

1. 上诉人必须符合法定的上诉条件

刑事上诉状的上诉人资格有严格的规定。如在公诉案件中,公诉人不服一审判决、裁定的,不能提起上诉,只能提出抗诉。自诉案件中,上诉人资格的确定比较简单,自诉人、被告人以及他们的法定代理人均有权提出上诉。民事诉讼案件中,第一审案件当事人,包括原告、被告和第三人,不服审判的均可以提出民事上诉。行政诉讼案件中,当事人提起上诉的,原审法院的上一级人民法院必须受理,没有自由裁量的余地。

2. 上诉状的提起必须遵守法定的上诉期限

根据我国《刑事诉讼法》的规定:"不服判决的上诉和抗诉的期限为 10 天,不服裁定的上诉和抗诉的期限为 5 日,从接到判决书、裁定书的第二日起算。"不服民事判决与行政判决的上诉期限为一审判决书送达的次日起 15 日内,一审裁定书送达的次日起 10 日内提出,逾期即丧失上诉权利。

3. 上诉请求要有针对性,要简洁明了

阐述上诉理由要富有针对性,要具体充分,紧紧围绕不服的原审判错误观点做文章,有的放矢地进行反驳论证,只有做到上诉理由充分、条理清晰、证据可靠,才能服人,才能引起二审法院的重视。

4. 上诉状的递交

上诉状的递交可向原审人民法院递交,也可以直接递交给上一级人民法院,递交上诉状时要按照对方当事人的人数递交上诉状副本。

【例文】

刑事上诉状

上诉人:李××,男,45 岁,汉族,陕西城古县人,住××县××路××号 402 室。因涉嫌贪污于 199× 年 8 月 24 日被刑事拘留,同年 9 月 7 日被逮捕。现押于××县公安局看守所。

上诉人因贪污、挪用公款一案,不服××县人民法院〔200×〕×刑初字第 1685 号刑事

判决,现提出上诉。

上诉请求

请求二审法院依法审理,撤销××县人民法院〔200×〕×刑初字第 1685 号刑事判决,宣告上诉人无罪。

上诉理由

一、上诉人不构成贪污罪

一审判决认定,上诉人将璧山县××投资公司本用于支付给××银行国债手续费的 5 万元据为己有,原因是上诉人所提供的证明该款已交回××投资公司的 4 万元收条和 1 万元支出的证明不真实,不予采信。

实际情况是,本用于支付手续费的 5 万元上诉人已与璧山县××投资公司完全结清。其中 4 万元现金交付给公司后,公司出纳方××出具了收条;1 万元用于报销过去未能报销的开支,方××出具了证明,并有公司经理何××的签名。以上收条和证明确实是真实的,是 199×年 2 月 21 日由方××出具的,方××和何××的签名真实,并非伪造。一审以已有司法鉴定为由,拒不接受上诉人提出的重新鉴定的要求,导致事实认定错误。上诉人要求二审法院对收条和证明的真实性进行重新鉴定,以证明上诉人的清白。

二、上诉人不构成挪用公款罪

一审判决认定,上诉人于 199×年 4 月 29 日经璧山县××投资公司经理何××同意,用璧山县××投资公司在××县国债服务部借的 80 万元国债券,用于以璧山县××物业公司的名义在××县国债服务部做抵押,贷款 100 万元,即挪用璧山县××投资公司的国债券用于贷款,因而构成挪用公款罪。

上诉人认为,一审判决的认定有两点错误:

第一,一审判决认定的上述事实,在××县人民检察院的起诉书根本没有指控,一审判决违反了我国刑事诉讼法“没有指控就没有审判”的基本原则。这一认定及根据这一认定所作的定罪量刑是不合法的,依法应予撤销。

第二,一审对上述事实的认定和定罪理由是自相矛盾的。尽管何××不供认,一审判决还是认定,上诉人将璧山县××投资公司的 80 万元国债券用于贷款,是经过公司经理何××同意的。这一认定符合真实情况。但在这一事件中,上诉人的身份是南江县××投资公司董事长兼总经理,是不可能挪用不属于南江县××投资公司的 80 万国债券的,何来挪用公款之说?

基于上述错误,一审判决认定上诉人构成挪用公款罪是错误的,应予纠正。

此外,80 万元国债券是璧山县××投资公司从××县国债服务部借的,已于 199×年将其中的 35 万元 95(3)期国债券归还了××县国债服务部。××县人民检察院起诉书中已加以确认,但在一审判决中居然全无反映。

综上所述,上诉人认为,上诉人并无犯罪行为,不构成犯罪,一审判决认定事实有错误,适用法律有错误,导致错误定罪。上诉人特诉请二审人民法院,依法改判上诉人无罪。

此致
重庆市第一中级人民法院

附:1. 本诉状副本 1 份

2. 一审判决书复印件 1 份

上诉人：李××
×年×月×日

【点评】 这份上诉状颇有可取之处。本上诉状全盘否定了一审有罪判决，但文书并未长篇大论、旁征博引，而是针对原判定罪的事实依据，指出其事实不实、依据不足。考虑到上诉状只是引起二审程序的文书，更详细的事实说明和法理分析有待二审中进行，故上诉理由点到为止，简明扼要。整个上诉思路清晰，一目了然，有助于尽快向二审法院传递要求上诉的信息。其不足之处是上诉人基本情况没有写全，漏写了"职业、单位"等项目。

第四节　申　诉　状

一、申诉状的概念

申诉状又称申诉书，再审申请书。它是案件的当事人及其他法律规定有申诉权的人，对已经发生法律效力的判决或裁定、不起诉决定、调解协议等，认为确有错误，表示不服，按照审判监督程序提出申诉，依法请求人民法院或人民检察院重新处理，作出纠正的诉讼文书。

由于我国实行两审终审制，即任何二审法院的判决或裁定都将发生法律强制力。然而当事人并不一定最终就服二审法院的判决或裁定，法院的判决也不一定因为经过两次审理而全部公正。因此，法律允许当事人按照审判监督程序递交申诉书，保护当事人的合法权益。但申诉不是必要的诉讼程序，必须按审判监督程序的有关规定进行。

二、申诉状的分类

1. 刑事申诉状

刑事申诉状，是指当事人及其法定代理人、近亲属对已经发生法律效力的刑事判决和裁定不服，向人民法院或人民检察院提出的要求人民法院按审判监督程序对案件进行重新审理的法律文书。《刑事诉讼法》规定：当事人及其法定代理人、近亲属的申诉符合下列情形之一的，人民法院应当重新审判：

（1）有新的证据证明原判决、裁定认定的事实确有错误的；

（2）据以定罪量刑的证据不确实、不充分或证明案件事实的主要证据之间存在矛盾的；

（3）原判决、裁定适用法律错误的；

（4）审判人员在审理该案件时，有贪污受贿、徇私舞弊，枉法裁判行为的。

对于申诉状的递交，刑事诉讼法没有规定期限，只要在判决、裁定生效后的任何时候都可以。

2. 民事申诉状

民事申诉状又称再审申请书，是民事案件的当事人及其法定代理人、近亲属对于人民

190

法院已经发生法律效力的裁判或调解不服,在两年内提请人民法院予以重新审查纠正的法律文书。民事申诉状既是当事人表示申诉意愿的文书,也是人民法院适用审判监督程序对民事案件提起再审的依据。

3. 行政申诉状

行政申诉状,是指行政诉讼当事人对已发生法律效力的判决或裁定不服,向原审人民法院或上级人民法院提出申诉,请求重新审理的法律文书。根据相应的诉讼法规定,有权提出申诉的主体有不同。行政案件仅限于当事人。

三、申诉状的格式和写作方法

申诉状的格式和写作方法由首部、正文、尾部和附项四部分组成。

1. 首部

(1) 标题

居中写明"刑事申诉状"、"民事申诉状"、"行政申诉状"。

(2) 当事人的基本情况

申诉人是自然人,写明其姓名、性别、出生年月日、民族、籍贯、工作单位、职业和住址。申诉人是法人或其他组织的,则写明其名称(全称)、所在地址、法定代表人(或代表人)的姓名、职务。刑事案件的申诉人如果在押,应写明在押的处所。如果申诉人不是案件的当事人,要注明申诉人与当事人之间的关系,并写上当事人的基本情况。

(3) 案由

申诉的案由,其写法往往是程式化的,行文如下:"申诉人×××对××法院于×年×月×日字第×号判决(或裁定)不服,提出申诉(或申请再审)。"

2. 正文

(1) 请求事项

请求事项部分应明确表明申诉人要解决的具体问题,应简明扼要地提出对原裁判定罪处理或对某项民事、行政裁决项目要示予以撤销、变更的意见,以供人民法院或人民检察院审查时考虑。请求事项有两个或两个以上的,应分别列项书写。

(2) 事实与理由

这是申诉状的核心部分。首先,叙述原判认定的事实,即简单介绍案情、审理过程和审理结果。其次,阐明申诉的理由,可以从判决或裁定认定事实是否清楚、情节有无出入、证据是否充分、适用法律是否恰当、定性是否准确、审判程序是否合法等方面提出意见,阐述判决或裁定应予撤销或变更的事实依据和法律依据。一份申诉状,申诉请求能否成立、能否收到预期的申诉效果以达到提出再审的目的,关键在于写好申诉理由。

3. 尾部

(1) 致送人民法院的名称。

(2) 申诉人签名。如系律师代书,还应在申诉状的最后写上代书律师的姓名及其所在律师事务所名称。

(3) 申诉时间。

4. 附项

在向人民法院提交申诉状的同时,应提交原审判决书或裁定书复印件一份。

四、申诉状的写作要求

申诉状的写法与上诉状的写法大致相同,但二者是不同的诉讼文书。因此,写作时要加以区别。

1. 对象不同

申诉的对象是已经发生法律效力的判决书或裁定书,而上诉的对象只限于尚未发生法律效力的一审判决或裁定。

2. 时限不同

申诉除两种情况外,一般不受时间限制。这两种情况分别是:① 民事再审申请必须在判决、裁定发生法律效力后的两年内提出;② 对不起诉决定,被不起诉人不服,只能在收到法律文书后7日内向人民检察院提出申诉,被害人不服不起诉决定的,也可在收到决定书7日内提出申诉。而上诉应当在法定期限内提出,如果没有正当理由耽误期限的,逾期不能上诉。

3. 呈送机关不同

申诉状的呈送机关可以是原审法院,也可以是上级法院,还可以是人民检察院,而上诉状只能是作出第一审判决、裁定的上一级人民法院(可通过原审法院转送)。

4. 受理条件不同

申诉状能否引起审判监督程序的发生要视原审裁判在认定事实和适用法律上是否有错误来决定,申诉机关经过审查,认为原裁判正确的,通知驳回申诉;认为原裁判错误的,按照审判监督程序提起再审。而上诉状的受理是无条件的,只要是依法享有上诉权利的人,在法定期限内上诉,无论其理由正确与否,人民法院都要按照第二审程序进行审理。

【例文】

刑事申诉状

申诉人:姜××,男,40岁,汉族,××省××市人,务农,住××省××市××镇××村。现在××监狱服刑。

申诉人因故意伤害一案,不服××市中级人民法院〔2000〕刑终字第16号刑事附带民事判决,提出申诉。

请求事项

请求撤销原判决,重新审理此案,并依法予以改判。

事实与理由

一、原判决认定事实不清。

原判决认定"被告人姜××首先殴打刘××,致刘××脑部受伤,构成4级伤害"。事实情况是,刘××先拿起棍子想要伤害申诉人,申诉人为了自卫才出手的。以上情况,证人方××、张××可以证明。

二、原审法院对案件定性不当。

申诉人认为当时对刘××采取的行为是为了防止自身的人身安全遭受不法侵害而采取的迫不得已的行为,是正当防卫。原审法院认定为故意伤害罪是错误的。

基于以上情况,特提起申诉,请求撤销原判决,重新审理此案,并依法改判。

此致
××省××市中级人民法院
　　附:1. 原审判决书复印件1份
　　　　2. 证人姓名及其地址

申诉人:李××
2005 年 12 月 25 日

　【点评】　这份申诉状内容虽然简单,但是阐述事实非常清楚、观点鲜明、条理清晰、语言简洁,针对原生效判决,从事实认定和案件定性两方面提出申诉理由,观点有理有据。

第五节　答　辩　状

一、答辩状的概念

答辩是一种应诉行为,是被告人和被上诉人依法享有的一种诉讼权利。为保证当事人平等地享有诉讼权利,法律要求被告人和被上诉人提交答辩状,这对维护被告人的合法权益起着非常重要的作用。

答辩状是指在诉讼活动中,被告或被上诉人一方针对原告、自诉人或上诉人的起诉状、自诉状、上诉状内容进行答复和辩解的诉讼文书。

二、答辩状的分类

根据案件性质不同,答辩状可以分为刑事答辩状、民事答辩状和行政答辩状三种。

1. 刑事答辩状

刑事答辩状是指刑事自诉案件的被告或被上诉人根据刑事自诉或刑事上诉的内容,针对原告提出的诉讼请求或上诉人提出的上诉请求作出答复,并依据事实与理由进行辩驳的诉讼文书。

2. 民事答辩状

民事答辩状是指在民事诉讼中,被告针对原告的起诉状、被上诉人针对上诉人的诉状内容,进行答复和辩驳的诉讼文书。对于被告或被上诉人来说,通过答辩状,能够充分陈述有关事实,反驳原告或上诉人的诉讼请求,明确表明自己的意见和理由;对于人民法院来说,通过答辩状,可以更加全面地了解案情、区分是非,从而实现断案的公正合理。

3. 行政答辩状

行政答辩状,是指行政诉讼案件中,被告或被上诉人针对原告在起诉状中的指控或上诉人在上诉状中的内容,进行回答和辩驳的诉讼文书。它可以分为第一审行政案件答辩状和行政上诉案件答辩状两种。其中,第一审行政案件答辩状的答辩人只能是作出了具体行政行为的行政机关干部或法律法规授权的组织。行政上诉案件答辩状的答辩人可以是原审原告,也可以是原审被告。

三、答辩状的格式和写作方法

答辩状的格式和写作方法,由首部、正文和尾部三部分组成。

1. 首部

(1)标题

居中写明"刑事答辩状"、"民事答辩状"、"行政答辩状"。

(2)答辩人的基本情况

答辩人是自然人,写明其姓名、性别、出生年月日、民族、籍贯、工作单位、职业、职务和住址。如果答辩人系未成年人,应在其项后写明其法定代理人的姓名、性别、出生年月日、民族、籍贯、工作单位、职业、职务及与答辩人的关系。如答辩人委托律师代理诉讼,应在其法定代理人项后写明律师姓名及律师所在的律师事务所名称。

(3)案由

即答辩的原因,用"因……一案,提出答辩如下"引出答辩内容。

2. 正文

(1)答辩理由

答辩理由是答辩状的重要部分。答辩人要针对原告或上诉人的指控进行辩解,阐明答辩人的理由。在不同的审级中,答辩理由的写法有很大的区别。

一审程序被告人的答辩状的答辩理由,可以写:① 涉及的事实有误或依据的证据不确凿,可以提出相反的事实和证据,说明事实真相。② 涉及指控的罪名、法律责任等方面的问题,要根据事实和法律,进行有理有据的答辩。③ 诸如起诉程序不合法或举证不合法等理由。二审程序的被上诉人,即使答辩,其答辩状一般较为简单,诸如原审事实清楚、证据充分、适用法律准确之类,如果上诉人在上诉状中提出新的事实、证据,答辩状中则应针对上诉状中新的事实之有无和证据之真伪作出答复和辩驳。

(2)答辩请求

答辩请求是答辩人在阐明答辩理由的基础上向人民法院提出的要求和主张。一审程序被告人的答辩状中的答辩请求主要有:① 要求人民法院驳回起诉;② 要求人民法院否定诉讼请求事项之一或全部;③ 要求与原告和解;④ 提出反诉请求。二审程序被上诉人的答辩状中的答辩请求一般也较为简单,请求"驳回上诉维持原判"即可。

(3)举证

根据谁主张谁举证的原则,答辩人必要时也应负举证责任。答辩状应写清证据的名称、件数、来源。有证人的,应写明证人的姓名、住址等。

3. 尾部

(1)致送人民法院的名称。

(2)答辩人签名。如系律师代书,还应在答辩状的最后写上代书律师的姓名及其所在律师事务所名称。

（3）答辩时间。

四、答辩状的写作要求

1. 写答辩理由要尊重客观事实

对证据与事实不夸大、不缩小，更不无中生有，对适用法律和履行程序依法论证，不加以歪曲，不强词夺理。

2. 写答辩理由要有针对性

被告或被上诉人在答辩中必须针对起诉状或上诉状中的事实、证据、法律适用方面和程序方面的不实之词进行辩驳，要抓住关键问题。

3. 提出答辩状必须在法定的期限之内

民事答辩状必须在收到起诉状或上诉状副本后的 15 天之内提出，行政答辩状则必须在收到诉状副本后的 10 天内提出。

4. 答辩状副本要按照对方当事人的人数，由人民法院转交

【例文】

民事答辩状

答辩人：陈××，女，25 岁，汉族，××省××市人，××公司职员，住××市××路7 号。

委托代表人：郑××，××市××律师事务所律师。

因与上诉人占××离婚一案，现提出答辩如下：

一、上诉状称"我们两家是世交，后来又是同事，感情基础一直很好，婚后虽有争吵，但感情没有破裂"等等，并不是新的证据和理由。我们两家虽然是世交，两人是同事，但婚后分歧很多，甚至上诉人经常有赌博行为，屡教不改。原审法院认定我们感情确已破裂，判决离婚是完全正确的。

二、上诉人称"财产分得太少，应当把房产也平分"。这是没有法律依据的。因为我们婚后所住房子并非夫妻共有财产，而是我婚前财产，我们结婚在 2004 年，而购买房屋的时间是 2002 年。这一事实有房屋买卖合同、房屋产权证和结婚证为证。根据《婚姻法》规定，婚前财产为夫妻个人财产，上诉人要求平分该房产，既不合理，也不合法。原审法院判决房屋归女方所有是符合事实与法律的。

综上所述，原判决是正确的，请二审法院对上诉人的无理要求予以驳回，维持原判。

此致
××市中级人民法院

附：1. 本答辩状副本 1 份；

2. 家庭财产清单 1 份；

3. 房屋买卖合同、房屋产权证、结婚证复印件各 1 份。

答辩人：李××

2006 年 3 月 8 日

【点评】 这份答辩状写得较好。本答辩状的答辩针对上诉状中的观点和请求,从事实和法律依据两方面进行阐述,答辩理由充分,层次清晰,语言简洁,格式规范,值得一读。

第六节 仲裁申请书

一、仲裁申请书

仲裁申请书是指经济纠纷的当事人,为维护其合法权益,根据事前或事后达成的仲裁协议,依法向有管辖权的仲裁机构提请仲裁解决纠纷的法律文书。仲裁采取自愿的原则,实行一裁终局的制度,程序简便,解决纠纷迅速及时。

二、仲裁的适用范围

仲裁适用的范围主要有五种:① 对平等主体的公民、法人和其他组织之间发生的合同纠纷进行仲裁,这是仲裁活动最主要的类型;② 对劳动争议进行仲裁;③ 对技术合同的纠纷进行仲裁;④ 对涉外经济贸易发生的争议进行仲裁;⑤ 对财产权益纠纷进行仲裁(婚姻、收养、监护、扶养、继承纠纷或依法应当由行政机关处理的行政争议除外)。

三、仲裁申请书的格式和写作方法

仲裁申请书的格式和写作方法由首部、正文、尾部和附项四部分组成。

1. 首部

(1)标题

居中写明"仲裁申请书"字样。

(2)当事人的基本情况

按照申请人与被申请人的次序依次写明其各自的姓名、性别、年龄、职业、工作单位和住址。如系法人或其他组织的,应写明单位的全称、所在地址、法定代表人或主要负责人的姓名、职务。当事人如果有委托代理人,则应在各自的下方另起行写明各自委托代理人的姓名、工作单位和职务等基本情况。当事人如系外国公民或外国企业及其他组织的,应在中文后加注外文。

(3)案由

交代申请仲裁的事由,即案件属于何种性质,如劳动争议纠纷、买卖合同纠纷等。

2. 正文

(1)仲裁请求

写明请仲裁机构解决的问题,明确提出申请人通过仲裁所要解决的具体问题和所要达到的最终目的,如要求赔偿损失、解除合同、履行义务、支付违约金等。请求事项只有一项的,写明即可;如有两项或两项以上的,则应分项列出。

(2)事实和理由

事实和理由是仲裁申请书的核心部分,也是仲裁请求能否实现的前提和基础。

　　叙述事实一般应按照纠纷发生发展的演变过程,将时间、地点、原因、经过、争议的焦点、造成的后果等要素一一交代清楚,尤其是突出双方争议的焦点与实质性分歧。

　　申请人应依据法律规定,分析论证纠纷的性质、产生的原因、造成的后果,从而得出被申请人因违约或侵权行为应承担相应的法律责任的结论,提出仲裁申请。

3. 尾部

　　(1) 致送单位名称。

　　(2) 申请人签名。如系法人或其他组织的,则应写出单位的全称,并加盖公章。

　　(3) 申请日期。

4. 附项

　　在向仲裁机构提交仲裁申请书的同时,应说明仲裁申请书副本的份数,书证、物证的名称与件数,证人姓名、地址、联系电话等。

四、仲裁申请书的写作要求

1. 提出仲裁申请必须符合法定的仲裁条件

　　当事人双方是否有仲裁协议或在合同中约定仲裁条款,不具备上述前提条件,仲裁机构将不予受理,只能向法院起诉。

2. 提出仲裁申请必须在仲裁时效内

　　仲裁申请书的递交必须在法定的仲裁时效内提出。根据我国法律的有关规定,经济合同的时效是 2 年,技术合同时效是 1 年,涉外买卖合同时效是 4 年,劳动争议合同时效为 60 天。

3. 仲裁申请书要遵循"以事实为依据,以法律为准绳"的原则

　　叙述事实要抓住关键,明确重点,请求事项要合理合法,切实可行;说理论证要严密充分,引用法律、法规要具体准确;书写要注意语言流畅,格式规范。

4. 仲裁申请书副本要根据被诉人的人数提供

【例文】

仲裁申请书

申请人:××县××镇××村村委会

法定代表人:牛××,村长。

被申请人:××县××综合厂,厂址:××县城关镇东方红路13号。

法定代表人:南××,厂长。

案由:联营合同纠纷。

仲裁请求

一、继续履行合同。

二、赔偿申请人的经济损失。

事实与理由

2007 年 5 月 5 日,申请人与被申请人签订"联办淀粉厂协议书",约定双方共同投资筹建。申请人投资为三分之一,被申请人投资为三分之二,投产后利润也按投资比例分

成。合同书第 12 条规定:"本合同签订后,双方信守合同,不得以任何理由单方终止。任何一方终止合同,一切后果由提出终止合同方负责。"(见附件二)

双方于 2007 年 5 月筹建施工。申请人与被申请人各投资 20 万元,计划于 2008 年 2 月底建成投产。不料被申请人 2007 年 8 月突然提出:"经请示县经计委,不再给淀粉厂投资。"(见附件三)为此,申请人多次找被申请人协商,同时主动向县经计委说明情况,希望督促被申请人履行合同。但被申请人竟不予理会,公然单方终止合同,不但不承担任何经济损失,还无理要求申请人承担被申请人全部投资款项。不仅如此,被申请人还背着申请人函告县电力局,要求停止使用用电补贴,故意给筹建工作设置障碍。申请人虽多次规劝对方继续履行合同,但被申请人根本就听不进去,被申请人的这种行为违反了经济合同法的有关条款。申请人为保护自身的合法权益不受侵害,特提出仲裁申请。

此致
××县××仲裁委员会
　　附:1. 本申请书副本 1 份;
　　　2. 合同 1 份(复印件);
　　　3. 被申请方擅自终止合同的函件 1 份。

申请人:××县××镇××村村委会(公章)
2008 年 3 月 8 日

　　【点评】 这份仲裁申请书写得合乎要求。事实部分分两个层次叙述了该纠纷发生的始末,被申请人单方无故违约终止合同的过错责任一目了然。存在的主要问题:请求事项中应具体写明要求赔偿的数额。

 习题

1. 什么是法律文书? 它与司法文书、诉讼文书有什么异同?

2. 上诉状的写作格式包括哪几个部分? 上诉状与申诉状有什么区别?

3. 什么是仲裁申请书? 仲裁适用的范围有哪些?

4. 根据以下律师与当事人谈话记录,写一份民事答辩状。

问:你叫什么名字? 来这里有什么事?

答:我叫王×余,来这里是请律师帮助打官司的。这里有一份民事起诉状的副本,请律师仔细看一下。原告王×丰是我弟弟,今年 54 岁,××市××厂工人,住在滨海市××街道×号。原告人的诉讼请求以及事实,副本上有,我就不介绍了。

问:这份起诉状我看过了,你对原告起诉状有什么意见?

答:王×丰在状子里说的事实符合实际,我没有什么意见。但他说的理由不能成立,没有什么道理,据此理由要求与我平均继承父母遗产是不行的。

问:把你的意见说得具体一点。

答:就拿生活上照顾老人来说吧,从 1980 年起到二位老人去世,这么多年来老人的饮食起居、头痛发热皆由我们照顾和操心,特别是两位老人生病期间,我们花费的心血就更多了。原告在外地工作,在照顾老人生活方面未尽任何义务。原告在状子里说,父母为我们做了家务劳动,因此,我们照顾父母是应该的。想以此来抵消我们一家侍候老人所尽的义务,这是不合理的。老人为了活动活动身体,有时主动帮助干点家务劳动,并非是我们勉强他们干的,这绝不能抵消我们对老人尽的义务。

关于原告给老人的生活费的问题。从 1980 年开始到父母去世,原告每月平均寄 50 元回家,这是事实,我们不否认。至于状子说,根据当地群众生活水平,父母在世时每月需要 100 元左右的生活费。如果生活费仅指父母的伙食费,这差不多,符合实际情况,但是父母除了吃喝之外,就没有别的地方需要花钱了吗? 他们的衣服要添置,出门要坐车,病了要看病吃药。这一切花费都是我们出的。毫无疑问,对老人生活方面的花费,我们负担比原告多。

说到房子问题,我更有意见。不错,房子是父母 1976 年盖的,砖房三间,但是到 2000 年,我们卖房子,时间已经过去了 20 多年,房子难道不损坏吗? 如果不是我们经常维修,特别是父母去世后,曾进行过一次大修,修房顶,拆、砌坏墙壁,粉刷室内等,花不少钱。如果不是及时维修,20 多年的房子,到 2000 年能卖 12000 元吗?

总之,我对父母尽的义务多。根据权利和义务一致的原则,我认为父母遗产大部分应归我继承,原告最多只能继承三分之一。

问:你还有什么意见?

答:没有什么了。不过我说的理由不充分,不深,也比较乱,请律师代书答辩状时,根据我说的意思,针对原告起诉的理由进行答辩。另外,我不懂法律,请律师引用适当的法律条文,向法院说明我的诉讼请求,要求法院公正判决。

问:根据你的意见和要求,根据法律和政策,我们努力给你写一份理由充分的民事答辩状,明日你就可以来取了。

项目八　传播类文书

项目学习目的：

了解传播类文书的概念和基本特征；熟练掌握各类消息、通讯、短评和广告文稿的基本知识和写作要求；体味各文种的例文，模拟写作，培养撰写传播类文书的能力。

第一节　传播类文书概述

一、传播类文书的概念

所谓传播，就是社会信息的传递或社会信息系统的运行。由此我们认为，传播类文书就是指人们日常信息传播活动中所使用的应用文书体式，包括大众传媒所采用的文书，以及社会组织、个人经由大众传媒和公众渠道传播相关信息所采用的文书。大众传媒当前主要是指报刊、广播电台、电视台、电信以及计算机互联网等传播媒体；公众渠道主要指公共场所、公众集会和公用交通等渠道。

二、传播类文书的分类

传播类文书的分类很多，从广泛意义而言，凡是大众传媒所使用的文体，以及通过大众传播渠道传播信息所使用的应用文书都属于传播类文书的范畴，比如新闻作品、讲话稿、公开信、判决书、各类文字广告等。

考虑到传播类文书区别于其他类应用文书的基本特征，我们这里所指的传播类文书，主要指大众传媒最常用的文体：新闻（包括消息、通讯和短评等）和广告。

三、传播类文书的特点

1. 客观真实性

客观真实性是传播类文书的本质要求，也是其存在的基础。传播类文书作为应用文书，它所传达的信息必须是客观实在的、真实可感的；尽管有些作品为了增强表现力和感染力，需要使用一些艺术手段，然而它所表现的内容、表达的思想和传达的信息仍然是真实、明确的。

2. 大众传播性

传播类文书所承载的特定信息，必须通过有效的媒介方式来传播。传播类文书的写作与传递，本身就是信息传播的过程；这个信息的传播必须依靠特定的媒介方式，才可能得到实现。传播类文书的传达对象是社会大众或特定的受众群体，传播的信息也是大众化的，同时，传播文书的传播渠道及其产生的影响也是大众性的。所以说，大众传播性是传播类文书的本质特点。

3. 鲜活可感性

传播类文书作为大众传媒最常用的一种文体,能够迅速及时地传播生活中新近发生的事情,具有非常强的时效性;同时,其最终目的就是要将所承载的信息传达到广大的群众,满足人们对相关信息的求知欲望,因此必须具备鲜活可感的特点,才能便于群众接受,也才能达到传递信息、宣传教育和发动群众的作用。

第二节　消　　息

一、消息的概念

消息,就是狭义的新闻,是对新近发生的、有新闻价值的事实的及时报道。消息是各种媒体最常用的、也是最基本的新闻体裁,它是其他新闻体裁产生和发展的基础。

消息是对事实的报道,一般由事件、时间、地点、人物、原因和结果六个要素构成。这六个新闻要素,又被概括为五"W"—"H",即:What(何事)、When(何时)、Where(何地)、Who(何人)、Why(何因)和 How(如何),国内新闻界习惯上称之"六何"。

二、消息的分类

按照不同的标准,可以把消息分为若干类。如从报道内容上可以分为政治消息、社会消息、经济消息、体育消息和文教消息等;从报道对象上可以分为人物消息、事件消息和会议消息等;从报道地域可以分为国际消息、国内消息和地方消息等。

按照比较通用的分类方法,以结构和写作手法的不同将消息分为动态消息、综合消息、经验消息和述评消息等。

1. 动态消息

动态消息是指迅速报道国内外动态的一种新闻文体。这类消息数量最多,一般篇幅不长,内容单一,文字简约。

2. 综合消息

综合消息是指根据特定的主题将相关情况综合起来进行宣传报道的一种新闻文体。综合消息涉及范围广、影响力强,它实际上是对许多动态消息的综合。

3. 典型消息

典型消息又称作经验性消息。主要通过对一些典型的人物、事件和问题的报道,总结经验,给读者以启发、教育和指导。

4. 述评消息

述评消息又称为新闻述评或记者述评,是一种以夹叙夹议、边述边评的方式来反映国内外重大事件和问题的新闻体裁,是一种介于纯新闻与新闻评论之间的文体。

三、消息的特点

消息通常只报道事情的概貌而不讲述详细的经过和细节,一般篇幅短小、语言精练,具有真实、及时、新鲜和简短四个特点。

1. 真实

真实是消息的生命与灵魂,是指消息不允许虚构,也不允许所谓合理想象,所报道的事实必须真实实在,人物、时间、地点、数字、事件细节等准确无误,没有虚构和夸张。

2. 及时

消息非常讲究时效性。有人说"新闻是易碎品","像容易变质的食物",所以要抢时间采访,抢时间写作,及时发表,要尽量缩短报道时间同事实发生、发现时间二者之间的时差,切忌拖拉,放马后炮。好的新闻,过了一定的时间,就失去了它的价值。

3. 新鲜

消息贵在新,才有新闻价值。消息的新鲜,一是从时间上看,消息所报道的事实都是新鲜的、"新近"发生的事实;二是从内容上看,消息所报道的事实给人以新意、新信息和新启发。

4. 简短

简短是消息区别于其他文体的主要标志。简短不单纯是指字数少、篇幅短,更重要的是要做到用笔简洁利落,内容集中精练。

四、消息的结构和写作

消息的结构,一般由标题、导语、主体、背景和结尾五部分组成。从格式上说,正文起首处一般还要写消息头(或叫"电头"),依次交代获得消息的来源(新闻机构、地点、作者)、时间,如例文《171 名矿工遇难两周年祭日临近李毅中质疑:为何还没人被究刑责?》的消息头"本报哈尔滨 11 月 22 日电(记者王冬梅)"。

1. 标题

标题是消息的眼睛,一则好的新闻,首先要有一个好的题目。消息的标题一般有三种形式:① 完全的消息标题,主要是三行标题,由引题(又称眉题或肩题)、正题(又称主题或母题)和副题(又称辅题或子题)构成;② 双行标题,有时由引题和正题构成,有时由正题和副题构成;③ 单行标题,即只有正题。通常消息的标题只有正题。例如:

(1)三行题:

李长春强调积极营造有利于未成年人健康成长的良好社会文化环境 ………(引题)

全国净化社会文化环境工作会议在京举行 ………………………………(正题)

刘云山刘延东出席会议并讲话 ……………………………………(副题)[1]

(2)双行题:

七台河"11.27"矿难周年祭 ……………………………………(引题)

李毅中质疑:为何还没人被究刑责? ……………………………………(正题)[2]

(3)单行题:

---

[1] 引自 2009 年 2 月 22 日《人民日报》第 1 版。

[2] 引自 2007 年 11 月 23 日《工人日报》第 1 版。

斯里兰卡挫败"猛虎"空袭 ……………………………………… （正题）①

2. 导语

导语是消息的先导语言，通常是消息的第一句话或第一自然段。通常用简明的文字概述新闻最主要、最核心的事实和思想，揭示新闻的主题，引起受众的兴趣和注意，并引导受众去了解新闻的全部。导语的写法很多，常见的一般有以下两类：

（1）直接式导语，是一种最常用的导语形式，即导语中开门见山、简明扼要地突出表现最新鲜、最重要的事实，或最有个性特色、最具有新闻价值的内容。它适用于时效性较强的事件性新闻。直接性导语又可以分为叙述式、总结式和评述式等。

（2）间接式导语，又称延缓式导语，是相对于直接式导语的一种常用的导语形式，它不直接叙述新闻事实，而是通过描绘场景、渲染气氛、解释概念、介绍背景、引用典故等方法，先做铺垫，间接体现新闻主题，迂回舒展地引出新闻的核心事实或新闻主题。间接式导语可分为描写式、引用式、对比式和设问式等。

3. 主体

主体是消息的主要内容，导语中提出的问题，要靠主体来阐述和解答；另外，导语中未提到的次要材料，也要由主体来补充。主体是具体展示新闻内容，充分而有力地体现新闻主题的核心部分。

消息主体的结构一般有三种形式：① 时序结构，即按照事件发生、发展的先后顺序安排层次；② 主次结构，即把主体部分中最重要的内容放在前面，然后详细叙述；③ 逻辑结构，即根据事物之间的内在联系或逻辑关系来组织层次、安排结构。

4. 背景

消息的背景，是指新闻事件发生的历史环境和原因，它说明新闻事件发生的具体条件、性质和意义，是为充实新闻内容，烘托和突出主题服务的。背景是消息的辅助和衬托部分，一般穿插安排在主体之中，有时也可出现在导语和结尾部分。消息的背景要写得简洁，也不是每篇消息都要有背景。

消息中使用的背景材料，常见的有以下三类：

（1）对比性材料。即对人物或事物进行今昔、正反的比照，以突出所报道事件的重要意义。

（2）说明性材料。即对与新闻事实相关的政治背景、地理环境、历史演变、思想状况、物质条件等进行介绍，以说明事物产生的原因、条件和环境。

（3）诠释性材料。即对人物的出身、经历，产品的性能、特色，以及专用术语、技术性知识的解释等，用以帮助读者理解内容、增长知识。

5. 结尾

结尾又称结语，是新闻的最后一句话或一段话。结尾应该是主体部分的自然延伸或归结，并与导语相呼应。其作用或收束全文，深化主题；或说明结果，指明意义；或指出发

---

① 引自 2009 年 2 月 23 日《人民日报》第 3 版。

展趋势、展示未来。结尾的方式有小结式、评论式、启发式、号召式和激励式等。有的消息，也可以没有结尾。这些结尾的写作与一般记叙文结尾的写作并无大的不同。

6. 消息写作应注意的问题

（1）以记叙写法为主，把事实的前因后果、来龙去脉如实叙述出来，注重把握好新闻六要素。

（2）写好导语，导语位于消息的开头，是消息的窗口，是能否吸引受众阅读的关键所在。

（3）主体部分要分清主次，突出主题，集中笔墨把事实的主要内容交代清楚就行，篇幅也相应简短些。

（4）快速成文。时间性是构成新闻价值的重要因素之一，因此，争分抢秒地采写消息，写出独家新闻，是记者素质好、能力强的表现。

【例文】

七台河"11.27"矿难周年祭
李毅中质疑：为何还没人被究刑责？

本报哈尔滨11月22日电（记者王冬梅）　国家安监总局局长李毅中今天再次质疑："11.27"事故发生快两年了，移送司法机关的10多名责任人，为何还没有得到处理？按照有关规定，移送司法机关、如何判刑等都应该向社会公布，希望早点把处理结果透明地公布。

黑龙江省省长张左己表态：一定要记住"11.27"事故的教训，事故中该处理的干部已经处理，但造成矿难的主要责任人移交检察院后却还没有得到处理，逍遥法外，怎么得了？不能睁只眼闭只眼，要好好查！

2005年11月27日，龙煤集团七台河分公司东风煤矿发生特别重大煤尘爆炸事故，死亡171人，伤48人。国务院调查组认定：这是一起重大责任事故。

2006年7月，经国务院常务会议研究，同意对东风煤矿矿长马金光、龙煤集团七台河分公司调度室主任杨俊生等11人移送司法机关追究刑事责任；同意对龙煤矿业集团有限责任公司总经理侯仁等21人给予相应的党纪、政纪处分。

今天再次提起那次事故，李毅中的眼圈红了。11月21日，李毅中特意率领督查组到东风煤矿走访，在曾经发生事故的井口，他声音略显颤抖地说："当年我就站在这里等待救护队的人员救出死难的矿工，心情非常沉痛。"

当李毅中了解到"11.27"事故中包括矿长在内的11名事故责任人还没有得到处理，他气愤地说："我是事故调查组组长，有权利责问事故责任追究。

事故发生快两年了，为什么还没有处理结果？"李毅中当即向黑龙江省副省长刘海生了解此事。随后，当地有关方面反馈的信息是：大家都觉得很奇怪，谁都不清楚怎么回事。

在今天督查组与黑龙江省政府交换意见时，李毅中指出黑龙江省安全生产工作存在"死角漏洞"等问题。比如，七台河市在"回头看"过程中，对规模以下小企业还没有进行补课；城子河瓦斯发电机组现场查看中发现，该矿场没有瓦斯浓度监控设施；东风煤矿瓦斯抽采率只有17%，远低于全省平均水平。

（原载2007年11月23日《工人日报》第一版）

【点评】　这则消息在第一时间独家报道了七台河"11·27"矿难两周年祭日临近，事故责任人却未被处理这一重大事件，体现了时效性和新鲜性。消息标题用的双行题，引题交代了时间和事情的缘起；正题引用李毅中的话既揭示了新闻的主题，又醒目地吸引了受众的注意。主体部分用现场展示、人物对话、细节描写等鲜活方式，如李毅中"声音略显颤抖"的质疑及"眼圈红了"等的情感描写，展现了党和政府对维护职工生命安全权益的高度重视，反衬出地方政府、司法机关及矿难发生企业对职工生命安全的不同态度，表达了如何维护职工生命安全权益这一重大主题。该作品获第十八届"中国新闻奖"一等奖。

第三节　通　讯

一、通讯的概念

通讯，是一种运用多种表现手法比较详细深入地报道真实的客观事物的新闻文体，它比消息更详细地报道具有新闻意义的事件、经验或典型人物。通讯也是报纸、广播中常用的一种新闻文体。

二、通讯的分类

根据报道内容不同，通常把通讯分为以下几种基本类型：

1. 人物通讯

人物通讯以写人物为主，或写人物的一生，或写人物的片断，要求记述人物的动人事迹，揭示人物的思想境界。人物通讯是通讯中最常见的一种。

2. 事件通讯

事件通讯是对具有新闻价值的事件进行详细地、完整地报道的通讯。它既可是对新事物、新风尚的报道，也可以是对现实问题和重大事故的披露。事件通讯也是比较常见的一种通讯。

3. 工作通讯

工作通讯主要介绍工作经验或研究工作中的问题，它要求通过对典型的剖析，概括出具有规律性的东西，指导面上的工作。它既可以是正面报道工作经验，也可以批评、揭露问题或者探讨新出现的问题。

4. 概貌通讯

概貌通讯又叫风貌通讯。它主要是报道某一地区、部门、单位的自然风貌、风土人情、发展变化、生活状况或进行某一活动的基本面貌。我们常见的"纪行"、"巡礼"、"散记"、"侧记"等都属于这类。

5. 小通讯

小通讯也叫新闻小故事，是篇幅短小、又有较强故事性的通讯，能小中见大，用简练的笔墨写一个真实动人的故事。

三、通讯的特点

通讯与消息都是新闻的主要文体,它们的共同点是都要求具有严格的真实性和及时性,但通讯更注重形象性和评论性。

通讯与消息的区别主要表现在以下几点:

1. 选材范围不同

消息选择广泛,可大可小,通讯要选择含量较大的真实的典型材料。

2. 内容详略不同

消息的内容表述简单概括,通讯内容表述比较复杂详尽,讲究场面和细节描写。

3. 表达方式不同

消息多用叙述,而通讯在叙述的基础上,综合运用描写、抒情和议论等多种表达方式。

4. 结构不同

消息有固定的结构形式,简洁明快;通讯结构与一般记叙文章相同,灵活多样,篇幅较长。

一般来说,通讯在正文之前没有像消息那样的"电头"和"本报讯"。

四、通讯的写作要求

要写好通讯,首先要注意采访,要到实地去深入调查,掌握第一手资料。除此以外,还需要注意下列几点:

1. 选好典型,开掘主题

典型是通讯的筋骨,主题是通讯的灵魂。选好典型,开拓主题对通讯来说十分重要。因此,要选择那些具有代表性、具有普遍意义和宣传价值的人和事,能够比较鲜明集中地反映出某些社会现象的本质。要对采访得来的材料"去粗取精,去伪存真,由此及彼,由表及里"地进行开掘,透过现象把握本质,挖掘出具有时代精神的主题。

2. 写好人物,展现精神

写好人物是通讯写作的重要任务。不论是人物通讯还是事件通讯,都要把人物写好。因此,写好通讯必须注重刻画人物形象,刻画人物形象又必须注意展示人物的思想面貌。人物的思想面貌揭示得越是清晰、深刻,人物的言行就越有真实可信的依据,越能显示其独特的社会意义。

3. 精心构思,合理布局

要写好通讯还需在布局谋篇上下工夫。布局谋篇最基本的要求是条理清楚,言之有序,顺理成章。结构巧妙,情结曲折,才能扣人心弦,引人入胜。通讯的结构常见的有三种方式:① 按照时间顺序安排的叙述式,也称纵式结构;② 按照逻辑顺序安排的集纳式,也称横式结构;③ 纵式与横式的交错运用,也称电影分镜头式结构,这种结构方式适宜于表现头绪较多、时间又比较紧迫的事件。

4. "评"有深意,情理相生

一篇好的通讯,不仅要叙述得法,还应有恰当的评述、议论和恰如其分的抒情。精辟的评议,真挚的抒情,可以使人物、事物增添光彩,可以生动有力地揭示和深化原有材料的意义。但是议论与抒情要适当,不能用得过多,否则会流于空泛。

【例文】

贫困县刮起奢侈风
河南濮阳干部建豪宅机关盖大楼
新华社"新华视点"记者　李钧德

河南省濮阳县是省扶贫开发重点县。然而,近几年来,这个县刮起了一股奢侈风:县委县政府及一些县直机关竞相建起豪华办公楼,这些单位的"头头脑脑"们也纷纷搬进高档住宅。

濮阳县刮起的这股奢侈之风,引起了当地群众的不满。知情人士纷纷通过各种渠道向上级反映,有人干脆上网发帖揭露此事。

东挪西借　党政机关比建豪华办公楼

濮阳县位于河南省东北部,全县22个乡镇中,有7个乡镇30余万人地处沿黄滩区,生产生活条件落后。统计数字显示,濮阳县2005年农民人均纯收入为2442元,在河南省108个县市居第75位。全县1035个行政村,仅有251个村能看上有线电视。

就是这样一个人均财政收入仅200余元、尚有数十万人未解决温饱的财政穷县,在办公楼建设方面却屡出大手笔:

2002年9月,在没有按规定程序报批的情况下,濮阳县开工建设县委县政府综合办公暨公务员培训楼。该项目设计建筑面积1.5万平方米,预计总投资975万元。2004年6月工程竣工,不仅面积增加到近2万平方米,工程总造价也达3200多万元。这座办公大楼已竣工两年多,除了变卖老办公院、财政拨款、企业支持、东挪西借支付一部分外,至今仍拖欠工程款134.31万元。

县委县政府带头,县纪委也不甘落后。2004年7月,濮阳县纪委以建纪检干部培训暨党风廉政教育中心为由申请立项,建起了占地面积达23.35亩的县纪委办公大楼。该楼预算投资400.6万元,实际筹集基建资金723.7万元。其中除一部分财政拨款外,濮阳县纪委还要求部分经济条件较好的乡镇和一些县直单位"支持"了106万元。

上行下效。濮阳县财政局、劳动和社会保障局等机关也各寻门路,建起了豪华气派的办公大楼。濮阳县劳动和社会保障局办公大楼于2005年开工,2006年交付使用。该楼共7层,总支出800多万元,其中300万元系挪用该县化肥厂"4050"人员的生活费和养老金。

巧立名目　领导干部纷纷搬进高档住宅

在一座座豪华办公楼拔地而起的同时,濮阳县领导及各局委的头头们还各找借口,为自己建起了漂亮的别墅式住宅。这些被县国土局负责人称为"独立的低层住宅"有独栋的,有联排的,最大的一户建筑面积达600平方米。

据了解,2004年8月,濮阳县纪委未经建设和国土部门批准,将批准建设纪检干部培训暨党风廉政教育中心的一部分国有划拨土地,擅自改变用途,在所谓的"培训中心"后面建起了职工住宅。其中,建二层别墅10套,每套280平方米,分给县纪委领导班子成员居住。

2005 年 6 月,濮阳县劳动和社会保障局以办公楼南边不能再建高层建筑,否则将影响办公楼通风、采光为借口,在办公楼南边建起 9 套高档低层住宅,分给局领导班子成员及副科级以上干部。这 9 套住宅中,建筑面积最小的 398 平方米,最大的 498 平方米。

濮阳县房产局则以改善城镇困难职工居住条件为由,向县政府申请划拨经济适用房用地 35 亩,实际却用于建设本单位干部职工住宅。其中建二层住宅楼 8 套,面积最大达 600 平方米,除了房管局领导自住一部分外,还将其中一套送给县人大一位领导。

不仅县直各机关领导纷纷住进高档住宅,濮阳县四大班子领导也开始筹建县级干部集中住宅区。2004 年 10 月,因为"一些县领导从外地调来没有房子住,县里也没有招待所",经濮阳县四大班子联席会议研究决定,由县机关事务管理局牵头,开发建设一个县级干部集中住宅区。该住宅区占地 50 多亩,户型为二层连体楼,设计 61 户,每户 280 平方米。

为了降低用地成本,濮阳县机关事务管理局竟然在地上附着物补偿不到位的情况下,出动警察和保安,驱赶并殴打租赁该地块的民营金凌花园职工,强拉围墙将大部分花园圈占,致使金凌花园价值 200 余万元的花木被毁、盗一空。2005 年 12 月,因户型面积过大、地上附着物补偿不到位、动用警力强行占地等问题,该小区被有关部门叫停。

虽然县级干部集中住宅区被有关部门紧急叫停,但这并没有影响到濮阳县领导干部建豪华住宅的积极性。经纪检部门调查,已确定濮阳县县直局委负责人和个别县级干部已建成高档低层住宅 100 多套,涉及县国土局、计生委、社保局、建工局、纪检委等十余个单位,其中至少有 79 套不同程度地违反了有关规定。

讲的是排场　失的是民心

2 月中旬,按知情群众提供的"濮阳县领导干部豪宅分布图",记者实地察看了一些被群众称为"腐败楼"的干部豪宅。

在濮阳县国税局办公楼后边不远,有一片气派的高档别墅群。这个别墅群共四排 28 户,每户都是单家独院,前院大宅门可开进小轿车。记者用脚粗略丈量了一下,每栋楼房的占地面积都在 200 平方米上下。住宅的外部装修也十分讲究,红宅门、高院墙、豪华瓷砖、欧式风格的阳台,十足的现代豪门。小区看门的师傅告诉记者,这些房子的主人一部分是县国土局的领导,也有一部分卖给了其他局委的干部。

在濮阳县机关事务管理局为离退休县级干部建设的一个高档别墅小区里,记者走进了其中一户人家的院子。小楼只有二层,白墙蓝瓦,楼房前墙面的很大部分是用玻璃镶嵌而成。借和主人搭话的机会,记者留心观察,院子的左半部分由水泥铺就,右半部分是一块不大的菜地,绿油油的蔬菜长势不错。

当地一位知情人士告诉记者,像这样带独立小院的低层住宅,每套造价至少在 20 万元以上。在濮阳县,正科级干部每个月的工资也就是千元左右,要想住这样的房子,至少得不吃不喝 20 年。

说起为局领导班子建设豪华住宅的决策经过,濮阳县劳动和社会保障局副局长董随钦这样告诉记者:局办公楼后面有一块空地,建高楼可能会影响到办公楼采光,局里决定建几幢低层住宅。当时并没有说一定给局领导,只是说领导优先购买。"当领导的,谁不想住大点,住得排场点? 最后,我们领导班子成员包括副科级以上干部每人都要了一套。"

董随钦说,当时也知道这房子有点大,面积超标,但想着机会难得。濮阳县同样的商品房每平方米都达到1500元了,这房才卖620元一平方米。别看是别墅,实际价格与市内150平方米商品房的价格差不多,这好事上哪找? 再说,其他局委和县领导都弄了,自己不弄,说不定以后就没有机会了。

别墅是住上了,但民心却失掉了。村民宋西林告诉记者,当时县里征他们宋村和陈拐村的耕地,每亩地连青苗和附着物总共才补5万多元。群众有意见到县里上访,要求公布征地批文和具体补偿标准。县里领导解释说,征地是因为县纪委要建干部培训和党风廉政教育中心,希望大家支持国家的廉政建设。工程建好后,群众发现所谓的党风廉政教育中心竟然是县纪委的豪华办公楼和县纪委领导的高档别墅时,心都凉了!

濮阳市纪检委副书记、监察局局长王际元介绍,春节前,濮阳县纪委已将部分违规别墅查封,拟于节后公开拍卖。

一位不愿透露姓名的县直机关负责人说,濮阳县刮起的奢侈风,县委县政府应负主要责任。这就像汽车闯了红灯,应该处罚掌握方向盘的司机,而不能仅仅处罚乘车人就草草了事。(本文配有图片)

(原载2007年2月27日新华网·新华视点)

【点评】　这则通讯选材典型,在一个全县还有数十万人没有解决温饱的贫困县,近几年却刮起了一股奢侈之风:干部建豪宅机关盖大楼,具有代表性、普遍意义和宣传价值。记者用详尽的材料和准确的数据(包括图片),对这一中央三令五申禁止、群众深恶痛绝的不正之风进行了深入的报道,集中反映了当前干部作风方面存在的特权思想浓厚、追求奢侈之风等突出问题,主题十分明确。在写作手法上,作者采用对比写法,以事为据,以理服人,使文章具有了较强的说服力和可读性。通讯一经发表,立即引起了中央领导同志的关注,全国随之掀起了一场清查党政机关豪华楼堂馆所的风暴。该作品获第十八届"中国新闻奖"一等奖。

第四节　短　评

一、短评的概念

新闻评论,是各类新闻媒体所发表的各种评论形式的总称。它是针对现实生活中重大问题、新闻事件直接发表意见、阐明观点、表明态度的一种以说理为主的论说文体。

短评是对人和事物进行简短的评论,属于新闻评论的一种。

二、短评的特点

短评与其他议论文一样,由论点、论据和论证三个要素组成。它是新闻和议论文的杂交体:既具有新闻的基本特征,又有别于其他的新闻体裁;既具有议论文的某些文体特点,其议论的对象、目的、方式与一般的议论文相比又有所不同。具体说来,短评的主要特点如下:

1. 显著的新闻性

既然短评属于一种新闻体裁,因此,它与一般议论文最大的区别是,具有新闻性。这种新闻性主要表现在两个方面。一是必须趁热打铁,具有强烈的时效性。短评所关心的是"直接的当前的现实",它以迅速及时地评述最新事件,阐明真理,指导舆论见长,以提出和解决当前最迫切需要解决的问题取胜,致力在社会"热点"问题上趁热打铁。二是必须直面生活,具有很强的现实性。

2. 鲜明的针对性

有的放矢,有感而发,这是短评的一个鲜明的特点。一篇好的短评,无论是批评性的还是正面评述的,总是有着具体的针对性,都是有的放矢、有感而发的。譬如人们普遍关心、议论最多的问题,需要给予正确的回答和引导;工作中的薄弱环节,需要指出来加以克服;社会上一种倾向出现了,需要提醒人们加以注意;群众流行的错误观点、错误思想,需要澄清;新人、新事、新风尚,需要倡导,等等,这些社会生活中实际存在的问题和倾向都成了短评作者的论题。

3. 特定的单一性

短评不可大而全,面面俱到。论题要小,立论要具体,焦点要集中。作者往往就一件事情、一个问题、一种倾向或一个问题的某个侧面进行评述,目标单一,内容集中。如例文一《别了,"0"》,作者就是集中论述许海峰在洛杉矶奥运会打破中国人金牌零的突破后,给中国人带来的民族自豪感和荣誉感。因此,短评必须要选择大多数人所关心的、能够拨动更多的人的心弦的问题展开议论,且要做到深入浅出、通俗易懂、短小精悍、生动活泼。

4. 强烈的论辩性

短评既然属于论说文,它的论辩性特征概括了两者的基本特点,其中主要有:明确阐述对于事物——评论对象的看法;以说理为主要手段;着重从思想、政治或伦理的角度分析论述有关问题。一是短评(新闻评论)是新闻媒体的旗帜和灵魂。这一性质决定它必须善于从政治上辨别事物,在论述中体现一定的政治倾向性。二是短评是以发表意见、提出主张为主的新闻体裁,这一性质决定它必须注重论辩的严谨性,严密的逻辑性,尽力做到能够被受众所接受和认可;必须摆事实、讲道理,做到以理服人,令人信服。

三、短评的适用范围

短评的对象很广泛,可以评人物、事件、文章、绘画、戏剧、影视,也可评一种观点、一种思想、一种现象、一种办法、一种行为。它既可以表彰新人、新事、新思想、新风尚,也可以批评错误观点或言行。常见的短评是报纸上配合新闻报道发表的小文章,主要有三种形式:为典型报道配发的评论;为某种新思想、新观点做储备而发的评论;对某种时弊以及倾向性的问题进行针砭或解答而发的评论。

四、短评的写作要求

1. 要主旨明确

短评跟一般的议论文一样,必须有一个明确的观点。赞成什么,反对什么,作者的态度不能含糊,要旗帜鲜明。短评的观点要正确、深刻、新颖。正确,是指阐述的观点必须符合客观实际;深刻,是指要说到问题的实质;新颖,是指不能人云亦云,老生常谈,要独出心裁,敢于创新。

2. 要有说服力

有时就某一件事,某一则或几则新闻进行评论的时候,要有充分的论据。通常说的写议论文一定要摆事实、讲道理,就是因为只提出看法和主张是远远不够的,哪怕你的看法和主张是百分之百的正确,也必须拿出证据来。只有证据充足有力,才能令人心服、口服。

3. 要结构完整

谋篇,也就是布局,或者说是搭架子、列提纲。它是在解决选题、立意和论证之后,是将思想成果诉诸书面语言的重要阶段。评论文章的谋篇结构一般由引论(开头)、正论(展开部分)和结论(结尾)三部分构成。

就某一件事谈一点看法的短评,一般结构是:开头比较简洁地叙述这件事情;中间部分进行评论,阐明自己的看法;结尾部分进行概括总结。就一则或几则新闻谈一点看法的短评,其基本结构形式是:开头部分根据新闻内容提出作者的看法,为全文确立论述中心;中间部分围绕中心论点进行分析,展开论述;结尾部分根据需要加以总结。当然,短评的结构形式是灵活多样的,尤其是中间部分,其结构形式是各不相同的。

4. 要讲究语言

论文的语言主要运用抽象的方法,概括出事物的内在属性和规律。它在就"事"论"理"时,尽管也需要引述事实,描写形象,但都是为了从中析"理";新闻报道则适合新闻信息传递的实用语言,它"用事实说话",通过传播新近发生的有意义的事实(信息)来表达宣传意图。

因此,短评的语言要注意三个问题:① 准确、简明、富有哲理是短评语言的基本特色;② 语言规范、通俗易懂,是短评走向大众化的客观要求。③ 严肃与生动的统一,是短评语言追求的方向。

【例文一】

别了,0!

中国青年报评论员

是我们,是我们中国人夺得了本届奥运会第一枚金牌!半个多世纪来背着奥运会"0"的包袱的中国人,从此可以吐气扬眉了!

年轻的中国运动员许海峰、曾国强用百步穿杨的绝技和力举千钧的气概,把零的耻辱甩进了太平洋,实现了几代人的夙愿,结束了"万马齐喑究可哀"的局面,开创了中国人夺取奥林匹克金牌的历史。这是响亮的序曲,是更大胜利的前奏。

当地一家报纸评论说:"中国人刚一回到奥运会,就迈出当仁不让的步伐,令人不安。"为什么不安? 因为他们目光依旧。要知道当今的中国已跨入了"不拘一格降人材"的时代。

自豪吧,健儿们! 自豪吧,青年们! 自豪吧,炎黄子孙! 因为今天,我们当之无愧地向全世界说:"别了,0!"

(原载 1984 年 7 月 31 日《中国青年报》)

【点评】　许海峰在洛杉矶奥运会一枪实现中国人金牌"0"突破,对这一令人激动的重大事件,作者的短评也充满了豪情与诗意:标题简练、明快,富有强烈的自豪和骄傲的感情色彩;开头两个"是我们"的叠句、中间"这是响亮的序曲,是更大胜利的前奏"以及结尾三个"自豪吧"的排比句,既有强烈的节奏感,又有似火山爆发、喷薄而出的力量美。

这篇文章"别了"一般评论员文章严肃、抽象、沉闷、冗长的文风,在当时引起了受众的强烈共鸣,至今仍魅力犹存。它启示我们:以抽象见长的评论文章同样可借鉴文艺创作中的诸多表现手法;评论贵在有感而发。

【例文二】

<h3 style="text-align:center">开会就是开会</h3>

张仲彩

报载,为期 11 天的全国工业交通工作座谈会,10 个晚上就有 9 个晚上安排会议活动,连两个星期天也贴进去。会址就在名胜甚多的首都和济南,却没有组织过任何游览。这种"开会就是开会,与会议无关的活动不作安排"的做法,为恢复开会老传统作出了好样子。

近年常见一些部门,每每假借"现场会"之类的名目,兴师动众,车队"游行",游山逛景,大饱眼福、口福,还美其名曰:"下面来的同志辛苦了,让大伙乐一乐"。其实"上面"的同志(包括会议工作人员)还不是"陪着"玩乐!"罗汉请观音——客少主人多"的情况并不少见呢! 况且"下面"的同志还有他"下面"的同志,回去以后不免如法炮制。如不刹风,势将愈演愈烈。如今国务院带了个好头,下面有人再想搞先前那一套,也不好振振有词地找由头了吧!

"开会就是开会",正是共产党人"公事公办"的本色。这个原则大可以推而广之,蔚成风气:"办公就是办公",不借办公以营私利;"协作就是协作",不借协作大摆宴席;"洽谈业务就是洽谈业务",不借洽谈业务大开后门;"参观就是参观",不借参观大揩其油!

(原载 1981 年 9 月 23 日《湖北日报》)

【点评】　这是从"报载"中找到"由头"而写成的一篇短评佳作。其立意,不仅在当时具有很强的针对性,至今仍未"过时"。首先,作者采用回环手法制作标题,新颖别致,明白晓畅却又耐人寻味。其次,善于联想,巧于置换。作者从全国工交座谈会联想到"常见"的现实生活中的诸多社会现象,层层剥笋地直陈其弊端的根源——上行下效。最后一段通过"开会就是开会"置换出"××就是××"的排比句,不仅引导读者联想,而且更显铿锵有力,催人猛省。第三,言约意丰。全文只 400 来字,但没有空洞的说教,也无抽象的说理,且语言鲜活、形象。第二段几乎全部采用群众语言,具有很强的亲和力。

第五节　广　　告

一、广告的概念

广告有广义和狭义之分,广义的广告包含泛指有目的的公共性传播活动。狭义的广告专指商业广告,即根据《中华人民共和国广告法》第二条规定:"是指商品经营者或者服务提供者承担费用,通过一定的媒介和形式直接或间接地介绍自己所推销的商品或者所提供的服务的商业广告。"

二、广告的分类

广告的类别很复杂,通常按广告目的可划分为商品广告、企业广告、文化广告和观念广告等;还有按广告传播媒介可划分报纸广告、杂志广告、广播广告、电视广告、电影广告、网络广告、邮政广告、交通广告、户外广告、传单广告和人体广告等。

三、广告的特点

1. 宣传诱导性

有人将广告比作买房和卖方的"联姻红娘",是很贴切的。正如著名经济学家布里特所说:"商品不做广告,就像姑娘在黑暗处向小伙子递送秋波,脉脉此情只有她自己知道。"广告就是以各种生动形式进行宣传,把某一商品的特点、功能、用途等向人们宣传介绍,或向人们推荐某种服务范围、项目和特点,从而诱导人们产生兴趣,萌发购买或接受服务的动机。这是广告的主要特点。

2. 艺术吸引性

做广告不像领导做报告,不能强制人们一定要接受,而只能靠广告本身的艺术吸引力。英国著名经济学家弗兰克·杰夫舍斯基所著的《广告艺术》,在世界上第一次正式把广告提高到艺术的高度。

为追求宣传效果的最大化,广告采用多种喜闻乐见的形式,文学、美术、音画综合运用。总之,一切广告都在讲究艺术、追求新颖,以突出商品的特点,吸引顾客产生购买欲。

3. 严肃真实性

真实性是广告的生命,广告一定要实事求是,必须对消费者负责。广告材料中关于宣传对象的各种报道都要是可靠的,广告信息的传播必须准确无误,对有可能给人们的健康带来危害的商品不得进行广告宣传。这些也是法律对广告的基本要求。

四、广告的作用

1. 传递信息

广告是经济信息的载体,是传递经济信息的手段。因此,宣传商品、传递信息是商业广告的基本功用。

2. 传播知识

随着新产品而来的,是新知识、新概念、新技术,广告在传递信息的同时,也在传播商品知识。

3. 指导消费

消费者对于商品或服务,在很大程度上是以广告为渠道的。因此,某种程度上广告不仅可以具体指导消费者,还可以唤起潜在的需求。

4. 开拓市场

市场瞬息万变,竞争激烈。广告可以通过传递和交流,扩大商品的流通范围和领域,从而开拓产品市场,增强企业的竞争力。

五、广告的结构与写法

我们这里要学习写作的是文字广告,也有人称为广告文案,是指广告作品中的语言文字部分。广告文案实际上是广告作品的核心。

文字广告通常包括标题、正文、口号和附文几个部分。不同媒体的广告结构也略有不同。

1. 标题

标题是广告的眉目,通常置于广告的最前面。根据广告标题的内容,可将其分为直接性标题、间接性标题和复合性标题三大类。

(1) 直接性标题。这是目前广告中用得相当普遍的一种标题形式,是用简洁、凝练的文字将广告文稿的主题与销售重点告诉消费者。一语破的,一目了然,直接显示商品名称、品牌、企业名称或其他所要告知大众的信息。常见的有名称式,如"龙牡壮骨冲剂";祈使式,如"请喝可口可乐";陈述式,如"××牌冷静星空调闪亮登场";劝慰式,如"要买房,到建行"。

(2) 间接性标题。这类标题不直接揭示广告内容,而是用迂回的方法,将广告文稿的主题与销售重点传达给消费者。常见的有疑问式,如"今年送礼送什么?"(脑白金);抒情式,如"献给母亲的爱"(威力洗衣机);描写式,如"春光明媚,处处有芳草"(芳草牌牙膏);悬念式,如"世界上 85% 的牛是被蘸着番茄酱吃掉的"(某番茄酱);寓意式,如"何必只做夜行人"(某防晒霜)。

(3) 复合性标题是直接性标题和间接性标题的综合运用,是由引题、正题和副题三种标题组成的标题群。如:

引题＋正题＋副题

四川特产　口味一流 ·· (引题)

天府花生 ··· (正题)

越剥越开心 ·· (副题)

引题＋正题

你想钓鱼吗? ··· (引题)

发光鱼钩、鱼漂会使你满载而归 ······································· (正题)

正题＋副题

太阳神口服液　………………………………………………………………（正题）
保健补剂数第一　……………………………………………………………（副题）

2. 正文

正文是广告的主体,一般要求以精练的语言介绍商品的性能、功用,产品的制造工艺,产品含有的成分、基本原理,以及产品的外观、型号、规格、使用方法、价格等有关情况。

广告正文的表达方式有很多种,比较常见的有以下几种:

(1)陈述体。用简练的语言,直截了当地说明商品的有关情况。如例文一。

(2)证书体。借助政府业务部门对产品的评定或颁发的荣誉证书来宣传,以取得消费者的信任,激发购买欲。这种方式多用于名牌产品、高级精密仪器和药品等。如:华宝空调,1995年中国消费者协会推荐产品,1992、1993、1994连续三年获得国家最畅销商品“金桥奖”。

(3)文艺体。这种体式的广告借用多种文艺创作的表现手段,如小品、诗歌、曲艺乃至小小说等形式,都可以作为广告的载体。如例文二。

(4)对话体。又称问答体。它用一问一答的方式介绍商品或服务项目,激发人们的好奇心和求知欲。

(5)对联体。对联广告在我国有着悠久的历史。如服装广告有:“男添庄重女添俏,夏透凉风冬御寒。”酒店广告有:“闻香下马,知味停车。”“猛虎一杯山中醉,蛟龙两盏海底眠。”

(6)新闻体。用类似新闻的样式写的文字广告,既具有新闻的某些特点,又具有广告的特点。常见的形式有开业启事、消息海报、招聘声明等。如例文三。

有些平面广告文稿的正文为便于读者快速获取信息,一般分条分段列出宣传对象的各种优点、特征,有时也用目录式或图表式等。

3. 口号

广告口号又叫广告标语或广告警句,是在广告中反复出现的一句简明扼要的口号性语句。通常情况下,是用几个字组成一句富有感染力的话,大多与公司的名称和产品注册商标相联系。

许多平面广告中都有广告口号,处于广告的显著位置。广告口号的写作难度较大。优秀的广告口号可谓字字珠玑,一字千金。如以下优秀广告语:

人头马一开,好事自然来……………………………………………………（人头马）
每天送你一位新“太太”……………………………………………………（太太口服液）
农夫山泉有点甜……………………………………………………………（农夫山泉）
冲一冲,好轻松……………………………………………………………（淋浴器）
大石化小,小石化了………………………………………………………（治结石病）

4. 附文

附文又称随文,是广告不可缺少的组成部分,一般放在广告的结尾部分。其作用是表明企业名称、地址、购买商品或接受服务的方法等,也有的将产品品名、商标、价格等放入附文。附文的作用主要是提供联系方法,为消费者购买商品、接受服务提供方便。

六、广告的写作要求

文字广告的写作包括拟定标题、提炼主题、选用材料、安排内容、修饰语言和运用表达方式等。文字广告的写作是广告制作关键的一环。写好文字广告,要注意以下几点:

1. 内容合法,实事求是

合法、真实是广告的生命线。对有关广告制作的很多事项,《中华人民共和国广告法》都有明确规定,撰写广告必须依循有关规定,而不能违规操作。同时,要实事求是,必须本着对消费者负责的态度撰写广告,要有科学的态度,不夸大,不讲假话,否则都是应当取缔的广告。

2. 主题鲜明,定位合理

不同的广告有着不同的主旨、素材、结构和语言,对待不同的诉求对象,广告应有不同的侧重点。要根据宣传对象,决定语言风格。如写生活资料产品的广告语言要通俗易懂、简洁明了,同时带有感情色彩,能感动人,激发人们的购买欲望;而写生产资料产品的广告时,要运用有关的专业术语,语言要确切、严密,具有科学性。

3. 创意独特,形式新颖

广告创意是对广告主题的创造性表现,新颖独特的广告能使人驻足流连、回味无穷,也能令人耳目一新、心驰神往。

4. 结构简洁,语言精妙

广告的目的性很强,在信息时代,生活节奏加快,广告只有采用简洁的结构、精巧的语言,才能使人过目不忘,才能达到宣传商品、引导消费的作用。

【例文一】

××快递

瞬间速度,当然只有××快递!××快递是全球最具规模的快递运输公司,为全球超过220个国家及地区提供快捷、可靠的快递服务。××快递设有环球航空及陆运网络,通常只需一至两个工作日,就能迅速运送时限紧迫的货件,而且确保准时送达。服务现已深入中国190个城市,您只需轻松拨通免费服务热线,即可享受××快递可靠、快捷的环球快递服务。

【例文二】

羽绒,羽绒,

如天堂春梦——

温暖,轻柔,

将那寒冬消融。

……

【例文三】

招聘医学教师

因事业发展需要,经××省人才交流中心批准,现面向全省招聘教师×名。条件:思想品质好,医学本科以上学历,有一定临床工作经验,身体健康,35周岁以下正式干部;优秀应届毕业生亦可。有意者请持身份证、学历证书、论文和个人简历到学院人事处现场报名,或将上述材料复印件函寄学院人事处报名。经试讲、试用合格后正式调入。

联系人:×××

联系电话:×××××××

E-mail:××××××××××

××省××市××学院

【点评】　例文一属陈述体广告,以简练的语言介绍了××快递公司的基本情况及服务优势,取得消费者的信任;例文二属文艺体广告,以诗歌的形式,渲染了羽绒服的特有性质;例文三属新闻体广告,新闻特点、广告特点兼而有之。

 习题

1. 简答

(1) 消息的结构由哪几部分组成?

(2) 通讯与消息的区别是什么?

(3) 短评的特点是什么?

2. 阅读分析

(1) 阅读下面这则消息,分析其标题、导语的结构形式,并简单分析其优点。

舍弃 5000 万元年收益　留下惠及子孙好家园

兖州:2 亿吨大煤田不挖了

本报兖州 11 月 13 日讯　今天上午,一个出人意料的消息得到证实:兖州市顺从民意,叫停了境内已完成详勘的小盂煤田,全面封存。此举意味着兖州市损失了一个新的经济增长点——每年减少地方税收 5000 万元。许多人颇感诧异,兖州人哪根神经搭错了,"到嘴的肥肉"居然不吃?

带着疑问,记者直奔兖州。市委书记韩军指点着墙上的全市"经济地图"娓娓道来。兖州煤炭资源丰富,是全国八大煤田之一,目前辖区内有兴隆庄、杨村等六个煤矿,煤炭资源给兖州带来巨大财富,但也留下了触目惊心的环境包袱。今年省有关部门在兖州境内探矿时,发现了小盂煤田,勘探数据表明,这座方圆 120 平方公里的煤田探明储量 2 亿多吨,埋深不到 500 米,按年产量 200 万吨计算,可开采近百年。消息传出,台塑集团等多家企业争先前来洽谈合作开采事宜,而且都开出了很高的价码。

小盂煤田到底挖还是不挖? 两种声音激烈交锋。有人说,开一个煤矿,不用费劲,一年就能增加 8 亿元的销售收入和 5000 万元的地方税收,这么大的"蛋糕",诱人啊。也有人主张,兖州的发展不能再靠拼资源和牺牲环境为代价了,"煤炭依赖症"必须根治。当两种声音争执不下时,韩军悄然来到煤田所在地小盂镇,当地农民的一番话让他心头一震:"别再制造采煤塌陷地了,给子孙留下一片美好家园吧!"在当天的市委常委会上,一班人很快达成共识:"拉动经济增长固然重要,但实现可持续发展、科学发展,构建和谐社会更为重要。为了造福子孙后代,这大煤田咱不挖了!"

叫停小盂煤矿,实力是兖州人不可或缺的底气。近几年他们倾力发展替代产业,崛起了造纸包装、橡胶轮胎等新兴产业集群。在全国百强县排名中,兖州两年前移了 13 个位次,而与之形成对比的是,煤炭产业在其经济总量中的比重却从过去的 50% 下降到不足 20%。国内著名煤炭战略管理专家牛克洪说:"兖州勇于放弃、成功转型的做法具有标本意义。建设资源节约型、环境友好型社会,不是一句空话,需要各地在执政实践中落到实处。兖州少开一个煤矿,收获的却是科学发展的理念和百姓的长远利益。"(记者崔永刚)

(原载《大众日报》2006 年 11 月 13 日)

(2)细读下面一则广告,并回答问题:

《××公关报》助您走向成功!

您想获得事业的成功,提高自己的素质吗?您想成为令人羡慕的公关先生、公关小姐吗?你想了解人际关系,学会周旋的技巧吗?

《××公关报》:对职业公关人员,是行动的指南;对向往这一职业者,是人们的向导;对企事业单位,是培训人员的课本;对青年工人、学生来说,是处世的顾问;对企业家、秘书、办公室负责人,是案头必备之物。

本报年订价 6 元。银行信汇、邮局汇款均可,收到款后即寄报纸。开户行:××市××城市信用社。户名:××公关报编辑部　账号:××××　联系电话:×××××××××(白天)×××××××××(晚上)

本报发行总负责人:×××

① 这份广告的结构是否完整?试分析。
② 这个标题属哪一类型,有何优点?
③ 从写作体式上说,本文属什么体广告?它的正文写法有什么优点?

3. 写作练习

(1)在学校或社区中取材,写一则消息。
(2)就最近发生的重大新闻,写一篇短评。
(3)根据下述内容,为茅台酒厂写一份介绍茅台酒的广告,落款中有关内容可用"××"代替。

茅 台 酒

产于贵州省仁怀县茅台镇的茅台酒厂,已有近 300 年历史。因为酒质优良,风味独特,所以深受国内外消费者欢迎。评酒会上均被评为全国名酒。这种酒酿造时用曲量大,用辅料少,经过 8 次蒸粮蒸酒(一般白酒只经过 1 次蒸粮蒸酒),再入库储存 3 年,才准许出厂。酒精度 55 度。以酱香为主体,味醇厚,回味悠长,饮后的空杯,留香浓郁,经久不散。

项目九　科技类文书

项目学习目的：

掌握科技文书的概念；理解科技文书的特点和写作要求；重点掌握实验报告、实习报告、学术论文的结构和写法。

第一节　科技文书概述

一、科技文书的概念

科技类文书是科技工作者在日常科技事务和科研活动中交流科技信息、处理日常事务、解决具体问题时经常使用的，具有一定规范格式和特定读者对象的文书。科技文书产生于科学技术的具体实践，是随着科学技术的发展，为适应交流科技信息、处理科技事务的需要而产生发展起来的。常见的科技文书有实验报告、实习报告和学术论文等。

科技类文体的写作是由科技知识的自身特性决定的。科学技术是以严谨、求实为根本的，与之密不可分的文书写作自然必须遵守同样的原则。在此同时，文章的写作是有一定的运作形式和规律的，掌握了基本的语言表达能力和必要的文体知识，就能写出具有说服力的科技文书。

二、科技类文书的特点

实用价值是科技文书的最主要的特点，主要体现在以下几点：

1. 目的性

写作行为的产生总是源于目的，作为应用文体组成部分的科技文书的写作更要服从于自身的目的。在写作内容上，科技文书总是有较强的针对性和明确的目的性。例如，写作科研计划任务书是为了获得上级对科研课题的批准；写作发明及专利申请书是为了获得法律保护的某项成果的专利权等。

2. 专业性

科技文书都是用来反映某一特定领域的科技活动和成果的，需要运用大量的专业理论和专业术语进行写作。

3. 规范性

特定的格式要求是应用文写作文体的特征之一，为此，科技文书在奠定特定的反映对象和应用范围的前提下，在长期的使用过程中也逐步形成了比较稳定的格式要求。有些文种，如发明申请书、专利文件、技术鉴定书等，有关部门还规定了统一的格式，有的甚至以法律、条例的形式规范了文体的格式或主要内容。文章格式的规范使得不同的文种清晰醒目,便于阅读、写作、承办、归卷等,给处理事务带来方便,同时,提高了工作效率,有利于电脑管理和办公自动化,提高管理水平。

4. 时效性

科技文书有很强的时间约束性,它必须在一定的时间内生效并起作用。因此,科技文书的写作和实施应当在指定的时限内完成,否则就会造成不良后果。比如发明申请书、专利申请书等,都有较强的时限要求。在科技高速发展的今天,时间就是效率,时间就是生命。

5. 严肃性

科技类文书体是配合科技发展和科技管理工作的需要,代表着具体的法定机关单位或个人讲话、办事、表达观点及确定成果,承诺权利及义务。像科技政策、法律、条例的制发,各种情况的交流与沟通,工作的指挥与联络,都是借助科技文书来发挥作用的。因为科技文书代表特定的法定权威,具有一定的权威和严肃性,所以在内容上必须客观、真实、准确,一经成文制发,就必须认真执行。写作科技文书一般采用"直陈其事"的写法,用事实说话,据事推断,直截了当,简明朴素,既不拖泥带水,夸张粉饰,也不需要描写抒情,虚文藻饰。

6. 科学性

科技类文体无论从整体上看,还是从每一个具体的文体上讲,都与科学技术有关,而科技工作本身具有严密的科学性,故科技类文体必然具有严密的科学性。它所使用的材料必须真实可靠,所采用的方法必须科学、辩证,所得出的结论必须提示事物的本质和规律。这是科技类文体最基本的特点。

三、科技类文书的作用

1. 凭证作用

人们进行科技文书的写作,目的是为了记载科技信息,有效地开展科技管理活动,同时用文书的形式作为判断是非的主要依据和凭证。

2. 资料作用

科技文书还可以为科技活动积累珍贵的科技资料,为今后改进工作,发展科技,制定方针、政策、法规、条例提供参考和借鉴,这一点对科技工作尤为重要。开展一项工作,事先总要对历史情况有必要的了解,然后有针对性地提出新的目的及措施。利用科技文书作为资料可以确定研究的起点及方法、内容,实现科学的、有效的研究进程。

3. 交流作用

通过科技文书的写作与保存,可以存储书面信息和科技研究的成果;同时,用科技文书把这些成果通过特定的媒体形式向社会交流传播出去,使它们成为社会的共同财富。另外,科技管理中需要协调关系、上下合拍、沟通左右、内外相连。各种信息的输入和输出的及时、准确,也要求我们善于有效地运用科技文书进行书面的交流及沟通。

4. 商品作用

在商品经济情况下,科技成果是一种特殊的商品,这种商品本身是无形的,是借助于文书的形式而存在的。在技术市场上交流的是技术,同时也是一种文书的交易,科技文书是科学技术逐步转化成商品的重要载体。

四、科技类文书的写作要求

科技类文书作为专用公文的一种,写作上首先要遵守公文写作的一般要求,严格按照公文的格式、文法等各方面的统一规定进行写作。同时,科技类文书的写作还要注意以下几点:

1. 收集材料、认真构思

科技类文书的写作收集材料主要有四种方法:① 注意观察。要注意从实际工作中寻找写作的依据,养成分析、比较的习惯,从比较中得出结论。② 细致感受。只有对客观事物形成感觉,才能有深入的体会。③ 广泛调查。通过开座谈会、个别交谈的方式获取情况。④ 大量收集资料。从报刊、文件、档案中采集有价值的资料。所谓构思就是写作者在文章写作酝酿过程中特定的思维活动,它包括确定体裁、明确主题、选择材料、权衡笔调,以及确定表达的具体方式等过程。科技类文书的构思针对文章整体工艺设计安排,要展开积极的思维活动,多方联系,仔细斟酌。科技文书工艺构思通常有打腹稿、列提纲两种方式。打腹稿是将文章的主旨、材料、结构段落、笔调手法甚至细节都想好,在脑子中勾勒一个大致的轮廓,而后下笔成文。列提纲可以采用图表法,也可以采用条文式,比较重要的文章,还需要对提纲进行反复的讨论,不断修改,不断完善。

2. 主题鲜明,选材典型

科技类文书在表现主题时主要有:① 题目明确。由标题直接点明该文的主题,使人一目了然。② 开门见山。正文起始就点明主题,不做铺垫。③ 篇末点题。在结尾点破主题,讲结论性的意见。④ 一线贯通。有些科技类文书的主题贯穿在全文的各个部分。科技类文书的选材要在广泛占有材料的基础上进行严格的筛选,以使文章简洁精练、主题明确。在选择材料时首先要注意根据文章的主题确定材料的取舍,选取真实的、典型的材料,用那些反映事实本质的材料、最有代表性和最具说服力的材料支持主题。

3. 合理结构,严格布局

在安排科技类文书的结构时,首先要围绕主题,离开了主题,材料就没有章法。结构上要保证完整、统一。另外,结构还必须适合不同文种的需要,不同文种有不同的标准和惯用格式,不能套用一个模式,国家曾经颁布了《科学技术报告、学术论文和学位论文的编写格式》,许多应用文种也有自身特定的规范,要严格按照有关规定进行写作。科技类文书的外部形式主要有条款式和分块式。条款式就是把文书的内容分成条款式来写,同时用序号标示。条例、章程、制度、计划、建议等都采用这种方式。分块式是由几种材料组成,如总结,报告等,往往要写明基本情况、具体做法、实验结果、存在问题及今后打算等。计划要写明目的、要求、任务、方法、步骤等,像申报书、鉴定书则是规范的图表式。

4. 遣词造句

科技类文书所采用的语言,应当是规范化的现代汉语,但受自身语体的制约,也有自己特定的要求。科技类文书更多地采用汉语科技书面语进行写作。汉语科技书面语在内容、形式、结构上具有汉语书面语的共同特点,同时也有个性化的语言形式,词汇包含大量的科技术语、科技概念及理论。从语法上看,科技类文书的句子功能比较单一,以陈述句为主,一般不用疑问句,复句多、单句少,主谓句多、无主句少,文字以外的非语言符号系统如符号、图表、照片、公式等较多。在表述上,科技类文书的语言遵从科技的运作原则,准确、简洁、质朴、严密、得体,具有很强的分寸感。由于科技类文书具有公务性、严肃性、实用性等特点,它的语言风格既不同于文学语言,也不同于新闻语言,必须体现一定的庄重特性,在表现上准确精当,并准确运用专业术语、简称等。

科技类文书写作还应注意书面的整洁、规范,要严格符合行文格式,要正确书写标点符号,保证字迹的工整和数字书写的规范化。

第二节　实　验　报　告

一、实验报告的概念

实验报告,就是在某项科研课题实验或专业学习中,实验者把实验的目的、方法、步骤和结果等记录下来,经过整理,用简洁的语言写成的书面报告。

实验报告的作用:① 向有关部门汇报实验结果,为其决策提供依据;② 积累科研资料,为今后的科研工作提供经验或教训。

科技实验报告主要是科技工作者撰写的实验报告,要求有所发现、有所发明、有所创造,不是简单重复和再现别人的成果。这种复杂而新颖的实验报告内容丰富,需要谋篇成文,有时就是以"报告"实验全过程为主的科技论文,具有文献价值。大学生撰写的实验报告,其实验步骤和方法一般都由教师拟订,目的是为了验证某一学科的定律或结论,训练学生的动手能力和表达能力。这是一种重复科学史上前人已经做过的实验的方法,没有文献价值,只不过是教学中的一个环节。

二、实验报告的分类

实验报告的分类是由实验本身的性质所决定的,大致有以下两种基本情况:

1. 创新型实验报告

这种实验是具有一定创造性的,或者说,这是一种通过实验的方式来寻找解决问题的办法的一种创新型实验。这样的实验,失败的比率很高,常常做数百次实验也不能获得成功。但一旦获得成功,就可以很快获得效益,因为其结果在被发现的时候已经得到了验证。

2. 检验型实验报告

凡是对一个新的发现或假说、一个新的产品的有效性进行检验的实验,都属于检验型实验。这种实验不承担创造和发明的责任,只验证创造和发明是否有效。相对而言,这种实践的肯定性结果要远远高于创新型实验。

三、实验报告的特点

1. 科学实证性

科技实验要讲究科学性,实验者要以客观、冷静的态度进行整个实验工作,排除一切主观因素的干扰,不带任何个人偏见。整个实验过程,不以理论的推导为主,而以实证为原则。实验的结果要经得起反复的检验,实验的数据要经得住反复的核查。

2. 记录性

实验报告是实验过程和结果的如实记录,出现什么现象就记录什么现象,出现什么结果就记录什么结果,得出什么数据就记录什么数据,真实可靠。必须坚决杜绝主观想象、凭空捏造、任意取舍。

3. 不求圆满结果

科技实验不像项目研究那样追求圆满结果,它只是一个实践验证过程。不论结果是肯定性的还是否定性的,实验本身都达到了目的,都会对科学研究起到重要的作用。通过实验肯定了某种认识或发明,当然是可喜可贺的好事,而否定了某种错误的认识或不成功的发明,也未必是坏事。因此,有些实验结果完全推翻了原来的认识,或否定了新的科技产品,从科学认识的角度说似乎没有得到圆满的结局,但实验报告记录了一次失败的教训,使得将来可以避免再走这条弯路,仍有突出的意义和价值。

四、实验报告的结构和写法

实验报告的写作是一项重要的基本技能训练。它不仅是对每次实验的总结,更重要的是它可以初步地培养和训练实验人的逻辑归纳能力、综合分析能力和文字表达能力,是科学论文写作的基础。

实验报告分类繁多。尽管各类实验报告从内容上看千差万别,但是从写作的角度来看,所有实验报告是否合格,却存在着共同标准,这就是 1930 年 Ward. G. Reeder 提出的五项原则,即正确性(Accuracy)、客观性(Objectivity)、公正性(Lmpartiality)、确证性(Verifiability)和可读性(Readability)。

实验报告的格式大同小异,比较固定。实验报告,一般根据实验的先后顺序来写,主要内容有以下几个:

1. 标题

即实验名称,应该简洁、鲜明、准确。标题一般由实验项目加文体名称组成,如"新型防火阀与火灾报警器定期观测实验报告"。

2. 作者

包括实验主持人和实验组成员,如果是科研单位的集体实验,可以只标科研单位的名称。

3. 实验日期和地点

4. 摘要

在有必要的情况下,可以把实验方法、实验结果等重要信息提取出来,概括为一个简短的摘要,置于正文之前,目的是让读者利用最少的时间了解实验的结果和评价。

5. 引言

这是实验报告正文的开头部分,用以概括地说明该项实验的研究对象、该实验的目的和意义等。这部分篇幅要短小,文字要简练。

6. 主体

实验报告的主体内容复杂,又可分为以下组成部分:

（1）实验原理

简要表述进行实验的理论根据,如基本定律、原理、科学方法,以及实验装置的设计原理等。

（2）实验目的

目的要明确,要抓住重点,可以从理论和实践两个方面考虑。在理论上验证定理、公式、算法,并使实验者获得深刻和系统的理解;在实践上,掌握使用实验设备的技能技巧和程序的调试方法。一般需说明是验证型实验还是设计型实验、是创新型实验还是综合型实验。

（3）实验仪器设备或原材料

对所使用的仪器设备、材料作出较详细的介绍和说明,包括仪器、原材料的名称、型号、数量、批号等;原材料应标明化学成分,有时对于不常见的仪器要加以介绍。这部分非常重要,不得遗漏。

（4）实验内容

这是实验报告极其重要的内容。要抓住重点,可以从理论和实践两个方面考虑。这部分要写明依据何种原理、定律算法或操作方法进行实验,详细理论计算过程。

（5）实验步骤

实验步骤就是实现进行的程序,要写明实验步骤,通常都是按操作时间先后划分成几步进行,并在前面标注上序号:(一)① ② ;(二)① ② ……。

实验装置的安装过程和实验线路的联接过程,有时单纯用文字叙述是很难说清楚的。因此,有时就要求画出实验装置的结构示意图,再配以相应的文字说明,这样既可以节省许多文字说明,又能使实验报告简明扼要、清楚明白。

只写主要操作步骤,不要照抄实习指导,要简明扼要,还应该画出实验流程图(实验装置的结构示意图),再配以相应的文字说明,这样既可以节省许多文字说明,又能使实验报告简明扼要,清楚明白。

（6）实验过程

要把实验的过程及其所得到的数据和结果如实记录下来,如果数据复杂繁多,这部分要列出表格,在表格中一一标写出来,使读者一目了然。事实上,许多科技实验报告中都有表格出现,这是表达的需要。

（7）实验结果

实验结果包括实验现象的描述、实验数据的处理等。原始资料应附在本次实验主要操作者的实验报告上,同组的合作者要复制原始资料。

对于实验结果的表述，一般有三种方法：① 文字叙述。根据实验目的将原始资料系统化、条理化，用准确的专业术语客观地描述实验现象和结果，要有时间顺序以及各项指标在时间上的关系。② 图表。用表格或坐标图的方式使实验结果突出、清晰，便于相互比较，尤其适合于分组较多，且各组观察指标一致的实验，使组间异同一目了然。每一图表应有表目和计量单位，应说明一定的中心问题。③ 曲线图。应用记录仪器描记出的曲线图，这些指标的变化趋势形象生动、直观明了。

在实验报告中，可任选其中一种或几种方法并用，以获得最佳效果。

（8）讨论及评价

就是对实验的步骤、数据、结果进行分析和解释，并得出最终评价。

根据相关的理论知识对所得到的实验结果进行解释和分析。如果所得到的实验结果和预期的结果一致，那么它可以验证什么理论？实验结果有什么意义？说明了什么问题？这些是实验报告应该讨论的。但是，不能用已知的理论或生活经验硬套在实验结果上；更不能由于所得到的实验结果与预期的结果或理论不符而随意取舍甚至修改实验结果，这时应该分析其异常的可能原因。如果本次实验失败了，应找出失败的原因及以后实验应注意的事项。不要简单地复述课本上的理论而缺乏自己主动思考的内容。

另外，也可以写一些本次实验的心得以及提出一些问题或建议等。

（9）结论

结论不是具体实验结果的再次罗列，也不是对今后研究的展望，而是针对这一实验所能验证的概念、原则或理论的简明总结，是从实验结果中归纳出的一般性、概括性的判断，要简练、准确、严谨、客观。

（10）鸣谢（可略）

在实验中受到他人的帮助，在报告中以简单语言感谢。

7. 参考文献

详细列举在实验中引用别人的实验数据、计算公式和研究成果等，要注明出处，包括作者、文献名、出版单位和出版时间等。

五、实验报告的写作要求

写实验报告是一件非常严肃、认真的工作，要讲究科学性、准确性、求实性。在撰写过程中，常见错误有以下几种情况：

1. 观察不细致，没有及时、准确、如实记录

在实验时，由于观察不细致，不认真，没有及时记录，结果不能准确地写出所发生的各种现象，不能恰如其分。实事求是地分析各种现象发生的原因。故在记录中，一定要看到什么就记录什么，不能弄虚作假。为了印证一些实验现象而修改数据、假造实验现象等做法，都是不允许的。

2. 说明不准确或层次不清晰

比如，在化学实验中，出现了沉淀物，但没有准确地说明是"晶体沉淀"，还是"无定形沉淀"。说明步骤，有的说明没有按照操作顺序分条列出，结果出现层次不清晰、凌乱等问题。

3. 没有尽量采用专用术语来说明事物

例如，"用棍子在混合物里转动"一语，应用专用术语"搅拌"较好，既可使文字简洁明白，又合乎实验的情况。

4. 外文、符号、公式不准确，没有使用统一规定的名词和符号

【例文】

验证影响摩擦力大小的因素

实验目的：验证滑动摩擦力大小与压力大小、接触面积大小、接触面粗糙程度的关系。（抄书上的实验目的，如果用到 DIS 系统，有的时候还要加上这样的目的，如练习使用 DIS 系统进行线性拟合、练习使用秒表等。不过这些不是主要实验目的。）

实验器材：弹簧测力计、长木板、棉布、毛巾、带钩长方体木块、砝码、刻度尺、秒表。

实验原理：

1. 二力平衡的条件：作用在同一个物体上的两个力，如果大小相等，方向相反，并且在同一直线上，这两个力就平衡。

2. 在平衡力的作用下，静止的物体保持静止状态，运动的物体保持匀速直线运动状态。

3. 两个相互接触的物体，当它们做相对运动时或有相对运动的趋势时，在接触面上会产生一种阻碍相对运动的力，这种力就叫摩擦力。

4. 弹簧测力计拉着木块在水平面上做匀速直线运动时，拉力的大小就等于摩擦力的大小，拉力的数值可从弹簧测力计上读出，这样就测出了木块与水平面之间的摩擦力。

实验步骤：

用弹簧测力计匀速拉动木块，使它沿长木板滑动，从而测出木块与长木板之间的摩擦力；改变放在木块上的砝码，从而改变木块与长木板之间的压力；把棉布铺在长木板上，从而改变接触面的粗糙程度；改变木块与长木板的接触面，从而改变接触面积。

实验数据：

1. 用弹簧测力计匀速拉动木块，测出此时木块与长木板之间的摩擦力：0.7 N

2. 在木块上加 50 g 的砝码，测出此时木块与长木板之间的摩擦力：0.8 N

3. 在木块上加 200 g 的砝码，测出此时木块与长木板之间的摩擦力：1.2 N

4. 在木板上铺上棉布，测出此时木块与长木板之间的摩擦力：1.1 N

5. 加快匀速拉动木块的速度，测出此时木块与长木板之间的摩擦力：0.7 N

6. 将木块翻转，使另一个面积更小的面与长木板接触，测出此时木块与长木板之间的摩擦力：0.7 N

（如果是验证欧姆定律，则给出试验数据后根据数据画图像，并用计算器拟合算出斜率。）

实验结论：

1. 摩擦力的大小跟作用在物体表面的压力有关，表面受到的压力越大，摩擦力就越大。

2. 摩擦力的大小跟接触面粗糙程度有关，接触面越粗糙，摩擦力就越大。

3. 摩擦力的大小跟物体间接触面的面积大小无关。

4. 摩擦力的大小跟相对运动的速度无关。

【点评】　这是一份普通的物理实验报告,该报告详细撰写和记录了实验目的、实验器材、实验原理、实验步骤和实验数据,报告最后得出了实验结论,结构清晰,条理清楚。缺点是没有进行讨论和未写明参考文献。

第三节　实习报告

一、实习报告的概念

实习报告是在校大中(包括技校、职高)学生完成一定专业课程或全部专业课程,根据教学计划进行实习后,向指导教师或专业课教研室及教学管理部门提交的有关实习收获及其他情况的书面材料。

二、实习报告的作用

(1) 撰写实习报告能够使指导教师较全面、具体地了解学生的实习收获和有关情况,便于检查理论与实践相结合的教学效果;

(2) 有利于作者总结实习过程中的经验、教训,加深对理论知识与实践技能相结合的重要性的认识,从而进一步提高思想觉悟,树立坚定的专业思想和良好的职业道德观念。

三、实习报告的结构和内容

1. 封面

(1) 标题(常用的有三种:文种式;实习内容或专业课名称＋文种式;正副式);

(2) 专业;

(3) 年级班级;

(4) 学号;

(5) 姓名;

(6) 指导教师;

(7) 实习单位;

(8) 实习时间。

2. 正文

(1) 实习目的;

(2) 实习时间;

(3) 实习地点;

(4) 实习单位和部门;

(5) 实习内容(具体介绍实习的收获,全面反映实习情况,一般情况要求字数不低于5000 字);

(6) 实习总结(可对实习进行总结、概括,得出结论,也可表示决心或致谢,还可针对存在的问题提出建议或改进措施等。如果实习内容部分言已叙尽,也可不写结尾)。

3. 附录

(1) 附实习单位意见(盖章);

(2) 指导教师评语;

(3) 实习报告成绩;

(4) 指导老师签名;

(5) ×××职业学院××系。

四、实习报告的写作要求

(1) 反映情况,突出重点;

(2) 分析概括,总结规律;

(3) 实事求是,材料具体;

(4) 表达得当,用语得体;

(5) 计算精确,图表清晰。

【例文一】

关于在永咸高速公路施工工地的实习报告

专业:××××

班级:××××

学号:××××

姓名:××××

指导教师:××××

实习单位:××××

实习时间:××××

一、实习目的

通过对永咸高速公路的实地实习认识,使我们对高速公路的路基处理、沥青路面的施工、道路的设计、公路桥梁的设计与施工以及其他公路相关设施的设计与布置,有了一次全面的感性认识,加深了我们对所学课程知识的理解,使学习和实践相结合。

二、实习时间

2009 年 5 月 27 日 6 月 10 日。

三、实习地点

永咸高速公路的部分施工工地。

永寿至咸阳公路是国家规划的西部大通道银川至武汉高速公路在陕西省境内的重要路段,也是陕西省公路主骨架的重要组成部分,是全国 12 条公路勘察设计典型示范工程之一。本项目是在建的凤翔路口至永寿高速公路向东延伸段,已建成的西安至咸阳高速公路向西延伸段,途经西安咸阳国际机场。

四、实习内容

（一）路基部分

路基的实习主要在永咸高速公路的部分施工工地包括了地基处理、路堤和桥涵等内容。

1. 路基处理

该路段位于湿陷性黄土地区，处理办法就是换填土法。就是将上面 80 公分路床范围内的多余的土全部挖掉，然后分层回填上 50 公分的素土，上面是沙粒。但是这种情况很不好的一点就是沙粒遇到水之后，水还会下渗到路基的黄土上，破坏了其稳定性。于是对原设计进行了变更，就是将原来 80 公分的土挖掉，先进行全段碾压，碾压后回填上 40 cm 素土，再上面 40 cm 5% 的石灰土，然后在两侧设计盲沟。

对于湿陷性黄土有两种处理方法：① 冲击碾压，② 强夯法。对比二者机能后，该路段全部强夯处理。处理方法工序是：首先进行清表；然后就是按照设计要求打网格，进行土方调配设计；最后确定机械的夯实机能（120 吨米，60 吨米）。

另外，对结构物的处理。由于湿陷性黄土对结构物会有很大的影响，处理方法就是先把基坑开挖，然后用大吨级机械进行强夯，保证结构物安全。

对于路堤的处理，用碾压夯实法。其机理是：土是三相体，土粒为骨架，颗粒之间的孔隙为水分和气体所占据。压实的目的在于使土粒重新组合，彼此挤紧，孔隙缩小，土的单位重量提高，形成密实整体，最终导致强度增加，稳定性提高。

方法是先原地面进行碾压，用环刀法测定密实度；再进行分层填土碾压，用灌沙法测密实度。在机具类型、土层厚度及行程遍数已经选定的条件下，压实操作时宜先轻后重、先慢后快、先边缘后中间（超高路段等需要时，则宜先低后高）。压实时，相邻两次的轮迹应重叠轮宽的三分之一，保持压实均匀，不漏压，对于压不到的边角，应辅以人力或小型机具夯实。压实全过程中，经常检查含水量和密实度，以达到符合规定压实度的要求。

土方施工的工序是：粗平——放样——打灰线——精平——测压实度。

碾压机械采用羊足碾压实。

2. 桥涵

高速公路由于等级高，全线封闭、立交，加上跨河谷等，所以桥梁甚多。我们实习的主要包括咸阳机场高架桥和双星沟大桥两段。

这段咸阳机场高架桥全长 980 米全部采用预应力组合箱梁和现浇梁，单梁跨度为 25 米，采用张拉工艺，在梁内布置预应力钢角线，减小形变增加承载力。

双星沟大桥是一个 2×85 米 T 型钢构桥，其上部工艺采用挂篮悬臂浇筑法。现在两桥墩做到 38 米左右，设计高度为 51.5 米，下面桩基深达 75 米。墩身采用的是箱型薄壁墩，上部 3 米为合拢段，将两墩硬性的连接在一起，增加起整体效果。属于大体积混凝土浇筑，浇筑中有散热设计。

（二）路面部分

路面的实习主要集中在永咸高速公路的工地（沥青路面）。这条高速路采用了厂拌法热拌沥青混合料路面的施工工艺。其路面由面层、基层、底基层组成。面层分：上面层 5 cm、中面层 7 cm、下面层 10 cm。其材料有改性沥青和粗细集料等。基层为二灰稳定碎石;底基层为二灰稳定土。

热拌沥青混合料适用于各种等级道路的沥青面层。高速公路、一级公路和城市快速路、主干路的沥青面层的上面层、中面层及下面层应采用沥青混凝土混合料铺筑。热拌沥青混合料材料分类应根据具体条件和技术规范合理选用。应满足耐久性、抗车辙、抗裂、抗水损害能力和抗滑性能等多方面要求,同时还需考虑施工机械、工程造价等实际情况。

厂拌法沥青路面包括沥青混凝土和沥青碎(砾)石等,施工过程可分为沥青混合料的拌制与运输及现场铺筑两个阶段。

1. 沥青混合料的拌制与运输

在工厂拌制混合料所用的固定式拌和设备有间歇式和连续式两种。前者系在每盘拌和时计量混合料各种材料的重量,而后者则在计量各种材料之后连续不断地送进拌和器中拌和。该拌和站采用的是 3000 间歇式拌和机。在拌制沥青混合料之前,应根据确定的配合比进行试拌。试拌时对所用的各种矿料及沥青应严格计量。通过试拌和抽样检验确定每盘热拌的配合比及其总重量(间歇式拌和机)或各种矿料进料口开启的大小及沥青和矿料进料的速度(连续式拌和机)、适宜的沥青用量、拌和时间、矿料和沥青加热温度,以及沥青混合料出厂的温度。对试拌的沥青混合料进行试验之后,即可选定施工的配合比。

材料的运输是靠卡车直接运到施工路段进行摊铺。

2. 铺筑

铺筑工序如下:

(1)基层准备和放样

面层铺筑前,应对基层和路基进行检查处理,确保道路的基层和面层有很好的黏结,减少水分浸入基层。

为了控制混合料的摊铺厚度,在准备好基层之后进行测量放样,沿路面中心线和四分之一路面宽处设置样桩,标出混合料的松铺厚度。采用自动调平摊铺机摊铺时,还应放出引导摊铺机运行走向和标高的控制基准线。高速公路和一级公路在施工前应铺筑试验段。试验段的长度应根据试验目的确定,宜为 $100\sim200$ m。试验段宜在直线段上铺筑,如在其他道路上铺筑时,路面结构等条件应相同,路面各结构层的试验可安排在不同的试验段上。

(2)摊铺

沥青混合料可用人工或机械摊铺,高等级公路沥青路面应采用机械摊铺。

沥青混合料摊铺机有履带式和轮胎式两种。二者的构造和技术性能大致相同。沥青摊铺机的主要组成部分为料斗、链式传送器、螺旋摊铺器、振捣板、摊平板、行使部分和发动机等。

(3)碾压

沥青混合料摊铺平整之后,应趁热及时进行碾压。碾压的温度应符合规定的要求。压实后的沥青混合料应符合压实度及平整度的要求,沥青混合料的分层压实厚度不得大于 10 cm。

沥青混合料碾压过程分为初压、复压和终压三个阶段。初压用 $60\sim80$ KN 双轮压路机以 1.5～2.0 km/h 的速度先碾压 2 遍,使混合料得以初步稳定。随即用 100～120 KN 三轮压路机或轮胎式压路机复压 4～6 遍。碾压速度:三轮压路机为 3 km/h;轮胎式压路机为 5 km/h。复压阶段碾压至稳定无显著轮迹为止。复压是碾压过程最重要的阶段,混合料能否达到规定的密实度,关键全在于这阶段的碾压。终压是在复压之后用 60～80 KN 双轮压路机以 3 km/h 的碾压速度碾压 2～4 遍,以消除碾压过程中产生的轮迹,并确保路面表面的平整。

碾压时压路机开行的方向应平行于路中心线,并由一侧路边缘压向路中。用三轮压路机碾压时,每次应重叠后轮宽的 1/2;双轮压路机则每次重叠 30 cm;轮胎式压路机亦应重叠碾压。由于轮胎式压路机能调整轮胎的内压,可以得到所需的接触地面压力,使骨料相互嵌挤咬合,易于获得均一的密实度,而且密实度可以提高 2％～3％。所以轮胎式压路机最适宜用于复压阶段的碾压。

3. 接缝施工

沥青路面的各种施工缝(包括纵缝、横缝、新旧路面的接缝等)处,往往由于压实不足,容易产生台阶、裂缝、松散等病害,影响路面的平整度和耐久性,施工时必须十分注意。本路段采用的半幅机械施工,中间设计有分隔带。在施工中有两台机械同步摊铺,则机械间的纵缝应注意处理。

4. 排水设施

整个路面为一个拱形,所以一般路面采用坡面向两侧漫流,流入公路两边的边沟中排走;在道路曲线的地段,公路外侧设有超高,采用单面排水,在中央分隔带设有雨水管道,收集曲线外侧路面的雨水,再由路基下敷设的横向排水管流入边沟。

五、实习总结

通过这次外业的道路实习,使我们对高速公路的路基、路面的设计与施工有了一次比较全面的感性认识,进一步理解接受课堂上的知识,使理论在实际的生产中得到了运用。近年来,我国的公路事业特别是高速公路得到了迅猛的发展,并且其需求也越来越大,这对于从事道路的工作者来说,既是一个机遇,也是一个挑战。作为将要走出学校的学生来说,更应该在有限的时间内,掌握更多的专业知识,加强实践和设计能力,这样更有利于将来的发展,使自己在此领域内也有所作为。

【点评】　这是一份理工科学生撰写的实习报告,报告中如实记录了自己的实习内容和实习经历,最后总结了自己的实习收获,格式规范,内容详细,层次清晰。

第四节　学术论文

一、学术论文的概念

学术论文是某一学术课题在实验性、理论性或观测性上具有新的科学研究成果或创新见解的知识和科学记录;或是某种已知原理应用于实际中取得新进展的科学总结,用以提供学术会议上宣读、交流或讨论;或在学术刊物上发表;或作其他用途的书面文件。

学术论文具有储存、传播专业研究信息的功能,是交流科研成果的重要工具、考核评定专业人员业务水平和学术水平的重要依据。

二、学术论文的特点

1. 科学性

科学性是学术论文的特点,也是学术论文的生命和价值所在。学术论文的科学性包括内容和形式两个方面。内容方面要求学术论文的内容必须是客观存在的事实或被实践检验的真理,并能指导实践活动,而不是空想。形式方面要求立论客观,不能带有作者个人的好恶和偏见,不得主观臆造;论据充足,即要求作者通过周密的观察、调查、实验,尽可能多地占有材料,以最充分、确实、有力的论据作为立论的依据;论证严密,即要求作者经过周密的思考,严谨而富有逻辑效果地论证。

2. 创新性

"科学方法主要是发现新现象、制定新理论的一种手段,旧的科学理论就必然会不断地为新理论推翻。"(斯蒂芬·梅森)创新性是衡量学术论文价值的根本标准,科学研究是对新知识的探求。如果科学研究只作继承,没有创造,那么人类文明就不会前进。学术论文在自己所研究的范围内,理论上要有所发展,方法上要有所突破,能为某一领域提供新知识,或为新的研究提供新材料和新观点,对今后的研究有所启示。从语言表达来看,学术论文是运用专业术语和专业性图表符号表达内容的,为了把学术问题表达得简洁、准确、规范,专业术语用得很多。

3. 学术性

是指研究、探讨的内容具有专门性和系统性,即是以科学领域里某一专业性问题作为研究对象。也有的学术问题,仅凭一个专业的知识解决不了,就会由两个或几个专业的专家联手合作研究,运用各自的专业知识加以解决,写出学术论文。

4. 理论性

学术论文与科普读物、实践报告、科技情报之间最大的区别就是具有理论性的特征。所谓理论性就是指论文作者思维的理论性、论文结论的理论性和论文表达的论证性。

5. 实践性

学术论文的写作目的就是要运用客观规律来指导实践,以推动现实工作的开展。因此,写作学术论文要讲求实效,一切从工作实际出发,有的放矢,对症下药,具有实用价值。

三、学术论文的写作步骤

1. 选题

选题,即确立研究课题。选题一般遵循以下原则:

(1) 客观上,选择有科学价值、现实意义的论题。从论文的价值来看,选题的理论意义和现实意义是首要的。一是从实践中发现的问题中进行选题。现实工作或生产实践总会有些应当解决但尚未解决的问题,这种选题具有较强的现实意义。二是从有必要进行补充或纠正的课题中进行选题。学术问题总是在错误修正中,或扩大应用领域中,或与其他知识相结合中发展的。因此,选择课题时,同可以采用这一思路。

(2) 主观上,选择个人条件好的论题。术业有专攻,人或有偏好。对某一问题感兴趣,就易于钻研下去并取得成绩。因此,选择自己在专业中的强项问题,或自己最感兴趣的专业问题作为自己的课题方向,有利于提高论文撰写质量。

选题应注意以下几点:① 选题大小要适中。尤其是初学者尽可能从一个较小的角度切入,以便谈深谈透。② 注意研究角度要新。从新的角度切入,才能谈出自己的见解,论文才有价值。③ 要知己知彼。无论怎样选题,都必须考虑时间要求和容量要求,以及自身的学术水平和研究条件,切不可脱离实际去选题,即不能选择方向虽好但无法完成的课题。

2. 准备

(1) 搜集资料。选题和资料搜集紧密相关。只有确定了选题才能按照选题方向去搜集更多的资料;有时也会因新资料的影响,产生新的看法,再次修订选题。

搜集资料是具体研究问题的开始,没有资料就无从分析问题。

资料可以用直接调查的形式获得,也可以通过图书馆、档案馆或互联网查阅获得。直接调查是获得资料的重要途径。调查形式是多样的,如通过直接观察、个别访谈、查阅有关档案、抽样发放问卷等方式进行。调查材料是第一手资料,反映的是现实实际情况,对认识课题的现实意义有重要作用。

到图书馆、档案馆或互联网查阅资料,可以获得多方面的有用信息。首先,可以提供课题的研究状况。查阅资料,可了解自己的选题究竟新在何处,有什么意义,迫使自己思考研究本课题的方法和途径。其次,能够获得二手基础资料。已发表的论文或历史文献中具有大量的有用资料。某些基础性资料可帮助我们重新认识问题,因为同样的资料,站在不同的角度可以得到不同的认识。

(2) 分析材料,提炼材料。面对一大堆材料,如何取舍,如何安排呢? 首先,要做好资料的分析工作。一是将资料分类。资料分类是资料分析的重要步骤,分类标准要以资料反映的主要思想为依据。二是给每类资料拟写标题。根据对资料的分析,撰写资料标题。标题是资料中心思想的概括和结论的提示,将为我们取舍资料和安排资料在论文中的位置做准备。三是分析资料能够证明的结论。要分析每类资料能够导出的结论并把这些结论写出来,形成自己的见解。其次,要根据论文目的,考虑材料选择的必要性、真实性、新颖性和充分性。

(3) 写作技巧准备。通过阅读典范论文,学习研究方法及论文的撰写章法和技巧;通过分析这些论文,学习专家们的思路、角度、方法和方式以及谋篇布局技巧,从而达到拓展自己思路、合理安排结构的目的。

3. 撰写

(1)拟提纲。根据初步研究结果,确定主体结构。确定标题、小标题、结构层次、中心论点和分论点等。特别要注意将各个分论点按照内在的逻辑关系组合起来。

(2)执笔写作。先写出初稿,然后反复修改,最后修改定稿。

四、学术论文的结构和写法

学术论文的写作格式与一般文章的写作格式相比,要规范得多、复杂得多。尤其是随着科学技术的发展和国际交流活动的频繁,为使科学技术达到最佳经济、技术效益和社会效果,就更需要论文写作的规范化。

一般说来,一篇论文通常包括下列部分:标题、署名、摘要、关键词、正文注释、参考文献、致谢和附录等。

1. 标题

标题,是专业论文的题目。标题的拟定,一要准确,即要求标题能准确地表达出论文的中心论点和研究的范围;二要简洁,这既指标题的内容要精炼、具体,又指标题字数不宜过多,一般以不超过 20 字为宜,如果语意未尽而需要进一步引申主题、补充说明,则可以适当地加上一个副标题;如果论文篇幅较长,还可以根据内容需要和分量的轻重,安排适当的分标题;三要醒目,即要求标题要突出、新颖、能引起读者的注意;四要透视文种,即应选择诸如"论"、"试论"等能够显示文分类别的字眼来拟定标题。

常见的专业论文的标题,大致有以下三种基本类型:

(1)揭示论点的标题。即以简洁的语言,直接揭示论文的中心论点,如"国家信誉应从国有银行淡出"。

(2)揭示课题的标题。即以简洁的语言,揭示出论文研究的范围,如"加入 WTO 与我国保险业发展的相关对策"。

(3)主副标题。一般主标题揭示观点,副标题揭示研究范围,如"民族文化情怀与现代观念的诗意整合——张晓风散文古典意蕴与现代美感探析"。

2. 署名

论文作者的署名,不仅是作者创造性劳动的体现和作者应享有的权利,而且是表示对所写文章的负责。为了便于识别,作者应当用全名,必要时可加上职务、单位名称、城市和邮编等,署名应放在标题之下。如:

标　　题

姓　　名

(上海城市管理学院 ,上海,200438)

3. 摘要

摘要,又叫内容提要,是对论文内容的简短陈述,提示论文的主要观点、见解、论据或概括介绍论文的主要内容。摘要的文字要简明、确切、字数一般为 300～500 字。有时还要写外文摘要,通常多为英文摘要。英文摘要一般写在中文摘要的后面,也有附在正文后面的。它要包括文题、作者和工作单内容摘要、关键词等项。

4. 关键词

关键词又叫主题词,是为了检索的需要,从论文中选出来的最能代表论文中心内容特征的有实质意义的名词和术语。关键词一般来源于论文标题,也可以从论文内容中抽出。一篇论文可选3~7个。关键词另起一行排在摘要之下。选取关键词可以不考虑语法上的结构,也不一定要表达一个完整的意思。

5. 正文

论文正文的结构形式即最基本的结构形式——"三段论"结构形式。从总体上来说,由绪论、本论和结论三部分组成,即提出问题、分析问题和解决问题三个部分组成。

(1)绪论。绪论也称引论、引言、导论、导言等,它是论文的开端部分。其作用在于提出问题,引出论文主体,以便展开论证。绪论一般简要地说明研究课题的目的、意义和范围,或对研究的课题,前人研究的情况、现状及发展趋势作客观的阐述或表明自己研究的依据及方法等;或指出问题,引起读者思考或吸引读者阅读下文。

常用的开头方法有:① 开门见山提出中心论点;② 介绍国内外有关问题的研究动向,引出自己的观点;③ 从当前公众关注的热点问题,引出论点,表明自己的看法;④ 从研究课题相关概念的定义写起,导出本课题的研究目的、方向及自己的观点。

(2)本论。本论也称主体,它是专业论文的主要部分。如果说引论只是提出了问题的话,本论部分就是分析问题,运用论据证明论点的部分。

论文的本论部分,在写作中应注意如下几点:① 围绕中心论点从各个方面或不同角度建立分论点。可用序号、小标题等形式。中心论点是全文居于统帅地位的观点。分论点是从不同角度、不同层次支持、证明中心论点的观点。两者的关系是:中心论点统帅分论点,分论点紧紧围绕中心论点。② 论文的分论点要按照一定的结构形式排列起来,使主体部分形成一个完整统一的整体,具有内在逻辑力量。主体的结构方式有三种:一是并列式结构形式,即运用并列的几个分论点展开论述;二是递进式结构形式,即采用纵式结构,步步深入、层层展开;三是纵横穿插,并列与递进结合式的结构形式。③ 中心明确,重点突出。中心明确,既是指应提炼出明确的中心论点,又是指在写作过程中始终要围绕中心论点展开论证,以中心论点为轴心。重点突出,是指在中心观点上,在作者新发现的地方,要全面展开,详尽阐述,而在一般的地方则要简明扼要。④ 论证充分,逻辑严密。论文撰写,不仅要论点明确,还要根据论点的需要来筛选材料,以材料来说明观点,形成材料和观点的统一。论证要有严密的逻辑性,在阐述自己的学术见解的时候,应表现一种逻辑力量,证明自己的见解是合理的、毋庸置疑的。⑤ 客观公正,态度诚挚。正文中运用的材料要反复核实;观点的表述要中肯,要正视自己研究中存在的问题,并给予实事求是的说明,做到以科学态度对待科学问题。

(3)结论。结论是专业论文的收束部分,是全文的归纳、总结部分和提高、深化。一般写论证得到的结果,即研究成果的结论,也可对自己或他人在这一领域的研究提出要求及发展趋势。这部分要求结论明确,文字简练。

6. 注释

论文写作中,有些问题需要在正文之外加以解释,这就是注释。注释的功用有两类:一类是补充论文的内容,一类是注明资料的出处。尤其是后者要交代引文作者、篇名、出版者和页码等。

7. 参考文献

在学术论文后一般应列出参考文献(表),其目的有三:① 为了能反映出真实的科学依据;② 为了体现严厉的科学态度,分清是自己的观点或成果还是别人的观点或成果;③ 为了对前人的科学成果表示尊重,同时也是为了指明引用资料出处,便于检索。

撰写学术论文过程中,如引用了很多篇文献,只需要将引用的最重要和最关键的那些文献资料列出即可。

参考文献是作者在撰写毕业论文时引用和参考过的有关文献资料。论文后注明参考文献,既是表明对前人研究成果的尊重,也是说明自己工作的依据,还便于读者查阅原文资料,更全面和更深入地了解有关内容。参考文献应包含作者、篇名和出版地、出版社、出版时间等。

注释与参考文献中一般采用通行的标志符号,如杂志[J],专著[M],论文集[C],论著[A],报纸[N]等。如:

[1] 高培勇.中国债券市场透视[M].北京:中国财政经济出版社,1999:178

[2] 吕春蕾.发展企业债券市场的思考[J].金融理论与实践,2003(11)

[3] 江泽民.在庆祝中国共产党成立八十周年大会上的讲话[N].人民日报,2002 - 07 - 02(3)

8. 致谢

致谢是对为本文研究提供过帮助和指导的单位、组织或个人表示谢意,以表示尊重他们的劳动,感谢他们的帮助。

9. 附录

附录也是论文内容的一个组成部分,它可以对专门问题作比较系统的介绍,也可以介绍参考性资料或推荐性的方法。

以上所述是专业论文写作的一般格式。虽然现在学术论文的写作格式都要求规范化,但作为形式来说,它始终是为表现内容服务的。因此,也并非所有的论文写作都要求每部分完全具备,这就要根据写作中的具体情况,看是否必要,以决定取舍。

四、学术论文的写作要求

1. 选题是关键

爱因斯坦在评价伽利略提出测试光速的问题时说:"提出一个问题往往比解决一个问题更重要,因为解决一个问题也许仅仅是一个数字上的或实验上的技能而已,而提出新问题、新的可能性,从新的角度去看旧的问题,却需要有创造性和想象力,而且标志着科学的真正进步。"

选题是专业论文写作的第一步。题目选得好坏,从一定意义上可以说是论文写作成败的关键。如何选题,这是每一个论文写作者都面临的问题。选题要针对性。针对其作用,针对其创造性,针对其理论性。选题要考虑可行性,即应结合自己的实际情况来选题。选题必须掌握学术信息,所谓掌握学术信息,是指对自己研究的领域的历史和现状有一个大体的了解,要从"宏观"的角度摸清本学科的基本情况。掌握学术信息的途径有两个:一是向本学科的专家或内行请教;二是检索有关资料。

2. **占有详细的资料是研究工作的基础**

撰写学术论文应围绕课题占有详细的资料。科学研究,从本质上讲,就是要发现事物的内在规律,揭示其蕴含的真理,而"规律"、"真理"总是存在于大量的现象中,蕴含在丰富的材料之内的。因而占有详尽的材料,从这些材料中"引出"其固有的而不是臆造的结论——这就是一切科学科研的根本宗旨。

3. **掌握分析和综合的研究方法是写作的前提**

写学术论文,在研究过程中最常使用的方法就是分析和综合。分析就是把整体分散为局部,把复杂的事物分解为简单的要素,把完整的过程分解为组成它的阶段或环节来分别研究的一种思维方法。分析并不是认识的目的,而只是一种手段,要完成认识,还必须在分析的基础上进行综合。所谓综合,就是在思维中把分析的结果联结起来,把分析中得到的关于研究对象各个部分、单元、要素、环节的认识复原为对于对象整体的认识。分析是结论的基础;结论,就是在分析的基础上所作出的科学综合。所谓论文的"逻辑性"就来自分析的周密、条理、精辟,综合也很重要,没有科学的综合,就没有判断,就没有认识的"飞跃",也就没有任何观点、结论可言。因此,撰写学术论文,要特别注意掌握分析和综合的方法。

4. **拟定合理的提纲是写好论文的重要环节**

拟提纲对学术论文的写作十分重要。有了提纲,就可以帮助我们树立全局观念,从整体出发,去检验每一个部分所占的地位、所起的作用;相互间是否有逻辑联系;每部分所占的篇幅与其在全局中的地位和作用是否相称;各个部分之间的比例是否恰当和谐;每部分之间是否能相互配合,都能为主题服务。

【例文】

浅谈如何增强应用文写作课程的教学实效

×××

(天津××职业学院,天津市 300451)

[摘要]　应用文写作是高等院校各专业普遍开设的一门重要课程。如何提高教学效果,达到课程设置目的,是亟待解决的问题。积极拓展教学内容和空间,改革传统的教学模式,努力实现教学途径的多样化,是应用写作教学改革的必然要求。

[关键词]　应用文写作　课堂教学　教学内容　教学方法

应用文写作是一门重要的人文工具性学科,应用写作能力是当代人必须具备的重要素质之一,著名教育家叶圣陶先生曾说过:"大学毕业生不一定要能写小说诗歌,但是一定要能写作工作和生活中使用的文章,而且非写得既通顺又扎实不可。"目前,各高等院校纷纷认识到这一点,并在各专业普遍开设该课程。

应用文写作说到底是为了处理事务、解决实际问题而写的,它直接为社会生活服务,这是应用文最为突出的"实用性"特点,也是各类院校开设此课程的根本目的之所在。可是,在应用文写作的教学中长期存在这样的问题,任课教师凭借"一张嘴,一支粉笔,一块黑板"不遗余力地讲授"定义+分类+格式+例文"的内容,学生们则认为应用文写作"没什么可学",无非是些"固定格式",完全可以"无师自通"。长此以往就形成了任课教师也认为"没什么可教",学生则是"一听就懂,一看就会,一写就错"的局面,我们必须打破这种"教得累、学得苦"的两难困境,因为普遍开设该课程的目的不是有百分之多少的学生学习了应用写作这门课程,而是学习者的应用写作能力是否大幅度提高,是否能够实际运用所学知识进行独立的应用文写作,这应该是应用文写作教学及学习过程中首先要解决的问题。

教学是以课堂为载体来组织实施、具体展开的,课堂是师生双方活动的中介,并且制约着教与学的途径、方法乃至组织形式。教学正是通过课堂上教师的教、学生的学这三者相互作用,而形成一个完整的过程。因此,应用文写作课程的教学要着眼于课堂,通过内容丰富,形式多样,师生互动的课堂教学,切实提高教学效果,达到课程设置的目的。同时,要提高应用文写作教学的实效性,必须在深入思考的基础上,大胆地实践。

一、教学内容

(1)范例使用上要紧跟形势,贴近生活,不断更新教学内容。现行教材中所举范例和所使用的资料,大多过于陈旧,不能起到很好的示范作用。2006年出版的应用文写作教材,选用的还是1995年的范例,这样的范例不仅提不起学生的学习兴趣,反而使学生觉得应用文写作的学习索然无味。因此,教师应结合实际,摒除教材中不合时宜的范例和材料,并结合所讲文种,适时选取现实生活中的热点焦点问题,以及学生关心的问题作为范例和材料。例如:在讲事务性文书中的规章制度写作时,完全可以放弃书中较老的范例,而使用最新制定或颁布的各种规章制度。可以选择天津市精神文明建设委员会于2008年7月22日颁布的《天津市民文明公约》和《天津市民行为守则》这样既贴近实际,又有教育意义的范例,同时还能使学生对两种相近的文体进行比较,增强学习效果。

(2)教学内容的选择必须结合学生专业实际和学生毕业后的岗位工作需要,包括理论知识、例文选择、练习题目的设计等都应该尽可能紧扣学生专业实际,这样才能使学生觉得学的有用,产生学习兴趣和动力。如:工商企业管理专业,该专业的培养目标是培养具有扎实的专业知识和技能,胜任工商企业经营与管理工作的应用型、复合型人才。其岗位能力中包括"文字应用与表达"能力。围绕上述培养目标,结合岗位工作要求和教学时数,其教学过程中在学习行政公文、事务性应用文等通用型应用文写作的基础上,还要结合专业,着重讲授可行性研究报告、经济决策方案、经济活动分析报告、市场调查报告、市场预测报告、合同书等专用型应用文。这样通用与专用相结合的模式,既能使学生从整体上掌握应用文写作中的各类文种,又能突出重点,切实做到学为所用。

二、教学方法和教学组织形式

教学是一门艺术,应用写作教学也应是一门艺术。有这样一则广告,看后让人感动。在一个寒冷的冬日,有一位盲人在纽约街头乞讨,他胸前挂着一个牌子,上面写到"我什么也看不见",街上人来人往,无人问津。这时有一位诗人从这里经过,把上面的话改写为

"春天来了,可是我什么也看不见"。诗人用诗的形式改变了内容,也改变了事情的结果,随即引来了路人的解囊相助。同样在应用文写作教学中,如果我们也努力改变一下教学的方式方法,同样也会产生柳暗花明又一村的教学效果。

(1) 瞄准现实生活中发生的典型事例,结合教学内容,组织现场模拟教学。教师要想办法将学生带进应用写作的氛围中,在强化与兴趣中使学生掌握各种文体写作要领。然而,在现实教学中我们的条件有限,但是我们可以把真实的情景浓缩到课堂上来,使课堂教学生动起来。例如:会议纪要的教学,我们可以把课堂变成某会议现场,安排学生当会议主持人、与会领导、会议记录人等角色,会议结束后要根据会议内容完成会议记录、会议纪要的撰写,并由教师点评,进一步增强会议纪要的写作能力。再如:在求职信、简历等相关文种的教学完成后,也可将学生按角色分配任务,在课堂上组织模拟大学生就业招聘会,在模拟招聘会现场时就会涉及写开会通知,向招聘单位发邀请函,撰写自荐信、求职信、简历,以致最后还要签订就业合同,制作简报报告招聘会召开情况等。在这一过程中,与招聘会相关的一系列应用文的写作训练都会贯穿其中,这不仅使学生通过各种文体的联系达到了知识的迁移,同时也能使学生热情高涨,积极主动参与,把枯燥的课堂变得生动有趣。

(2) 适时适当地将教师的角色让位给学生,教师可以将学生的学习活动由单一的、被动的听课扩大到自主的、能动的学习中来,分组讲课就可以有效地使学生充分参与到课堂中去。学生讲课前,教师要安排讲课内容,学生分成小组根据兴趣选择所讲内容,最后由小组中的一位同学承担讲课任务。这样,同学们会根据对所讲授内容的理解,准备教案、资料、案例等相关内容。讲课后,学生先进行自评、互评,有的同学准备得很充分,可一上讲台就不知所措,完全没有把事先准备的东西讲解出来;而有的同学讲起课来则会思路清晰,收到良好的教学效果。再由教师进行点评,并对学生没有讲到或讲得不清楚的知识点进行相关的补充,点评过程中应以鼓励为主。这样的过程既能使学生较好地掌握学习内容,又可以锻炼学生的能力。

(3) 通过创设情境,由教师提出问题,学生发现问题并解决问题。创设情境,是指在教学时教师根据教学内容,提供一种具体的生活情境,让学生设身处地的感受,让学生参与,营造活跃的课堂气氛,使学生乐学、好学所采取的一种教学方法。例如,在讲授通报的写作后,可以向学生提出问题,撰写一份通报,将材料设定在本校范围内,假设某同学因考试作弊学校给予其严重警告处分,并向全校师生通报。由于学生对这些不是太了解,真正动手写时,就会发现存在的问题,看似很简单,可到独立撰写时却无从下笔,教师此时不应急于给出问题的答案,而应引导点拨学生,提出一系列问题,如:通报由什么部门发出,由什么人接受,属于哪一类通报,通报具体内容是什么,通报的目的是什么,等等。学生发现了这些问题并在教师的引导下逐一解决了问题,一篇批评错误,要求被通报者和大家吸取教训的通报批评就会呈现在大家眼前。创设情境教学能够启发学生联系实际,对现实问题进行深度研究和思考,使课堂教学内涵得到延伸和扩展。

时代在发展,教学对象在变化,我们不能总用一成不变的思想方法来应对这瞬息万变的世界。教师必须针对教学对象设置教学内容,使用教学方法。只有灵活地运用教学方法,构建和谐轻松的课堂教学氛围,才会有理想的教学效果,从而有效地提高教学质量,实现教学目标。因此,作为应用文写作课教师,要把教学搞活,让课堂动起来,完成培养学生能力的任务,我们必须不断努力、探索、实践。

参考文献

[1] 李迎新.应用文写作教学"诗外"功夫的培养.应用写作,2007(5)
[2] 王丽华.试论大学应用写作课程的改革.中国高教研究,2004(6)
[3] 赵新战.对高职高专应用写作教学与专业结合的思考.教育与职业,2006(32)

（选自《中国电力教育》2008 年）

【点评】 本文主要论述的是如何增强应用文写作教学效果的问题。选题角度准确,具有一定的现实意义;从两个主要方面论述了观点,说明透彻,案例丰富,结构完整,层次清楚,主题突出。总之,全文中心明确,内容充实,结构合理论证有力,不失为一篇较好的学术论文。

 ## 习题

1. 请结合专业学习和自己的实验实习经历写一篇实验报告或实习报告。
2. 阅读所给论文,完成下列问题:
(1) 找出本文的关键词。
(2) 归纳出本文的摘要。
(3) 列出本文的提纲。

浅谈高职院校如何更好地开展素质教育工作

××

（××工业大学）

目前,我国高等教育已经取得了进入"大众化"阶段的历史性成就,实现了高校在校生总数居于世界第一的"高教大国"地位,尤其是近年来,高等职业院校也在不断的摸索过程中逐渐壮大,为高等教育注入了一股新的活力。然而,在知识经济迅猛发展,科学技术日新月异,国际竞争日趋激烈的时代,要想占领国际"制高点"光靠人才的数量是不够的,人才质量越来越成为一个国家综合国力和国际竞争力的首要因素,我们必须在继续深化教育体制改革和机制创新的同时,不失时机地将高等教育改革的重点逐步转移到提高人才培养质量的轨道上来,转到全面实施素质教育的轨道上来,真正成为培养合格的职业人和人格完善的社会人的统一体。

素质教育是指,依据人的发展和社会发展的实际需要,以全面提高全体学生的基本素质为根本目的,以尊重学生主体性和主动精神,注重开发人的智慧潜能,注重形成人的健全个性为根本特征的教育。由此,阐明了素质教育的内涵:核心是思想政治素质,重点是创新精神和创新能力的培养,特点是"知识、能力、素质"的有机结合。

对于高等职业院校来说,专业性和职业性是其对学生培养的特征和目标,为了尽快适应社会对技能型、应用型人才的需求,近年来,培养了大批的此类人才,短时间内使学生在专业能力方面达到了社会企事业单位的要求。因此,在教育过程中往往忽视了对学生进行素质教育,那么如何更好地在高职院校中展开素质教育工作,培养德才兼备的技术人才、管理人才,应该是高职类院校面临的新的问题,本文就此问题提出几点思考。

一、转变观念,学校内部形成合力,使素质教育不断深化

素质教育是一种崭新的教育观、质量观、人才观,是一种适应新时代要求的"以提高人的综合素质为根本"的崭新的教育理念,是一种既注重作为个体人的德智体美等方面全面发展,又注重作为社会人与社会、与自然和谐发展的教育理念,同时又是一种注重个性特长,提倡因材施教,促进人人成才的理念。高校管理者,教育者应逐步认识到这些,不断适应,推行素质教育提出的新要求。

然而,从目前来看,适应新要求还有一定的阻力。例如,有些学校还没有从"规模扩张"转移到扎扎实实的素质教育轨道上来;有些学校意识到素质教育的重要性,但并没有一个总体规划;还有的学校管理队伍、教师队伍的总体素质不能适应全面实施素质教育的新要求,等等。

为了解决以上种种矛盾,首先要转变观念。观念是先导,要发挥正确的先导作用,必须与时俱进,树立科学的办学观,改变追高逐大的办学观,在实事求是的前提下,建立有本校特色,优势的办学理念;改变传统的偏重专业教育的职业教育观,树立以学生为本,注重全面素质、能力培养与提高的现代职业教育观。

高校素质教育是一项系统工程,为了很好地实施这项工程,学校教育内部应引起足够重视,达成共识,必须有系统的规划和组织,集合各方面的力量为更好地进行素质教育服务,学校内的德育、智育、体育、美育、课堂教学、社会实践等工作都是素质教育的有效载体。另外,需要把学校的管理队伍、教师教辅队伍、后勤队伍以及信息网络、图书资料、校园环境等资源有效的整合到素质教育中来,形成一股合力,使素质教育不断深化。

二、优化课程设置,建立灵活的考评方式

课程是人才培养的基本单元,课程建设是高校非常重要一项基本建设。学校应当认识到素质教育是贯穿于大学教育始终的,人文课程、艺术课程是素质教育,专业课程同样也是素质教育。学生素质的提高不是设几门人文素质教育课程就可以完成的,它是一个无形的、长期的、潜移默化的过程,是在每门课程讲授的细微处显现出来的,也可以这么理解,在高校提倡素质教育,也就是提倡一种与之息息相关的氛围。

在课程设置中,我们应当注意,素质教育课程的设立不要走极端,科目繁多,让学生什么都学一点,但什么又都学不深,从而也影响了专业课程的学习,看似对学生进行了素质教育,但却收不到好的效果。可以对素质教育课程进行精品课程建设,从教师梯队合理化、教学内容、教学手段和教学方法等方面进行重点建设;还可根据学校资源,实行全校性的公选课,开设学科门类齐全的选修课,很好地调动院系及教师开设选修课的积极性,同时由于公共选修课资源丰富,大大拓宽了学生选课的空间,学生可按各自的需要选择相应课程,提高学生学习积极性。对于高职院校来说,课程设置更应侧重实践课,理论课程与实践课程相结合,既能丰富学生的知识水平,又能增加实际应用操作能力。同时相对于设置的课程来说,还可以通过额外的、附加的讲座、培训、项目等方式培养和提高学生的综合素质和能力。

为达到课程设置的目的,就应当有相应的评价机制。以往对于设置的课程基本都采取笔试的形式,学生为准备考试焦头烂额,这样不仅没有达到课程设置的目的,对学生的素质和能力的发展也起到了阻碍作用。因此,学校可根据高职学科门类的特点,建立一套

灵活的考评方式。在考试内容和方法上，应着重评价学生的综合素质和创新能力，采取多样化的考核方式。对理论性强的公共基础课及职业基础课，可在笔试的基础上实行开卷或部分开卷；对于实践性强的课程可实行口试、撰写论文、大型作业、调研报告、实际操作等考核方式；还可以到实习单位去进行实际操作，请单位相关人员和授课教师共同打分等。形式灵活的考评方式与优化了的课程体系相结合，能够更好地实现素质教育的目的。

三、营造和谐的校园文化氛围，寓素质教育与校园文化建设之中

校园文化主要是指各学校历史发展过程中形成的反映人们在生活方式、价值取向、思维方式和行为规范上的一种团体意识与精神氛围，这种氛围应当是活的、富有生气的，流动于校园内师生共同创造并遵守的行为方式、行为规范以及共同认同的精神追求和价值取向之中，它是维系学校整体的一种具有凝聚力或向心力作用的精神力量。

校园文化建设的宗旨是使学生掌握知识、培养个性、陶冶情操、发展能力、提高素质。学生正确人生观的树立，高尚道德人格的形成，健康审美趣味的提升，无不受到积极向上的校园文化的熏陶和影响，因此，加强校园文化建设，对于优化育人环境，真正落实素质教育有不可替代的作用。

校园文化建设的动态表现是内容丰富、形式多样的校园文化活动，校园文化活动是通过学校的各个社团活动来实现的。社团是学生自发的组织，学校应对学生组织给予足够重视，并制定相关政策、制度扶植社团的发展。各个社团应多举办思想性、艺术性、知识性较强的系列活动，如：辩论赛、学术研讨会、人文知识讲座、科普知识讲座、科技竞赛、技能比武和文化艺术节等活动。

另外，学校还应认识到校园内部的物质环境对学生熏陶作用的重要性，努力营造一个整洁的、具有与本校校风相适应的校园环境。当一个人置身于舒适、恬静、优美的学习和生活环境里，就会受到环境的无形约束，调整自己与环境的不和谐行为，从而使学生的心灵得到净化，情趣得到陶冶，志趣得到升华。

四、完善教师队伍建设，注重提高教师自身素养和知识水平

教师是教育活动的执行者，说到素质教育，首先也是教师自身素质的问题，教师的行为素养、知识水平对学生有着潜移默化的影响。古人说"经师易遇，人师难遭"。所谓"经师"就是"专门名家"可以讲解经义、教人以学问的人，而所谓"人师"，则是"谨身修行，足以范俗者"，自己的人品修养很好，足以成为学生楷模的人。

往往那些令人终生难忘的老师，不仅教给学生知识，而且也教会学生做人。正所谓"善歌者使人继其声，善教者使人继其志"。应当提倡师生间一种亲切、温暖、坦诚的关系，要有人格和情感的交流，在和谐的氛围中把"道"和"德"传下去。

教师自身修养及知识水平的不断提高，不仅对学生十分重要，同时，也是教师自我教育的一个过程。因此，学校和教师都应重视这一点，并通过各种途径达到较高的水平和层次。学校领导应制定相应的教师培训发展计划，按部就班地对教师进行重点培养，给他们创造条件，形成一种循环的、完善的教师培养体系；教师可根据自身情况读硕、读博，专业课教师可参加"双师"培训，或是到企事业单位去参加顶岗实习，通过各种途径使自己的知识、技能水平向更深、更广的层次发展，因为素质教育和知识教育是相辅相成的；教师还要在平时的学习、教学过程中不断积累素质教育知识，努力丰富这方面的经验，并在日常的

教学、辅导、答疑，以及和学生不断的交流过程中，使自身的人格魅力逐渐在学生中形成感染力。

此外，为适应高等职业教育发展，全面实现高职教育的培养目标，满足高职教育教学的需要，各高职院校根据实际情况从社会各行各业（主要是企业）聘请的既具有丰富的实践经历、经验和专业技能，又具有较高理论水平、专业知识和讲授能力的专门人才作为兼职教师。这样学生不仅能够课堂上得到兼职教师的形象讲授，而且还能得到理论与实际相结合的直接指导。

总之，在大学里，素质教育是一个永恒的话题，是对人才培养的本质和要义所在。我们需要在不断的学习和摸索中，推进素质教育并且落到实处。高职院校实施素质教育必须高度关注和密切结合职业教育改革与发展的实际，把素质教育同学校工作的各个环节和整个过程密切结合起来，使素质教育工作既有针对性，又有时效性，使学生不仅拥有扎实的专业知识，良好的个人能力，还要拥有正直的良心和向往崇高，追求至善的心，这是一个循序渐进的过程，需要各方面的努力。

3. 请结合专业学习，选择一个既有现实意义又感兴趣的选题，写作一篇学术论文，要求观点明确，有一定的新意。

附　录

党政机关公文处理工作条例

（中办发〔2012〕14号,2012年4月）

第一章　总则

第一条　为了适应中国共产党机关和国家行政机关（以下简称党政机关）工作需要,推进党政机关公文处理工作科学化、制度化、规范化,制定本条例。

第二条　本条例适用于各级党政机关公文处理工作。

第三条　党政机关公文是党政机关实施领导、履行职能、处理公务的具有特定效力和规范体式的文书,是传达贯彻党和国家方针政策,公布法规和规章,指导、布置和商洽工作,请示和答复问题,报告、通报和交流情况等的重要工具。

第四条　公文处理工作是指公文拟制、办理、管理等一系列相互关联、衔接有序的工作。

第五条　公文处理工作应当坚持实事求是、准确规范、精简高效、安全保密的原则。

第六条　各级党政机关应当高度重视公文处理工作,加强组织领导,强化队伍建设,设立文秘部门或者由专人负责公文处理工作。

第七条　各级党政机关办公厅(室)主管本机关的公文处理工作,并对下级机关的公文处理工作进行业务指导和督促检查。

第二章　公文种类

第八条　公文种类主要有:

(一)决议。适用于会议讨论通过的重大决策事项。

(二)决定。适用于对重要事项作出决策和部署、奖惩有关单位和人员、变更或者撤销下级机关不适当的决定事项。

(三)命令(令)。适用于公布行政法规和规章、宣布施行重大强制性措施、批准授予和晋升衔级、嘉奖有关单位和人员。

(四)公报。适用于公布重要决定或者重大事项。

(五)公告。适用于向国内外宣布重要事项或者法定事项。

(六)通告。适用于在一定范围内公布应当遵守或者周知的事项。

(七)意见。适用于对重要问题提出见解和处理办法。

（八）通知。适用于发布、传达要求下级机关执行和有关单位周知或者执行的事项，批转、转发公文。

（九）通报。适用于表彰先进、批评错误、传达重要精神和告知重要情况。

（十）报告。适用于向上级机关汇报工作、反映情况，回复上级机关的询问。

（十一）请示。适用于向上级机关请求指示、批准。

（十二）批复。适用于答复下级机关请示事项。

（十三）议案。适用于各级人民政府按照法律程序向同级人民代表大会或者人民代表大会常务委员会提请审议事项。

（十四）函。适用于不相隶属机关之间商洽工作、询问和答复问题、请求批准和答复审批事项。

（十五）纪要。适用于记载会议主要情况和议定事项。

第三章　公文格式

第九条　公文一般由份号、密级和保密期限、紧急程度、发文机关标志、发文字号、签发人、标题、主送机关、正文、附件说明、发文机关署名、成文日期、印章、附注、附件、抄送机关、印发机关和印发日期、页码等组成。

（一）份号。公文印制份数的顺序号。涉密公文应当标注份号。

（二）密级和保密期限。公文的秘密等级和保密的期限。涉密公文应当根据涉密程度分别标注"绝密""机密""秘密"和保密期限。

（三）紧急程度。公文送达和办理的时限要求。根据紧急程度，紧急公文应当分别标注"特急""加急"，电报应当分别标注"特提""特急""加急""平急"。

（四）发文机关标志。由发文机关全称或者规范化简称加"文件"二字组成，也可以使用发文机关全称或者规范化简称。联合行文时，发文机关标志可以并用联合发文机关名称，也可以单独用主办机关名称。

（五）发文字号。由发文机关代字、年份、发文顺序号组成。联合行文时，使用主办机关的发文字号。

（六）签发人。上行文应当标注签发人姓名。

（七）标题。由发文机关名称、事由和文种组成。

（八）主送机关。公文的主要受理机关，应当使用机关全称、规范化简称或者同类型机关统称。

（九）正文。公文的主体，用来表述公文的内容。

（十）附件说明。公文附件的顺序号和名称。

（十一）发文机关署名。署发文机关全称或者规范化简称。

（十二）成文日期。署会议通过或者发文机关负责人签发的日期。联合行文时，署最后签发机关负责人签发的日期。

（十三）印章。公文中有发文机关署名的，应当加盖发文机关印章，并与署名机关相符。有特定发文机关标志的普发性公文和电报可以不加盖印章。

（十四）附注。公文印发传达范围等需要说明的事项。

（十五）附件。公文正文的说明、补充或者参考资料。

（十六）抄送机关。除主送机关外需要执行或者知晓公文

内容的其他机关，应当使用机关全称、规范化简称或者同类型机关统称。

（十七）印发机关和印发日期。公文的送印机关和送印日期。

第十条 公文的版式按照《党政机关公文格式》国家标准执行。

第十一条 公文使用的汉字、数字、外文字符、计量单位和标点符号等，按照有关国家标准和规定执行。民族自治地方的公文，可以并用汉字和当地通用的少数民族文字。

第十二条 公文用纸幅面采用国际标准 A4 型。特殊形式的公文用纸幅面，根据实际需要确定。

第四章 行文规则

第十三条 行文应当确有必要，讲求实效，注重针对性和可操作性。

第十四条 行文关系根据隶属关系和职权范围确定。一般不得越级行文，特殊情况需要越级行文的，应当同时抄送被越过的机关。

第十五条 向上级机关行文，应当遵循以下规则：

（一）原则上主送一个上级机关，根据需要同时抄送相关上级机关和同级机关，不抄送下级机关。

（二）党委、政府的部门向上级主管部门请示、报告重大事项，应当经本级党委、政府同意或者授权；属于部门职权范围内的事项应当直接报送上级主管部门。

（三）下级机关的请示事项，如需以本机关名义向上级机关请示，应当提出倾向性意见后上报，不得原文转报上级机关。

（四）请示应当一文一事。不得在报告等非请示性公文中夹带请示事项。

（五）除上级机关负责人直接交办事项外，不得以本机关名义向上级机关负责人报送公文，不得以本机关负责人名义向上级机关报送公文。

（六）受双重领导的机关向一个上级机关行文，必要时抄送另一个上级机关。

第十六条 向下级机关行文，应当遵循以下规则：

（一）主送受理机关，根据需要抄送相关机关。重要行文应当同时抄送发文机关的直接上级机关。

（二）党委、政府的办公厅（室）根据本级党委、政府授权，可以向下级党委、政府行文，其他部门和单位不得向下级党委、政府发布指令性公文或者在公文中向下级党委、政府提出指令性要求。需经政府审批的具体事项，经政府同意后可以由政府职能部门行文，文中须注明已经政府同意。

（三）党委、政府的部门在各自职权范围内可以向下级党委、政府的相关部门行文。

（四）涉及多个部门职权范围内的事务，部门之间未协商一致的，不得向下行文；擅自行文的，上级机关应当责令其纠正或者撤销。

（五）上级机关向受双重领导的下级机关行文，必要时抄送该下级机关的另一个上级机关。

第十七条 同级党政机关、党政机关与其他同级机关必要时可以联合行文。属于党

委、政府各自职权范围内的工作,不得联合行文。党委、政府的部门依据职权可以相互行文。部门内设机构除办公厅(室)外不得对外正式行文。

第五章 公文拟制

第十八条 公文拟制包括公文的起草、审核、签发等程序。第十九条 公文起草应当做到:

(一)符合国家法律法规和党的路线方针政策,完整准确体现发文机关意图,并同现行有关公文相衔接。

(二)一切从实际出发,分析问题实事求是,所提政策措施和办法切实可行。

(三)内容简洁,主题突出,观点鲜明,结构严谨,表述准确,文字精炼。

(四)文种正确,格式规范。

(五)深入调查研究,充分进行论证,广泛听取意见。

(六)公文涉及其他地区或者部门职权范围内的事项,起草单位必须征求相关地区或者部门意见,力求达成一致。

(七)机关负责人应当主持、指导重要公文起草工作。

第二十条 公文文稿签发前,应当由发文机关办公厅(室)进行审核。审核的重点是:

(一)行文理由是否充分,行文依据是否准确。

(二)内容是否符合国家法律法规和党的路线方针政策;是否完整准确体现发文机关意图;是否同现行有关公文相衔接;所提政策措施和办法是否切实可行。

(三)涉及有关地区或者部门职权范围内的事项是否经过充分协商并达成一致意见。

(四)文种是否正确,格式是否规范;人名、地名、时间、数字、段落顺序、引文等是否准确;文字、数字、计量单位和标点符号等用法是否规范。

(五)其他内容是否符合公文起草的有关要求。

需要发文机关审议的重要公文文稿,审议前由发文机关办公厅(室)进行初核。

第二十一条 经审核不宜发文的公文文稿,应当退回起草单位并说明理由;符合发文条件但内容需作进一步研究和修改的,由起草单位修改后重新报送。

第二十二条 公文应当经本机关负责人审批签发。重要公文和上行文由机关主要负责人签发。党委、政府的办公厅(室)根据党委、政府授权制发的公文,由受权机关主要负责人签发或者按照有关规定签发。签发人签发公文,应当签署意见、姓名和完整日期;圈阅或者签名的,视为同意。联合发文由所有联署机关的负责人会签。

第六章 公文办理

第二十三条 公文办理包括收文办理、发文办理和整理归档。

第二十四条 收文办理主要程序是:

(一)签收。对收到的公文应当逐件清点,核对无误后签字或者盖章,并注明签收时间。

(二)登记。对公文的主要信息和办理情况应当详细记载。

(三)初审。对收到的公文应当进行初审。初审的重点是:是否应当由本机关办理,是否符合行文规则,文种、格式是否符合要求,涉及其他地区或者部门职权范围内的事项是否已经协商、会签,是否符合公文起草的其他要求。经初审不符合规定的公文,应当及时退回来文单位并说明理由。

(四)承办。阅知性公文应当根据公文内容、要求和工作需要确定范围后分送。批办性公文应当提出拟办意见报本机关负责人批示或者转有关部门办理;需要两个以上部门办理的,应当明确主办部门。紧急公文应当明确办理时限。承办部门对交办的公文应当及时办理,有明确办理时限要求的应当在规定时限内办理完毕。

(五)传阅。根据领导批示和工作需要将公文及时送传阅对象阅知或者批示。办理公文传阅应当随时掌握公文去向,不得漏传、误传、延误。

(六)催办。及时了解掌握公文的办理进展情况,督促承办部门按期办结。紧急公文或者重要公文应当由专人负责催办。

(七)答复。公文的办理结果应当及时答复来文单位,并根据需要告知相关单位。

第二十五条 发文办理主要程序是:

(一)复核。已经发文机关负责人签批的公文,印发前应当对公文的审批手续、内容、文种、格式等进行复核;需作实质性修改的,应当报原签批人复审。

(二)登记。对复核后的公文,应当确定发文字号、分送范围和印制份数并详细记载。

(三)印制。公文印制必须确保质量和时效。涉密公文应当在符合保密要求的场所印制。

(四)核发。公文印制完毕,应当对公文的文字、格式和印刷质量进行检查后分发。

第二十六条 涉密公文应当通过机要交通、邮政机要通信、城市机要文件交换站或者收发件机关机要收发人员进行传递,通过密码电报或者符合国家保密规定的计算机信息系统进行传输。

第二十七条 需要归档的公文及有关材料,应当根据有关档案法律法规以及机关档案管理规定,及时收集齐全、整理归档。两个以上机关联合办理的公文,原件由主办机关归档,相关机关保存复制件。机关负责人兼任其他机关职务的,在履行所兼职务过程中形成的公文,由其兼职机关归档。

第七章　公文管理

第二十八条 各级党政机关应当建立健全本机关公文管理制度,确保管理严格规范,充分发挥公文效用。

第二十九条 党政机关公文由文秘部门或者专人统一管理。设立党委(党组)的县级以上单位应当建立机要保密室和机要阅文室,并按照有关保密规定配备工作人员和必要的安全保密设施设备。

第三十条 公文确定密级前,应当按照拟定的密级先行采取保密措施。确定密级后,应当按照所定密级严格管理。绝密级公文应当由专人管理。公文的密级需要变更或者解除的,由原确定密级的机关或者其上级机关决定。

第三十一条 公文的印发传达范围应当按照发文机关的要求执行;需要变更的,应当经发文机关批准。涉密公文公开发布前应当履行解密程序。公开发布的时间、形式和渠道,由发文机关确定。经批准公开发布的公文,同发文机关正式印发的公文具有同等效力。

第三十二条 复制、汇编机密级、秘密级公文,应当符合有关规定并经本机关负责人批准。绝密级公文一般不得复制、汇编,确有工作需要的,应当经发文机关或者其上级机关批准。复制、汇编的公文视同原件管理。复制件应当加盖复制机关戳记。翻印件应当注明翻印的机关名称、日期。汇编本的密级按照编入公文的最高密级标注。汇编,确有工作需要的,应当经发文机关或者其上级机关批准。复制、汇编的公文视同原件管理。

复制件应当加盖复制机关戳记。翻印件应当注明翻印的机关名称、日期。汇编本的密级按照编入公文的最高密级标注。

第三十三条 公文的撤销和废止,由发文机关、上级机关或者权力机关根据职权范围和有关法律法规决定。公文被撤销的,视为自始无效;公文被废止的,视为自废止之日起失效。

第三十四条 涉密公文应当按照发文机关的要求和有关规定进行清退或者销毁。

第三十五条 不具备归档和保存价值的公文,经批准后可以销毁。销毁涉密公文必须严格按照有关规定履行审批登记手续,确保不丢失、不漏销。个人不得私自销毁、留存涉密公文。

第三十六条 机关合并时,全部公文应当随之合并管理;机关撤销时,需要归档的公文经整理后按照有关规定移交档案管理部门。

工作人员离岗离职时,所在机关应当督促其将暂存、借用的公文按照有关规定移交、清退。

第三十七条 新设立的机关应当向本级党委、政府的办公厅(室)提出发文立户申请。经审查符合条件的,列为发文单位,机关合并或者撤销时,相应进行调整。

第八章　附则

第三十八条 党政机关公文含电子公文。电子公文处理工作的具体办法另行制定。

第三十九条 法规、规章方面的公文,依照有关规定处理。外事方面的公文,依照外事主管部门的有关规定处理。第四十条其他机关和单位的公文处理工作,可以参照本条例执行。

第四十一条 本条例由中共中央办公厅、国务院办公厅负责解释。

第四十二条 本条例自 2012 年 7 月 1 日起施行。1996 年 5 月 3 日中共中央办公厅发布的《中国共产党机关公文处理条例》和 2000 年 8 月 24 日国务院发布的《国家行政机关公文处理办法》停止执行。

［附录二］ 标点符号用法

标点符号用法

对汉语书面语中的常见的标点符号用法进行了规定和说明,目的在于使人们正确掌握标点符号用法,以准确表达文意,推动汉语书面语言的规范化。

标点符号是书面语中不可缺少的部分,用来表示停顿、语气及词语的性质和作用。因此,必须重视标点符号的使用。

常用的标点符号有 16 种,分为点号和标号。

一、点号

点号表示语言(句)中的停顿,一般用在句中或句末。

1. 句号（。）

表示一句话完了之后的停顿,一般用在表示陈述语气的句末。如:

中国是世界四大文明古国之一。

2. 问号（?）

用一句话的末尾,表疑问语气。如:

去好呢,还是不去好呢?

注意:有些句子虽然有疑问词"谁"、"什么"、"怎么"等,但全句所要表达的意思却是疑问句,而是陈述句,则在句末不能用问号。

3. 感叹号（!）

用在表示强烈感情的句子末尾。如:

为中华民族的伟大复兴而努力奋斗!

4. 逗号（,）

表示句子内部的一般性停顿。如:

据说苏州园林有一百多处,我到过的不过十多处。

5. 顿号（、）

表示句中并列的词语或短语间较小的停顿。如:

亚马孙河、尼罗河、密西西比河和长江是世界四大河流。

6. 分号（;）

表示复句内部并列的分句之间的停顿。如:

① 蜜蜂是在酿蜜,又是在酿造生活;不是为自己,而是为人类酿造最甜的生活。

7. 冒号（:）

表示提示性话语之后的停顿,用来提引下文。如:

① 悟空:既然躲不了,那老孙就跟你决一死战!

② 他十分惊讶地说:"啊,原来是你!"

注意：“某某说”在引语前，用冒号；在引语中或引语后，则不用冒号。如：

(1) 老师说：“李白是唐代的大诗人，中学课本有不少李白的诗。”

(2) “李白是唐代的大诗人，”老师说，“中学课本里有不少李白的诗。”

(3) “李白是唐代的大诗人，中学课本里有不少李白的诗。”老师说。

二、标号

标号主要标明语句的性质和作用。

1. 引号（“”）

表示引用的部分、人物语言和特别指出的部分。双引号内如果还需用引号则用单引号。如：

① 过去的“北大荒”而今变成了“鱼米乡”。

② 她又像安慰我似地说：“你放心，大夫明早还要来的。”

注意：如果引语是独立的，引文末尾的句号应放在引号内；如果引语是作者（说话人）的语言部分，则引文末尾不用标点。如：

(1) 俗话说：“天下无难事，只怕有心人。”

(2) 要想取得成绩，就应该保持谦虚的态度，“虚心使人进步，骄傲使人落后”。

2. 括号

表示文中注释的部分，括号内的内容一般不读出来。如：

轻捷的叫天子(云雀)忽然从草间直窜向云霄里去了。

3. 破折号（——）

A. 表解释说明；B. 表意思的递进；C. 表意思的转折；D. 表语言的中断、延长。

① 我国古代的四大发明——造纸、火药、印刷术、指南针，对世界历史的发展有伟大贡献。（表解释说明）

② 他偏要放下经卷，横来招是搬非，大约是怀着嫉妒罢——那简直是一定的。（表意思的递进）

③ 他不喜欢乘马车游公园——除非为了去炫耀一下他的新衣服。（表意思的转折）

④ 我们在天安门前深情的呼唤：周——总——理——（表语言的中断、延长）

4. 省略号（……）

A. 表文中省略的部分；B. 表话语的断断续续；C. 表话未说完。

① 她轻轻地哼起了《摇篮曲》：“月儿明，风儿静，树叶儿遮窗棂啊……”（表文中省略）

② “我……对不起……大家，我……没有……完成……任务。”（表话语的断断续续）

③ 至尊宝：(急切地)二当家的，你……（表话未说完）

5. 书名号（《　》）

表书名、篇名、报刊名、文件名、戏曲名等的符号。书名号内还需用书名号的用单书名号。如：

我最爱看四大古典名著中的《红楼梦》。

6. 间隔号

用在月、日，音译的名、姓，或一本书的篇名和书名之间，标字间。如：

① 这就是令世人震惊的"一二·九"事件。

② 共产主义的倡导是卡尔·马克思。

7. 连接号

表连接相关的时间、人、事、物、数字等，占一个字的位置，标字间。如：

① 我国已经建国 55 年(1949—2004)了。

② 这是一辆北京—上海的直达列车。

8. 专名号

标在人名、地名、朝代名等专用名的下面。

① 司马相如者，汉蜀郡成都人也，字长卿。

②《聊斋志异》是清代文学家蒲松龄的作品。

［附录三］

出版物上数字用法的规定

1. 范围

本标准规定了出版物在涉及数字(表示时间、长度、质量、面积、容积等量值和数字代码)时使用汉字和阿拉伯数字的体例。

本标准适用于各级新闻报刊、普及性读物和专业性社会人文科学出版物。

自然科学和工程技术出版物亦应使用本标准,并可制定专业性细则。

本标准不适用于文学书刊和重排古籍。

2. 引用标准

下列标准所包含的条文,通过在本标准中引用而构成为本标准的条文。本标准出版时,所示版本均为有效。所有标准都会被修订,使用本标准的各方应探讨使用下列标准最新版本的可能性。

GB/T 7408—94　数据元和交换格式　信息交换　日期和时间表示

GB 3100—93　　国际单位制及其应用

GB 3101—93　　有关量、单位和符号的一般原则

GB 7713—87　　科学技术报告、学位论文和学术论文的编写格式

GB 8170—87　　数值修约规则

3. 定义

本标准采用以下定义。

物理量:用于定量地描述物理现象的量,即科学技术领域里使用的表示长度、质量、时间、电流、热力学温度、物质的量和发光强度的量。使用的单位应是法定计量单位。

非物理量:日常生活中使用的量,使用的是一般量词。如 30 元、45 天、67 根等。

4. 一般原则

4.1　使用阿拉伯数字或是汉字数字,有的情形选择是唯一而确定的。

统计表中的数值,如正负整数、小数、百分比、分数、比例等,必须使用阿拉伯数字。

示例:－125.03　34.05％　2/5　　1:500

4.1.2　定型的词、词组、成语、惯用语、缩略语或具有修辞色彩的词语中作为语素的数字,必须使用汉字。

示例:四氧化三铁、二〇九师、相差十万八千里等

5. 时间(世纪、年代、年、月、日、时刻)

5.1　要求使用阿拉伯数字的情况

5.1.1　公历世纪、年代、年、月、日

示例:公元前 8 世纪　　20 世纪 80 年代　　1994 年 10 月 1 日

5.1.1.1　年份一般不用缩写。如 1990 年不应简作"九〇年"或"90 年"。

5.1.1.2　引文著录、行文注释、表格、索引、年表等，年月日的标记可按 GB/T 7408—94 的 5.2.1.1 中的扩展格式。如：1994 年 9 月 30 日和 1994 年 10 月 1 日可分别写作 1994－09－30 和 1994－10－01，仍读作 1994 年 9 月 30 日、1994 年 10 月 1 日。年月日之间使用半字线"－"。当月和日是个位数时，在十位上加"0"。

5.1.2　时、分、秒

示例：14 时 12 分 36 秒

5.2　要求使用汉字的情况

5.2.1　中国干支纪年和夏历月日。

示例：丙寅年十月十五日　腊月二十三日正月初五　八月十五中秋节

5.2.2　中国清代和清代以前的历史纪年、各民族的非公历纪年。

这类纪年不应与公历月日混用，并应采用阿拉伯数字括住公历。

示例：秦文公四十四年（公元前 722 年）

太平天国庚申十年九月二十四日（清咸丰十年九月二十日，公元 1860 年 11 月 2 日）

5.2.3　含有月日简称表示事件、节日和其他意义的词组。

如果涉及一月、十一月、十二月，应用间隔号"·"将表示月和日的数字隔开，并外加引号，避免歧义。涉及其他月份时，不用间隔号，是否使用引号，视事件的知名度而定。

示例：五四运动　五一国际劳动节　"五二○"声明

6. 物理量

物理量量值必须用阿拉伯数字，并正确使用法定计量单位。小学和初中教科书、非专业科技书刊的计量单位可使用中文符号。

示例：8736.80 km（8736.80 千米）

7. 非物理量

7.1　一般情况下应使用阿拉伯数字。

示例：21.35 元　270 美元　290 亿英镑

7.2　整数一至十，如果不是出现在具有统计意义的一组数字中，可以用汉字，但要照顾到上下文，求得局部体例上的一致。

示例：截至 1984 年 9 月，我国高等学校有新闻系 6 个，新闻专业 7 个，新闻班 1 个，新闻教育专职教员 274 人，在校学生 1516 人。

8. 多位整数与小数

8.1　阿拉伯数字书写的多位整数和小数的分节

8.1.1　专业性科技出版物的分节法：从小数点起，向左和向右每三位数字一组，组间空四分之一个汉字的位置（二分之一个阿拉伯数字）的位置。

示例：456　　3.141　　592 65

8.1.2　非专业性科技出版物如排版留四分空有困难，可仍采用传统的以千分撇","分节的方法。小数部分不分节。四位以内的整数也可以不分节。

示例：2,748,456　3.14159265　8703

8.2　阿拉伯数字书写的纯小数必须写出小数点前定位的"0"。小数点是齐底线的黑圆点"．"。

示例：0.46 不能写成.46 或 0.46

8.3　尾数有多个"0"的整数数值的写法

8.3.1　专业性科技出版物根据 GB8170—87 关于数值修约的规则处理。

8.3.2　非科技出版物中的数值一般可以"万"、"亿"作单位。

示例：三亿四千五百万可写成 345,000,000,也可以写成 34,500 万或 3.45 亿,但一般不得写作 3 亿 4 千 5 百万。

8.4　数值巨大的精确数字,为了便于定位读数或移行,作为特例可以同时使用"亿、万"作单位。

示例：我国 1982 年人口普查人数为 10 亿 817 万 5288 人;1990 年人口普查人数为 11 亿 3368 万 2501 人。

8.5　一个用阿拉伯数字书写的数值应避免断开移行。

8.6　阿拉伯数字书写的数值在表示数值的范围时,使用波浪式连接号"～"。

示例：150 千米～200 千米　－36℃～－8℃　2500 元～3000 元

9. 概数和约数

9.1　相邻的两个数字并列连用表示概数,必须使用汉字,连用的两个数字之间不得用顿号"、"隔开。

示例：四十五六岁　七八十种　一千七八百元

9.2　带有"几"字的数字表示约数,必须使用汉字。

示例：一百几十次　几十万分之一

10. 代号、代码和序号

部队番号、文件编号、证件号码和其他序号,用阿拉伯数字。序数词即使是多位数也不能分节。

示例：84062 部队　　国家标准 GB 2312—80

11. 引文标注

引文标注中版次、卷次、页码,除古籍应与所据版本一致外,一般均使用阿拉伯数字。

示例：列宁：《新生的中国》,见《列宁全集》,中文 2 版,第 22 卷,208 页,北京,人民出版社,1990

12. 字体

出版物中的阿拉伯数字,一般应使用正体二分字身,即占半个汉字位置。

参考文献

[1] 徐中玉. 应用文写作(第三版)[M]. 北京：高等教育出版社,2007.

[2] 张耀辉. 实用写作[M]. 北京：北京大学出版社,2004.

[3] 潘庆云. 法律文书[M]. 北京：中国政法大学出版社 2002.

[4] 霍唤民. 财经写作教程[M]. 北京；高等教育出版社,2005.

[5] 宁致远. 法律文书写作[M]. 北京：北京大学出版社,2006.

[6] 盛明华. 常用经济应用文写作教程[M]. 上海：立信会计出版社,2006.

[7] 王嘉陵. 毕业论文写作与答辩[M]. 成都：四川大学出版社,2003.

[8] 董华. 大学毕业论文写作指导[M]. 北京：中国社会科学出版社,2000.

[9] 刘世铸. 科技应用文写作[M]. 济南：山东大学出版社,2004.

[10] 董小玉. 现代应用写作训练教程[M]. 北京：高等教育出版社,2006.

[11] 孙晓玲,任遂虎. 毕业论文写作方法精要[M]. 兰州：兰州大学出版社,2005.

[12] 徐泓,张征,刘明华. 新闻写作教程[M]. 北京：中国人民大学出版社,2008

[13] 王甫银. 申论[M]. 北京：人民出版社,2009.

[14] 张易. 企业常用商务文书[M]. 北京：中华工商联合出版社,2007.

[15] 祝雪虎. 经济文书写作技巧[M]. 广州：广东经济出版社,2008.

[16] 王重高. 法律文书写作与训练[M]. 北京：中国人民大学出版社,2003.

[17] 岳海翔. 公文写作教程[M]. 北京：高等教育出版社,2005.

[18] 刘洪英. 实用应用文写作[M]. 北京：清华大学出版社、北京交通大学出版社,2006.

[19] 晓良. 实用经济文书范例大全[M]. 成都：四川人民出版社,1997.

[20] 罗咏箴. 实用法律文书大全[M]. 成都：四川人民出版社,1997.

[21] 韦锋. 法律文书规范写作[M]. 重庆：重庆出版社,2007.

[22] 杨忠慧,吴晓林. 应用写作[M]. 北京：中国财政经济出版社,2004.

[23] 高胜祥,邱晓平. 旅游应用文[M]. 北京：旅游教育出版社,2003.

[24] 宋俊华. 应用文写作教程[M]. 广州：广东人民出版社,2005.

[25] 刘世权. 应用文写作[M]. 重庆：西南师范大学出版社,2008.

[26] 詹丹,张彪,陆亚萍. 应用文写作教程[M]. 上海：复旦大学出版社,2008.

[27] 冯广珍. 270 种应用文写作方法(修订本)[M]. 重庆：重庆出版社,2009.

[28] 陈先明. 应用文写作基础教程[M]. 北京：科学出版社,2009.

[29] 郭其智. 公文与申论写作教程[M]. 合肥：合肥工业大学出版社,2008.

[30] 张耀辉. 简明财经写作[M]. 北京：高等教育出版社,2010

后　记

2009年春季学期开始,笔者开始教授"应用文写作"课程并负责苏州高博软件学院的大学生人文素质教育和职业素养教育工作。那一年的春天,应邀与上海城市管理学院的宋园园副教授联合编写《应用文写作教程》教材,教材当年即予出版。宋教授乃南京大学中文系研究生才女,南大中文系教学楼与笔者就读的南大政治系南北相邻。因此,合作编写教材,相得益彰,配合甚契。笔者攻读研究生期间,亦曾选修数门中文系研究生课程,如"港台暨海外华文文学研究"(南大中文系刘俊教授)、"文心雕龙研究"(南大中文系孙蓉蓉教授),大师授课,受益匪浅。

"文章千古事、得失寸心知。"杜甫的诗句若千年一瞬、如人饮水,冷暖自知。读书人、写作者更是心有戚戚焉。好文章不是大学课堂上能教出来的,好的文笔亦绝非一朝一夕就可塑就。除了写作者的艰辛练笔以外,作者的阅读面、性情、个性、教育程度、生平阅历等皆在写作之列,所谓"嬉笑怒骂,皆成文章"。

此次《应用文写作项目化教程》在母校出版社的修订出版,于我而言,也是对这门课程纲要的一次全面总结以及借此良机而衷心表达对母校中文系教师的感恩与回报,承蒙母校出版社厚爱,莘莘学子情,天涯若比邻。想起台湾诗人余光中,他说,游子对故土、母校的情谊是一份永不消逝的心香一瓣,历久弥深、清新隽永。

本次修订,编者注重考虑了以下几点:

1. 本教程采用了现代应用文写作的相关理论,力求全面演绎现代应用文写作的内涵与外延,力求学子易于掌握,行文简洁。

2. 本教材所选范例皆是较具权威性和影响力的经典范文,彰显了编者的精心设计与独具匠心。

3. 采用"项目化教程"字样符合全国高职高专教育的最新理念与精神。

4. 附录收录了《党政机关公文处理工作条例》(中办发〔2012〕14号)。

笔者在教材的编写中,曾数度与上海城市管理学院的宋教授及各位编委们认真研讨、探究,文稿亦数易其稿,参阅了数百本国内外最新相关著作与教材,行政公文部分也引用了最新通行的规范格式,这里深表诚挚谢意。另,亦要衷心感激此次教材修订出版过程中南京大学出版社编辑王抗战先生的辛勤校勘。

是为记!

陶德胜
二〇一三年八月二十九日